Günther Schneider

Untersuchungen
zum dramatischen Werk
Robert Musils

Europäische Hochschulschriften

European University Papers
Publications Universitaires Européennes

Reihe I
Deutsche Literatur und Germanistik

Série I   Series I

Langue et littérature allemandes
German language and litterature

Bd./vol. 81

Günther Schneider

Untersuchungen
zum dramatischen Werk
Robert Musils

Herbert Lang Bern
Peter Lang Frankfurt/M.
1973

Günther Schneider

Untersuchungen zum dramatischen Werk Robert Musils

Herbert Lang Bern
Peter Lang Frankfurt/M.
1973

ISBN 3 261 00861 X

© Herbert Lang & Cie AG, Bern (Schweiz)
Peter Lang GmbH, Frankfurt/M. (BRD)
1973. Alle Rechte vorbehalten.

Druck: Lang Druck AG, Liebefeld/Bern (Schweiz)

Vorwort

Ohne die freundliche Hilfe einiger Musil-Forscher wäre es
schwerlich möglich gewesen, in dieser Arbeit so zahlreiche
Aufführungskritiken auch aus den zwanziger Jahren zu ver-
werten. Für Auskünfte, Literaturhinweise und Zusendung von
Aufführungskritiken danke ich besonders Dr. Karl Corino
(Rom - Tübingen), Dr. Karl Dinklage (Robert-Musil-Archiv,
Klagenfurt), Dr. Viktor Suchy (Dokumentationsstelle für
neuere österreichische Literatur, Wien) und Dr. Jürgen C.
Thöming (Berlin).

Die Untersuchung wurde im Frühjahr 1970 abgeschlossen.

Inhaltsverzeichnis

Einleitung

Die Londoner "Times" wies 1949 in einem berühmten Artikel
auf Robert Musil als einen der grössten und "unbekanntesten
Schriftsteller dieses Zeitalters" hin.[1] 1968 erschien eine
"Robert-Musil-Bibliographie", die für die Sekundärliteratur
- Rezensionen nicht mitgezählt - rund dreihundert Titel aufführt.[2] In der Mitte der sechziger Jahre erreichte der
Musil-Boom seinen Höhepunkt. "Möglichkeitssinn", "Utopie
des experimentellen Lebens", "Parallelaktion", "Mann ohne
Eigenschaften" waren beliebte Schlagworte der Feuilletons
und selbst politischer Leitartikel. Ebenfalls 1968 startete
die satirische Zeitschrift "Pardon" eine etwas bösartige
Aktion, um zu prüfen, ob das vielbesprochene Werk Musils
wirklich 'bekannt' sei; sie schickte Auszüge aus Musils
grossem Romantorso "Der Mann ohne Eigenschaften" unter dem
fingierten Namen Bob Hansen an prominente Vertreter des
Literaturbetriebs - Professoren, Verlagslektoren, Kritiker
und Schriftsteller - mit dem Ergebnis, dass die Texte nicht
nur nicht identifiziert, sondern von den Verlagen abgelehnt
und von den Gutachtern als Anfängerarbeiten heftig oder
schulterklopfend wohlwollend kritisiert wurden.[3] "Ebenso
bekannt wie unbekannt ... Ein Flüchtling mit Namen Robert
Musil", dieser Titel eines schwedischen Artikels von 1964
scheint auch heute noch zuzutreffen.[4] Immerhin erreichte
der erste Band der dreiteiligen Musil-Ausgabe, "Der Mann
ohne Eigenschaften", in der heiss umstrittenen Edition von
Adolf Frisé hohe Auflageziffern. Die beiden übrigen Bände
(Bd. 2: Tagebücher, Aphorismen, Essays und Reden, 1955 und
Bd. 3: Prosa, Dramen, späte Briefe, 1957) sind seit Jahren
vergriffen. Doch liegen die Erzählungen Musils als Taschen-
bücher und gesammelt in einer Sonderausgabe vor. Auch Auszüge aus den Tagebüchern wurden neu verlegt.[5] Die dramatischen Werke Musils dagegen sind im Buchhandel nur in Uebersetzungen, französisch und italienisch, erhältlich. Musils
Bühnenwerke wurden trotz einiger Aufführungen der Stücke
nur in einem relativ kleinen Kreis bekannt und beachtet.

Neues Material, das erlaubt, die Bedeutung Musils als
Kritiker und Theoretiker des Theaters zu beurteilen, wurde
zugänglich durch die von Marie-Louise Roth für die Reihe
"Rowohlts Klassiker" besorgte Ausgabe der Theaterkritiken
Musils.

In den Anfängen der Musil-Forschung wurde das gesamte Frühwerk des Dichters in der Regel nur im Hinblick auf das 'eigentliche' Lebenswerk, den grossen Roman, betrachtet. So
fanden auch die dramatischen Werke nur als 'Vorarbeiten'
für den "Mann ohne Eigenschaften" Interesse. Später erschienen vermehrt Untersuchungen zu Stil und Struktur einzelner
Frühwerke Musils.[6]

Kurze Einführungen in Musils dramatisches Werk, in denen
vor allem das Schauspiel "Die Schwärmer" behandelt wird,
geben Wilfried Berghahn, Jörg Jesch, Burton E. Pike und
Carl-Hennig Wijkmark.[7] Wilhelm Braun hat Musils "Schwärmern" drei Aufsätze gewidmet. Braun geht in seinen Interpretationen jeweils von einzelnen Szenen oder einer Figur
des Stücks aus. Psychologische Fragen stehen in seinen Arbeiten im Vordergrund des Interesses. José Emilio Osses
deutet in einer etwas moralisierenden Interpretation unter
dem Titel "Una farsa de ilusos" Musils "Schwärmer" als nihi-
listisch-existenzialistische Tragikomödie, weist aber auch
auf die gesellschaftskritischen Komponenten des Stücks hin.
Sibylle Bauer untersucht im ersten Kapitel ihrer Studie
"Ethik und Bewusstheit" die Wahrhaftigkeitsproblematik in
Musils Schauspiel. Aesthetische Fragen bleiben bewusst aus-
geklammert. Den genannten Arbeiten ist gemeinsam, dass das
Hauptinteresse der Gedankenwelt Musils gilt und Formproble-
me nur gestreift werden.

Die erste und bisher einzige grössere Untersuchung, die sich
ausschliesslich mit Musils dramatischem Werk beschäftigt, ist
die Wiener theaterwissenschaftliche Dissertation von Michael
Scharang: "Robert Musil - Dramaturgie und Bühnengeschichte".[8]
Fruchtbar sind in der Dissertation vor allem die Ausführungen über die dramaturgische Bewegung, das Requisitenspiel,

die Wirkungen des Lichts und die gestischen Wirkungselemente.
Scharang beschränkt sich bewusst auf eine immanente Interpretation, bietet jedoch auf weite Strecken nur oberfläch-
liche Musil-Paraphrase - wohl nicht zuletzt deshalb, weil
praktisch die gesamte Musil-Literatur, die Spezialuntersu-
chungen zum Bühnenwerk eingeschlossen, ignoriert wird. Trotz
der Beschränkung auf eine immanente Untersuchung und des
Verzichts auf Vergleiche kommt Scharang zu dem Ergebnis, in
Musils "Schwärmern" sei ein "neues" dramaturgisches Prinzip
verwirklicht, wobei wiederum jegliche neuere Literatur zur
Theorie und Geschichte des modernen Dramas unberücksichtigt
bleibt.

In der folgenden Untersuchung soll versucht werden, der skizzierten Forschungslage sowie der Tatsache, dass Musils dramatisches Werk ebenso bekannt (oder besser: oft genannt) wie
unbekannt ist, Rechnung zu tragen. Die Ergebnisse der bisherigen Spezialarbeiten werden verwertet und diskutiert. Da-
rüberhinaus sind auch die Resultate der übrigen Musil-Literatur mit zu berücksichtigen.[9]

Der grössere Teil der Arbeit ist dem Schauspiel "Die Schwärmer" gewidmet.

Zum Verständnis des Stücks, das für uns heute schon der Literaturgeschichte angehört, ist es notwendig, den geistes-
geschichtlichen Hintergrund mitzubedenken. Von hierher werden die zeitkritischen Aspekte des Stücks erkennbar, in dem
Gesellschaftskritik nicht als Kritik der sozialen Zustände
erscheint, sondern als Kritik der geistigen Strömungen und
der gesellschaftlichen Normen. Offensichtlich ist in den
"Schwärmern" besonders der unmittelbare Einfluss Nietzsches,
dessen verschiedenartige Wirkung beinahe in der gesamten
dramatischen Produktion der Jahre nach 1900 zu beobachten
ist. Ueber Musils Auseinandersetzung mit dem damals zeitgenössischen Denken geben Arbeiten zur Biographie und zum Roman sowie die Tagebücher Aufschluss.

Um die Intentionen des Dichters darzustellen, werden bei
der Interpretation häufiger Tagebuchnotizen herangezogen.

Musil hat im Tagebuch seine "Schwärmer" verschiedentlich
kritisiert und recht unterschiedlich bewertet. Es geht jedenfalls nicht an, wie es vielfach praktiziert wurde, eine
einzelne Notiz herauszugreifen und je nach Einstellung des
Verfassers so Musil als Kronzeugen für oder gegen sein Werk
anzuführen.[10)]
Aehnliche Umsicht ist geboten bei der Auswertung der Theaterkritiken Musils. Untersuchungen zu den Theaterschriften
liegen noch nicht vor. Musil spricht in seinen Kritiken
vielfach pro domo; Eifersucht auf erfolgreichere Dramatiker
spielt häufig mit. Musil lässt sich seltener auf spezifische
Theaterprobleme ein und betreibt Theaterkritik primär als
Zeitkritik.
Einige Schwierigkeiten und Unstimmigkeiten in den "Schwärmern"
dürften auf die lange Entstehungszeit (wahrscheinlich 1908 -
1920) zurückzuführen sein. Bisher sind jedoch nur wenige
Entwürfe in willkürlichen Auszügen veröffentlicht. Auf diese
Entwürfe kann daher nur mit Vorbehalt Bezug genommen werden.
Eine Darstellung der Entstehungsgeschichte ist aufgrund dieses Materials noch nicht möglich.
Funktionalisierung, Analogie, Variation: dies sind einige
der für Musils Gesamtwerk immer wieder genannten Gestaltungsprinzipien. Für die "Schwärmer" wird übereinstimmend betont,
es komme in diesem schwierigen Stück auf die "Zwischentöne"
an. Trotz aller Notwendigkeit zu Vereinfachungen muss eine
Interpretation versuchen, dieser subtilen Differenziertheit,
die ebenso 'undramatisch' sein mag wie sie typisch für dieses Stück ist, gerecht zu werden. Gerade für den Interpreten
der "Schwärmer" ist die Versuchung gross, nur einige der
prägnanten Aphorismen auszuwählen; er begibt sich jedoch
damit in die Gefahr, auf einzelne Aphorismen gleichsam he-
reinzufallen, wenn die Variationen und Relativierungen sowie
die Motiv- und Themenverflechtungen nicht mit reflektiert
werden.

Hauptziel der Arbeit ist es, bei der Betrachtung des dramatischen Werks über die isolierende Musil-Exegese hinauszu-
gehen und es in seiner Formproblematik im Zusammenhang der
allgemeinen Entwicklung moderner Dramatik zu sehen. Die Ansätze der Interpretation werden in den beiden einführenden
Abschnitten 'Gewöhnliche Handlung - bedeutende Menschen'
und 'Konventionelle Form - neue Ideen' dargestellt.[11]
Den Untersuchungen zu Musils erstem Bühnenstück, in denen
die antidramatischen und antitheatralischen Tendenzen dieses scheinbar konventionellen Schauspiels aufgezeigt werden
sollen, folgt eine kurze Darstellung der Satire auf das
Theater und die Theatralik des Lebens in Musils Posse "Vinzenz und die Freundin bedeutender Männer". Eine ausführlichere Interpretation der Posse, die als Satyrspiel zu den
"Schwärmern" gelesen werden kann, erübrigt sich aufgrund
der schon vorliegenden Untersuchungen, besonders der Arbeiten von Helmut Arntzen, Wilhelm Braun, Wolfdietrich Rasch
und Michael Scharang.[12]
Wenig bekannt ist, dass Musils Bühnenwerke schon recht häufig gespielt wurden. Michael Scharang hat in seiner Dissertation erstmals versucht, die "Bühnengeschichte" der Werke
darzustellen. Scharangs Arbeit liegt jedoch nur maschinen-
schriftlich vor. Zudem sind Scharang einige Inszenierungen
und Bearbeitungen entgangen, und seine Darstellung stützt
sich nur auf wenige Kritiken. Daher wird im Anschluss an die
Interpretation der Stücke jeweils ein kurzer Ueberblick über
die Aufführungen und Bearbeitungen und ihr Echo in der Presse gegeben. Die Aufführungskritiken wurden ausserdem als
Korrektiv bei der Textinterpretation benutzt. Die kurzen
Ueberblicke wollen nicht als befriedigende Untersuchung
der Bühnengeschichte verstanden werden. Es geht nur darum,
einige Informationen weiterzugeben und das gesammelte Material für Arbeiten zur Bühnengeschichte und zur Rezeptions-
geschichte von Musils dramatischem Werk bekannt zu machen.

Zur Zitierweise

Zitate aus den Werken Musils werden im Textteil nachgewie-
sen. Die Zahlen ohne weitere Angaben beziehen sich auf die
jeweils behandelten Bühnenwerke in dem Band "Prosa, Dramen,
späte Briefe". Schwärmer ohne Anführungszeichen steht als
abkürzende Bezeichnung für die vier Hauptfiguren des gleichnamigen Stücks. Hervorhebungen der Autoren werden durch
Sperrdruck, meine eigenen durch Unterstreichung kenntlich
gemacht. Die Werke Musils werden abgekürzt:
MoE = Der Mann ohne Eigenschaften.
T   = Tagebücher, Aphorismen, Essays und Reden.
PD = Prosa, Dramen, späte Briefe.
Mth.= Theater. Kritisches und Theoretisches.
Symptom = Der deutsche Mensch als Symptom.

LWW steht als Abkürzung für den Sammelband "Robert Musil.
Leben, Werk, Wirkung".
Die Titel mehrfach zitierter Sekundärliteratur sind in den
Anmerkungen abgekürzt aufgeführt; die vollständigen Angaben
finden sich im Literaturverzeichnis.
Nietzsches Werke werden nach der Kröner-Ausgabe zitiert.
(Nietzsches "Willen zur Macht" dürfte Musil in der herkömm-
lichen Anordnung der Fragmente, wie sie in der Kröner-Ausgabe wiedergegeben ist, gelesen haben.) Um das Auffinden
in anderen Ausgaben zu vereinfachen, sind vor den Seiten-
zahlen Buchziffer und Nummer des Aphorismus angegeben.
    Im Anmerkungsteil werden verschiedentlich längere Zah-
lenreihen aufgeführt, an denen Häufigkeit und Rhythmus der
Wiederholung eines Motivs abgelesen werden können.

"DIE SCHWAERMER"

I. Ansätze der Interpretation

1. 'Gewöhnliche Handlung - bedeutende Menschen'

Auf einer der ersten Seiten seines frühesten Tagebuchheftes
notierte Musil am 2.VI.1902:

> Ein Thema für den Herrn Schriftsteller: Gustl,
> ich und eine Geliebte von mir oder ihm, welche
> als Mensch und geistig auf unserer Höhe stünde.
> Wird nun der Besitzende auf den anderen eifer-
> süchtig, so wäre er gezwungen, seine Geliebte
> sich mit den banalsten und geistig unfairsten
> Mitteln zu erhalten. Er würde als Mensch zu
> diesem Zwecke alltäglicher werden (T 39f).

Musil dachte damals nicht an eine dramatische Gestaltung
dieses Themas. Rückblickend lässt sich jedoch in dieser frühen Notiz grundrissartig die Problemstellung der "Schwärmer"
erkennen.

Musil zitiert diese Eintragung beinahe wörtlich wieder in
der 1903 begonnenen "Vorarbeit zum Roman", einer Sammlung
von Skizzen und Motiven, die vor allem im Roman "Der Mann
ohne Eigenschaften", in der Novelle "Tonka" und in den
"Schwärmern" verwendet wurden (T 71). Die "Ersten Notizen
zu den Schwärmern" (PD 636-641) knüpfen direkt an Passagen
aus der "Vorarbeit" an. In dramatischen Skizzen der Jahre
1908 bis 1911 entwirft Musil verschiedene Figurenkonstella-
tionen und Handlungsmotive für ein Eifersuchtsdrama. Wahrscheinlich das Ausmass dieser Entwürfe übertreibend und mit
seiner "untheatermässigen" und "undichterischen" Arbeits-
weise kokettierend, berichtet Musil in seinem "Vermächtnis
II" um 1930:

> Von diesem Stück stand beinahe jedes Wort fest,
> so wie es heute darin steht, aber es gab drei
> Fassungen, drei verschiedene Handlungen, drei
> Szenarien, dreierlei Personenkreise, kurz drei-
> erlei theatermässig ganz verschiedene Stücke,
> ehe ich mich für eines davon entschied. (Die
> im wesentlichen doch ein und dasselbe waren.) (T 804)

Musil betont gerne seine Gleichgültigkeit gegenüber seinen
Stoffen, seine Abneigung gegen das "Homerische", das Erzählen, die blosse Wiedergabe von Geschehnissen. Bei der
Arbeit am Roman fordert er sich immer wieder auf, den Gedankengang durch Erzählung mehr aufzulockern. Selbst in den
Buchbesprechungen und Theaterrezensionen zeigt sich diese
Tendenz, möglichst wenig zu referieren oder zu berichten.
Schildert Musil in einer Theaterkritik einmal ausführlicher
die Handlung des Stückes, so bedeutet gerade das meist einen Verriss. Indem er vorgibt, durch die Wiedergabe der Geschehnisse werde Wesentliches über das Stück gesagt, bezich-
tigt er es der Unwesentlichkeit.[1]

Das, was "passiert", Ereignisse, Handlungen gehören für
Musil zum Bereich der Wirklichkeit, die es nicht gekonnt zu
reproduzieren, darzustellen, sondern durch Analyse zu deuten
gilt. Da es auf dieses Bedeutung suchende Analysieren ankommt und diese Analyse prinzipiell an allem Wirklichen vorgenommen werden kann - Fakten sind für Musil austauschbar -
ist die Auswahl eines bestimmten Stoffes oder einer Fabel
eine zweitrangige Frage. Provozierend erklärt Musil in einer Theaterkritik, er halte es für einen Vorzug, wenn man
sich nicht um Einfälle bemühe und sich mit der "theatralischen
Erfindung" nicht anstrenge. Die gängigen und vertrauten Handlungsschemata, die erprobten Modelle der Komödie für Liebes-
verwicklungen und ihre Auflösungen hätten den Vorteil, "dass
der Geist des Dichters von der Sorge frei bleibt, was er-
finde ich um Gottes willen Neues?" (Mth. 157) Handlungsab-
läufe, Milieu, Figuren lassen sich ebensogut dem wirklichen
Leben wie der die Wirklichkeit schon typisierenden Literatur
entnehmen. Musil betrachtete solche Uebernahmen nicht als
Plagiat, sondern als legitime Erleichterung der eigentlichen
dichterischen Arbeit, die Materialien, seien sie nun gefunden, erfunden oder entlehnt, in einen geistigen Zusammenhang
zu stellen; "(...) es kommt nur darauf an, wozu man sie gebraucht." (Mth. 163)[2]

Der Roman bietet zahlreiche Beispiele literarischer Klischees.
So die Rettung Ulrichs durch Bonadea, die Liebesromanze der
Dienstboten Rachel und Soliman in Parallele zum Verhältnis von
Diotima und Arnheim, das Auffinden einer Haarnadel Bonadeas
durch Agathe, die Liebe des jungen Offiziers Ulrich zur
Majorsgattin, das Inselmotiv usw.
Im Roman setzt Musil Standardmotive der Welt- und Trivialliteratur meist ein, um Bekanntes, Typisches neu zu deuten
und um ironisch die Schablonenhaftigkeit des Wirklichen aufzudecken. Die Parodie auf die Wirklichkeit lässt sich dann
gleichzeitig lesen als Parodie der Literatur, der in ihr zum
allgemeinen Bewusstseinsgut gewordenen Konventionen.
    In einer Tagebuchnotiz von 1919 bringt Musil die Idee sei-
ner "Schwärmer" auf die Formel: "eine ganz gewöhnliche Handlung, aber unter bedeutenden Menschen". (T 211)
"Ganz gewöhnliche Handlung" das heisst zugleich eine banale
und typische, im Leben wie auf der Bühne häufige, bekannte
Handlung. Im Drama ist es eine Ehebruchsgeschichte mit dop-
pelter Dreieckskonstellation als Familienskandal. Der Handlungsverlauf entspricht der Typik eines normalen Boulevard-
stücks. Diese Beurteilung - oft als Tadel - findet sich in
zahlreichen Kritiken von verschiedenen Aufführungen der
"Schwärmer".[3]
"Bedeutende Menschen" kann in Musils Sprachgebrauch zweierlei
meinen. Einmal - und zwar ironisch - die anerkannten Repräsentanten einer anerkannten Ordnung, die aufgrund ihrer
Stellung oder ihres Rufes als bedeutend angesehen werden.
So die 'Parallelaktionäre' und Pädagogen im Roman, die Lehrer
im "Törless", der Ministerialrat in der "Vollendung der Liebe",
oder die bedeutenden Männer in der Posse "Vinzenz und die
Freundin bedeutender Männer". Zu dieser Gruppe gehören die
Nebenfiguren der "Schwärmer". Josef als ehrenwerter hoher
Beamter der Unterrichtsverwaltung, der "tüchtige Mensch"
Stader und die tugendhafte Fräulein Mertens mit ihren alten
edlen Idealen. Diese Figuren fügen sich der Typik der "ge-

wöhnlichen Handlung" ein.

Zum andern - so in der zitierten Tagebuchstelle und in den
"Schwärmern" - meint "bedeutende Menschen" jene Musilschen
Helden, die ausgezeichnet sind durch eine besondere Erleb-
nisfähigkeit, Selbstreflexion und "phantastisches Denken".
Ihnen ist das anerkannte Weltbild und das geltende Werte-
system fragwürdig geworden. Sie leben als Fremde in der
Wirklichkeit, unangepasst und unwillig, sich ihr einzuordnen. Sie erfahren die Wirklichkeit - auch die Wirklichkeit,
die sie selbst sind, - anders als gewohnt, sie erfahren eine "andere Wirklichkeit". Diese Erfahrungswelt ist vergleichbar der alogisch-akausal kombinatorischen Welt des Traums
und der Phantasie. Die Dinge haben keine festen Grenzen.
Sie gehen ineinander über, wechseln ihr Gesicht. Zeitlich
und räumlich Auseinanderliegendes tritt zusammen. Alles ist
austauschbar, lässt sich verschieden zerlegen und zusammen-
fügen. Die Schwärmer heissen bedeutende Menschen, weil und
insofern sich aus diesen ihren Erfahrungen anderer Dimensionen
in (zwischen) und hinter (jenseits) der Wirklichkeit Anhaltspunkte ergeben für eine umfassende Deutung der Welt und einen
Entwurf des "neuen Menschen" und des "rechten Lebens". (Es
geht an dieser Stelle nicht darum, die Erfahrungen der
Schwärmer schon jetzt ausführlich zu beschreiben. Im Verlauf der Untersuchung wird näher zu differenzieren sein.)

Indem diese bedeutenden Menschen in ein gewöhnliches Geschehen gestellt werden, ist die Möglichkeit geschaffen,
durch sie das, was wie gewohnt geschieht, analysieren, kom-
mentieren, relativieren und in ungewöhnlicher Sicht erscheinen zu lassen.

Da die Schwärmer selbst mit Träger der gewöhnlichen Handlung
sind, vollzieht sich die Analyse und Deutung des Geschehens
vor allem auch als Selbstreflexion und Eigeninterpretation.
Werden so einerseits ein faktisches Geschehen und eine bekannte Welt von den Schwärmern auf ihre möglichen Bedeutungen hin getestet, so ist andrerseits das faktische Geschehen, das die gewohnte eindeutige Sicht der Welt be-

stätigt, ein Test auf die Relevanz des von den Schwärmern
Erdachten oder Erfühlten.

Die Idee, verschiedene Weltdeutungen in einer gewöhnlichen
dramatischen Handlung zu testen, hat Musil später noch einmal aufgegriffen. In einer Tagebuchnotiz (1920 - 1923) entwirft Musil als "Idee in einem Drama" (T 262): Ein Mittel-
schullehrer glaubt, die jetzige Welt sei unvollkommen. Seine Frau hält die Welt für vollendet. Durch irgendein Ereignis, "z.B. eine Tochter schlägt fehl", sollen die entgegen-
gesetzten Weltanschauungen auf die Probe gestellt werden.

Diese Notiz erinnert an den zweiten der frühen Szenenent-
würfe zu den "Schwärmern" (wahrscheinlich 1908). Auch Ignatz
sollte "Schullehrer" sein. Es finden sich beinahe wörtliche
Uebereinstimmungen. Im Entwurf zu den "Schwärmern" heisst es:

> Gott hat in immer neuen Ansätzen die Welt geschaffen
> Man kann glauben, dass die jetzige endlich vollkommen ist,
> oder dass sie
> bald auf den Müll kommt.
> Sie schiessen einander, sie küssen einander
> würde es etwas ändern, wenn man wüsste?   (PD 642)

Und in der Notiz vom Beginn der zwanziger Jahre:

> Gott hat in immer erneuten Anläufen die Welt ge-
> schaffen (Epochen). Man kann annehmen, dass die
> jetzige die vollendete ist, oder dass sie eben
> auch ein Schmarrn ist.   (T 262)

Eine "Probe aufs Exempel" soll zeigen, welche Tragfähigkeit
solche Weltanschauungen haben. "Gar keine", so lautet Musils
Prognose. Das Schema dieser "Idee in einem Drama" ist dasselbe wie in der eingangs zitierten - ausdrücklicher ethischen -
Themenstellung von 1902. Dort stellt Musil die Prognose, geistig hochstehende Menschen würden bei einer Probe aufs Exempel
alltäglicher werden. Das Ergebnis der Probe in den "Schwärmern" ist nicht optimistischer, aber weniger eindeutig und
weniger einfach. Der von Anfang an gesetzte Gegensatz von
"gewöhnlich" und "bedeutend" bleibt bis zum Schluss als Problem bestehen.

Die in diesem Abschnitt herangezogenen Texte sollen
selbstverständlich nicht die Interpretation des Stückes ersetzen. Sie können jedoch in ihrer Formelhaftigkeit und Ver-
einfachung Deutungshilfen geben und vor allem darauf aufmerksam machen, dass es vielleicht nicht genügt, bloss zu
konstatieren, die Handlung des Stücks sei wenig originell
und uninteressant, aber das, was von den Schwärmern gesagt
werde, verdiene Beachtung.
Will man nicht nur Texte Musils interpretieren, die 'zufällig' in seinem Drama stehen, sondern dieses Theaterstück
als ein auf welche Art auch immer zusammenhängendes Ganzes,
dann wird über den blossen Befund "gewöhnliche Handlung -
bedeutende Menschen" hinaus nach der Art dieses Verhältnisses und nach dem Sinn und den Konsequenzen dieser immerhin nicht selbstverständlichen Konzeption zu fragen sein.
Die Gegenüberstellung - ein wechselseitiges in-Frage-
Stellen - von "gewöhnlich" und "bedeutend" findet sich in
den "Schwärmern" als Konfrontation der Repräsentanten der
normalen Ordnung mit den Schwärmern, im Konflikt der Schwärmer untereinander und als Widerspruch in den einzelnen Hauptpersonen. Das Problem wird thematisiert in Gegensätzen wie:
eingelebtes Leben - Entwurf des neuen Lebens, Aussen - Innen,
Wiederholung - Einmaligkeit, Aehnlichkeit - Besonderheit
oder Banalität - Erhabenheit.
Diese Thematik, die im Zusammenhang mit dem Problemkreis von
"Rational - Nichtrational", bzw. "Normalhaltung - kontempla-
tive Haltung" gesehen werden muss, wird noch ausführlicher
zur Sprache kommen. Dabei ist jedoch mehr als in der bisherigen Sekundärliteratur zu berücksichtigen, wie - in welcher Form und mit welchen Mitteln - diese inhaltliche Problematik zur Darstellung gebracht wird. Dass die dramatische
Form der "Schwärmer" nicht gerade revolutionär anmutet oder
dass Musil sich gerne über das Fachgemunkel von Formgesetzen
des Dramas mokierte, dispensiert nicht davon, die Form des
Stücks mit zu reflektieren. Dramatische Formen sind nicht

nur Transportmittel für irgendwelche Aussagen, sondern bilden selbst Aussagen, die das im Text Evozierte spiegeln,
stützen, relativieren oder kontrastieren können.
Um überleitend schon auf einen Aspekt der mit der Konzeption des Stückes gegebenen Formproblematik hinweisen zu können, sei eine etwas pauschale hypothetische Redeweise gestattet: Die den Schwärmern eigentümliche Erfahrungswelt
wurde charakterisiert als eine "andere Wirklichkeit". Der
Subjekt-Objekt Gegensatz löst sich auf. Die Dinge sind in
Bewegung. Ihre Zusammengehörigkeit ist nicht fixiert durch
eine feste Stellung in Raum und Zeit und durch das Verhältnis von Ursache und Wirkung, sondern wird bestimmt durch einen assoziativ oder kombinatorisch erstellten, variablen Be-
deutungszusammenhang. Würde diese "andere Wirklichkeit" sich
in dramatischer Form objektivieren, so wäre etwa zu denken
an eine assoziative oder frei kombinatorische Technik,
Simultaneität von Disparatem, Diskontinuität, akausale
Szenenfolge, Offenheit usw.
Die Schwärmer erfahren andrerseits aber auch die gewohnte,
widerständige Wirklichkeit, die das Weltbild der Repräsentanten des common sense bestätigt. Es ist eine Welt der Ordnung und Gesetzmässigkeit, der eine Dramenform mit Merkmalen
wie Geschlossenheit, Kontinuität, Kausalverknüpfung usw. entsprechen würde.
Mit der Wahl einer dieser Dramenformen würde jeweils - sozusagen über die Köpfe der Personen hinweg - das entsprechende
Weltbild formal als Realität affirmiert.
Ueber Möglichkeiten, nun gerade den Widerspruch der beiden
Erfahrungswelten Form werden zu lassen, soll nicht weiter
spekuliert werden. Die "Lösung" Musils in den "Schwärmern"
liegt vor. Sie ist Gegenstand der weiteren Untersuchung. Es
ging in diesem Abschnitt darum, mit einem Verweis auf die
vom Dichter selbst formulierte "Idee" des Stückes und auf
die Musil'sche Problematik der zwei Wirklichkeiten als sowohl inhaltliches (theoretisches, ethisches, existenzielles)

wie formales Problem der "Schwärmer" Ansatz und Fragerichtung
der Analyse des Stücks anzugeben.

2. Konventionelle Form - neue Ideen

Musil übernimmt in seinen "Schwärmern, Schauspiel in drei Aufzügen", jene traditionelle Form des Dramas, die man die 'klassische' nennt und als deren Kennzeichen die Wahrung der drei Einheiten gilt.

Wesen und Voraussetzung dieses Formtypus hat Peter Szondi in seiner "Theorie des modernen Dramas" sehr prägnant dargestellt.[1] Szondis Anliegen ist, zu zeigen, dass in Bühnenwerken des ausgehenden 19. Jahrhunderts die Aussage der übernommenen, traditionellen Form in Widerspruch gerät zu neuen Inhalten und dass dieser neuen Thematik "eigentlich" eine epische Behandlung entsprechen würde und versteckt auch entspricht.

Die "Krise des Dramas" weist Szondi auf am Beispiel von Werken Ibsens, Tschechows, Strindbergs, Maeterlincks und G.Hauptmanns. Der Ansatz von der idealtypischen Gestalt des absoluten Dramas bewährt sich als Mittel, Besonderheiten eines Werkes zu erkennen, bei solchen Stücken, für die noch diese Form übernommen und zu erfüllen gesucht wurde. Die Analysen Szondis in den Kapiteln "Krise" und "Rettungsversuche" zeigen nicht zuletzt die Breite der Anwendungsmöglichkeiten und die Strapazierfähigkeit der Form des absoluten Dramas. Es sind Meisterwerke der neueren Theatergeschichte, in denen die traditionelle Form und eine dieser Form 'eigentlich' fremde Thematik verbunden wurden.[2]

Bei Ibsen wird in einem gegenwärtigen Geschehen die Vergangenheit als Vergangenheit zum Thema. Die Erinnerung an die verlorene Zeit bestimmt das Gegenwartsgeschehen.

In der Langeweile ihres gegenwärtigen Lebens träumen Tschechows Menschen (Drei Schwestern) von der Rückkehr an den Ort ihrer Vergangenheit und erträumen ihre Zukunft. Erinnerung und Utopie fallen zusammen, sie sind Gegenstand der Konversation und lyrischer Selbstreflexion.

Ausdrücklicher noch als bei Tschechow ist die Absage an die Handlung in Maeterlincks "drames statiques". Maeterlinck

verzichtet bewusst auf den dramatischen 'Helden' und die
Darstellung grosser Leidenschaften. An die Stelle einer von
Konflikten vorwärtsgetriebenen Handlung tritt das Bild des
alltäglich menschlichen Zustands, der Situation des Menschen
vor der Unausweichlichkeit des Todes.

Das eigentliche Geschehen in den Dramen Strindbergs ist
eine innere Wandlung, die Welt erscheint in der subjektiven
Sicht einer der dramatischen Figuren.

Das soziale Drama G.Hauptmanns will den objektiven gesellschaftlichen Zustand und die politisch-ökonomischen Verhältnisse zur Darstellung bringen, die das individuelle und
zwischenmenschliche Leben (von aussen) determinieren.

Szondi erklärt zusammenfassend: "Für die Krise, in die
das Drama als die Dichtungsform des je gegenwärtigen(1)
zwischenmenschlichen(2) Geschehens(3) gegen Ende des neunzehnten Jahrhunderts gerät, ist die thematische Wandlung ver-
antwortlich, welche die Glieder dieser Begriffstrias durch
ihre entsprechenden Gegenbegriffe ersetzt".[3] Nämlich: Vergangenheit und Utopie(1), der innere Mensch, Subjektivität
und Aussermenschliches(2), (innerer) Zustand und (äussere)
objektive Verhältnisse(3).

Die genannten Dramatiker, in deren Werken der Widerspruch
von traditioneller Form und neuer Thematik in Erscheinung
tritt und auf verschiedene Weise gelöst ist, waren die "Modernen" in Musils Jugend- und Studienzeit. Sie prägten entscheidend Musils Vorstellung vom Drama, und durch die Erb-
schaft ihrer Formproblematik ist der Ort von Musils "Schwärmern" in der Formgeschichte des Dramas bestimmt.[4]
Wie seine Vorläufer will auch Musil "neue Inhalte mit dem
Instrument der Bühne verwirklichen". (Mth. 143) Er übernimmt die traditionelle Form, die nicht mehr 'erfüllt',
sondern vom Inhaltlichen negiert wird. In dem wichtigen Aufsatz "Symptomentheater I" schreibt Musil, der Dramatiker
stehe vor der Aufgabe, "die Konvention der Ausdrucksmittel
und Formen(...) bis zum äussersten Mass ihrer Elastizität

zurückzudrängen und auszunützen." (Mth. 116)

Musil hat sich vor allem häufig mit Ibsen und Hauptmann aus-
einandergesetzt. Er bewunderte ihre Technik und Gestaltungs-
kraft. Er kritisiert den Mangel bedeutender Ideen.[5]

Die Selbstverständlichkeit, mit der Musil die traditionelle
Form übernahm, mag nicht zuletzt auch darauf zurückgeführt
werden können, dass die Konzeption der "Schwärmer" im wesentlichen um 1911 abgeschlossen war. Den Formexperimenten
der Expressionisten stand Musil, der Verkünder der experimentellen Gesinnung, skeptisch gegenüber. Die formalen Neuerungen hielt er für Fortschritte im Nebensächlichen (Mth. 190).
Sein zusammenfassendes Urteil über die Dramatik des Expressionismus lautet: "in der Form bereichernd" - "im geistigen Wesen
banal" (Mth. 115). Die umgekehrte Wertung erfuhr Musils Stück
von der überwiegenden Mehrzahl der Kritiker, für deren Meinung
Alfred Kerrs Formel als Beispiel stehen mag: "technisch unmöglich, innerlich wesensvoll".[6]

Als Musil um 1930 plante, seine Theateraufsätze mit der
These vom Untergang des Theaters gesammelt herauszugeben,
fragte er sich etwas missmutig in seinem Tagebuch: "Uebrigens:
Geschichte der Theaterform? Von der Antike (nein!) bis Ibsen
so ziemlich die gleiche Form. Und von Ibsen bis Piscator soll
sie plötzlich anders sein?" (T 342)
Dass die neu entwickelten Formen gerade seinem Anliegen, Erlebnisse und Ideen zu vermitteln, entgegenkamen,hat Musil
wohl kaum gesehen.

Es geht hier nicht darum, Szondis These von der "Krise
des Dramas" und seine "Theorie des Stilwandels" anhand eines
Stückes bestätigen oder korrigieren zu wollen, das für die
Entwicklung des modernen Theaters unwirksam blieb. Der Ansatz vom Form-Inhalt-Widerspruch (Vermittlung neuer Ideen in
konventioneller Form) aus, der auch eine geschichtliche Zuordnung ermöglicht, soll hier vor allem für die Interpretation
des Werkes selbst fruchtbar gemacht werden.

Musils "Schwärmer" können in der Anlage dem absoluten Drama,

dem Illusionstheater im weiten Sinn, zugerechnet werden.
Die drei Einheiten werden gewahrt. Das Geschehen auf der
Bühne ist absolut. Der Zuschauer wird nicht direkt angesprochen. So ist etwa der kurze Monolog Thomas' aus dem
Stück selbst motiviert: Thomas bemerkt nicht, dass Josef
schon das Zimmer verlassen hat. Scharang hat auf ein Detail
aufmerksam gemacht, das die Trennung von Bühnengeschehen
und Publikum sehr gut zeigt.[7] Nach Musils Bühnenanweisungen
sollen die Schreie Regines im zweiten Akt nur von den Personen auf der Bühne gehört werden. Sie gehen zum Fenster und
horchen. "Man scheint jetzt nichts mehr zu hören" heisst es
in einer Bühnenanweisung (347). Aus der Trennung von Bühnenwirklichkeit und Publikum wird dem Zuschauer das Theaterer-
lebnis, die Identifizierung möglich.[8] Die Identifizierung
des Zuschauers mit dem "suggestiven Helden" strebte Musil
an. Andrerseits ist das Stück, wie Musil selbst bemerkt, in
mancher Hinsicht "illusionswidrig". Zum Beispiel durch die
Verbindung "gewöhnliche Handlung - bedeutende Menschen",
durch die akademisch-aphoristische Sprache, die 'unwahr-
scheinlichen' Gefühlsausbrüche, die ungewohnten Wertungen
und in gewissem Sinn durch das Bühnenbild.[9] Illusion und
Illusionswidrigkeit werden im Stück selbst als Problem der
Schwärmer (nicht als Theater- oder Formproblem) thematisiert.
    Formal Illusionstheater mit illusionswidrigen Elementen,
zugleich Thematisierung von Illusionismus und Desillusionierung: diesem Zusammenhang wird weiter nachzugehen sein, und
ähnliche Strukturierungen sollen für verschiedene Schichten
des Werks aufgezeigt werden.

II. Analysen

1. 'Handlung' .

In seinem Aufsatz "Robert Musils theatralische Sendung"
schreibt Michael Scharang: "Die äussere Handlung der "Schwärmer" angeben, hiesse etwas präsentieren, was im Stück eigentlich nicht anzutreffen ist."[1] Scharang betont mit Recht,
dieses Stück könne nicht vom Konzept der Handlungsdramatik
her erfasst werden. Der Meinung, eine äussere Handlung sei
in den "Schwärmern" eigentlich nicht anzutreffen, ist jedoch
zu widersprechen. Sie verstellt den Blick für die eigentümliche Struktur dieses Werks. Es gibt in diesem Stück offensichtlich eine sogar recht komplizierte äussere Handlung,
und (aber) diese Handlung wird eindeutig gerade als äussere,
als äusserlich gegeben. Die Kriterien der Handlungsdramatik
sind nicht deshalb auf die "Schwärmer" nicht anwendbar, weil
eine dieser Vorstellung entsprechende Handlung fehlen würde,
sondern weil eine ihr entsprechende Handlung als belanglos
gegeben und die Vorstellung, mit einer Handlung werde etwas
ausgesagt, da Menschen sich im Handeln verwirklichen, im
Stück selbst in Frage gestellt wird.

Kausaltechnik

Die Entwicklung des Geschehens wird allein durch die Aktionen
der dramatis personae bestimmt. Aeussere Faktoren wie politische Ereignisse oder soziale Umwelt spielen keine Rolle. Das
Zusammentreffen der Personen ist nicht zufällig; es wird motiviert durch die Familienbindungen und die Vorgeschichte.
Thomas, Anselm, Maria, Regine und Josef sind miteinander verwandt. Josef ist ausserdem Thomas' Vorgesetzter. Die vier
Schwärmer haben gemeinsam Kindheit und Jugend verlebt. Der
Detektiv Stader wird eingeführt als Regines ehemaliger Geliebter und Diener. Selbst Fräulein Mertens, die Regine und
Anselm als Anstandsdame begleitet, wird mit der Vergangenheit
der Schwärmer in Zusammenhang gebracht. Sie erinnert Thomas
an die Kinderfrau Sabine.

Der Ereignisverlauf ergibt sich aus Aktion und Reaktion
dieser Personen. Anselm ist mit Regine in das Landhaus von
Thomas und Maria geflohen. Thomas versucht ihr Verhalten in
einem Brief an Josef, Regines Gatten, zu erklären. Darauf
kündigt Josef an, er werde kommen und Anselm als Schwindler
überführen. Josefs Drohung zwingt Anselm, sein Vorhaben vor-
anzutreiben,sich von Regine zu lösen und Maria für sich zu
gewinnen. Regine rächt sich. Da sie den Detektiv nicht hindert, das Beweismaterial gegen Anselm Josef zu übergeben,
entspinnt sich im zweiten Akt ein Kampf um diese Dokumente.
Der dritte Akt zeigt die Reaktionen auf die Ergebnislosig-
keit der Auseinandersetzung: Flucht, Resignation, Ausharren.

Der kausalen Handlungsabfolge entspricht dramaturgisch die
Kausaltechnik.[2] Die Reihenfolge der Akte und Szenen ist
(ohne Veränderungen) nicht austauschbar, mit Ausnahme einiger Szenen, die innerhalb eines Aktes umgestellt oder zu-
sammengezogen werden könnten. Die Unselbständigkeit der
Einzelszenen zeigt sich rein äusserlich darin, dass Musil die
Szenen nicht voneinander absetzt und sie nicht als 'Szenen'
oder 'Auftritte' kennzeichnet.[3]
Die Schlussszenen von Akt I und II verweisen jeweils auf eine
Fortsetzung der Handlung. Der Kausaltechnik gemäss werden jeweils vorgängig Motive und Absichten angegeben, deren Verwirklichung oder Scheitern in späteren Szenen gezeigt werden.
So finden sich vor allem im ersten Akt zahlreiche Ankündi-
gungen, Voraussagen und Drohungen.[4]

Doppelte Motivation

Die Andeutung von Absichten und die Vorverweise haben die
Funktion, Spannung auf die weitere Entwicklung der Handlung
zu wecken. Dennoch entsteht keine 'spannende', vorwärtsdrän-
gende Handlung. Den meisten Raum nimmt innerhalb der Szenen
nicht die Darstellung von Absichten, Entschlüssen und ihrer
Verwirklichung ein, sondern die von Ansichten und ihrer Bedeutung. Die Handlung bleibt quasi immer wieder stehen. Es
kristallisieren sich einzelne Situationen heraus. Sie las-

sen - intensiv erfahren - das, was geschieht oder weiter geschehen soll, vergessen. Thomas und Anselm müssen gedrängt
werden, endlich Josefs Brief zu lesen. Während Thomas in beschwörenden Worten Anselm an die Aufgabe der "neuen Menschen"
erinnert, vergessen beide, dass es 'eigentlich' jetzt notwendig wäre, sich auf Josefs Ankunft vorzubereiten. Als Maria
davon spricht, heisst es in der Bühnenanweisung: "Beide wen-
den sich ihr erstaunt zu, wie einer Stimme aus andrer Welt."
(326)
In den Szenen zwischen Anselm und Maria zu Beginn des zweiten
Aktes wird die Erinnerung an den Zustand der Jugend übermäch-
tig lebendig. Besinnung auf die entstandene Situation, Ahnung
und Vision eines neuen Zustands bestimmen den letzten Akt.
Das Geschehen läuft weiter, wie etwas, das schon überfällig
geworden sich selbst erledigt und doch die Stimmung und Zu-
standserfahrung immer wieder unterbricht. In der ersten und
letzten Szene sind Thomas und Regine allein. Ihre Aussprache
und Annäherung wird verschiedentlich unterbrochen durch Maria,
Josef, Stader und Fräulein Mertens, die nacheinander das Haus
verlassen und aus der Handlung ausscheiden.[5]
Mit der vielzitierten Schlussvision vom "Schöpfungszustand",
in dem jedes konkrete Geschehen aufgehoben ist und nur reine
freie Dynamik besteht, klingt das Stück nicht aus. Noch ein
letztes Mal ruckt die Handlung weiter. Nicht dem innern Zustand, sondern dem wirklichen Geschehen gilt das letzte Wort
des Stücks: "sie wird doch keinen Unsinn tun." (401) Regine
scheint entschlossen, ihre oftmals angekündigte Selbstmord-
absicht auszuführen.

Auf das Ganze des Stücks gesehen ergibt sich der Eindruck
eines gleitenden Wechsels zwischen Darstellung einer vorwärts-
schreitenden Handlung und Darstellung eines Zustands, von
konkretem wirklichen Geschehen und erlebter Erinnerung und
Utopie. Wie für das Leben so forderte Musil auch für die
Dramatik, dass sie in zweifacher Hinsicht motiviert sei:
kausal-psychologisch und geistig-seelisch.[6] Die kausale und

psychologische Motivation wird gegeben in der Handlungsführung und der Zeichnung der 'Charaktere'; die für Musil
wichtigere geistige und seelische Motivation in Grenzsitua-
tionen und Stimmungsbildern sowie durch (über das Besprechen
der Handlung hinausgreifende) allgemeine Reflexionen.
Dieses doppelte Motivationsverhältnis, das man als Ursache
für die Verflechtung von Handlungs- und Zustandsdarstellung
ansehen kann, wird im Lauf der Untersuchung noch deutlicher
werden.

In den zahlreichen angeführten Voraussagen ("Du wirst
sehn") spricht sich, Staders Theorien bestätigend, die Voraus-
sehbarkeit dessen, was geschieht, aus. Es gibt keine wirklich überraschenden Wendungen im Handlungsverlauf. Gerade
weil sich alles so erwartungsgemäss der Schablone 'Ehekrisen
ohne happy-end' folgend abwickelt, genügen verhältnismässig
wenige Andeutungen, um die Handlungsführung kenntlich zu machen.
Manche Kritiker geben ihrer Enttäuschung Ausdruck, dass die
Handlung nicht kräftig genug hervortrete und man nicht klar
genug erfahre, was denn da im einzelnen vorgefallen sei. So
werden zum Beispiel die Umstände von Johannes' Tod oder die
Vergehen Anselms, um deren Enthüllung so lange gekämpft wird,
nur vage angedeutet. Die Neugier des Lesers oder Zuschauers,
der eine Story erwartet, bleibt auch am Schluss unbefriedigt.
Die Handlung kommt nicht zu einem endgültigen Abschluss, sie
zerläuft ohne helfende Hinweise auf die 'Fortsetzung der Geschichte'.
Dass die Tatsachen nur ungenau angedeutet werden - teilweise
wohl aus Nachlässigkeit Musils -,unterstreicht gerade die Un-
wichtigkeit faktischen Geschehens. Diese Abwertung tatsächlichen Geschehens spricht Thomas schon im ersten Akt sehr
pointiert aus, als er vorschlägt, einen Detektiv - also einen von Berufs wegen für Fakten Interessierten - auf Josef
zu hetzen mit der Begründung: "Ein Detektiv wäre nichts als
ein Zeichen, wie wenig uns <u>diese blöden Verwicklungen</u> an-

gehn, von denen er lebt." (322) Das ist auch ein klares
Wort an die Adresse des Zuschauers, der gewohnt ist, sein
Interesse auf spannende dramatische Verwicklungen zu rich-
ten.

In derselben Szene erinnert Thomas daran, dass sie, die
Schwärmer, überzeugt waren, "dass das, was wirklich geschieht, ganz unwichtig ist neben dem, was geschehen könnte.
Dass der ganze Fortschritt der Menschheit in dem steckt, was
nicht geschieht. Sondern gedacht wird." (325)
Die Handlung der "Schwärmer" stellt solch ein ganz unwich-
tiges, wirkliches Geschehen dar. Das bedeutet aber, dass
das, was geschehen könnte, nicht auch durch wirkliches Geschehen vermittelt werden kann. Das heisst: die denkbaren,
gedachten oder erträumten Variationen und Alternativen zum
wirklichen Verlauf werden nicht durch szenisches Geschehen,
als Vorgang, dargestellt, sondern die Möglichkeiten 'erscheinen' nur im Dialog.[7] Das Urteil über die Wertlosigkeit dessen, was geschieht, ist in dem letzten zitierten Satz aufs
äusserste zugespitzt durch die überraschende Formulierung.
Es heisst dort nicht: der ganze Fortschritt steckt nicht in
dem, was geschieht. Sondern: er steckt in dem, was nicht geschieht. Erst nach einer Pause (Punkt) wird in einem Neuan-
satz das positive "Sondern gedacht wird" hinzugefügt.
Man könnte nun natürlich fragen, warum denn trotz dieser sehr
pointierten Einstellung, die, wie aus den Tagebüchern und dem
Roman bekannt, sich mit Musils Auffassung deckt, noch das,
was geschieht, eine 'Handlung' im gewöhnlichen Sinn mitgegeben
wird. Solche Warumfragen sind eigentlich literaturwissenschaft-
lich falsche Fragestellungen, sie sind aber nützlich, um ein
Problem zugespitzt zu formulieren. Man könnte hier folgende
annähernde 'Begründungen' nennen: Ein erster - historischer -
Grund ist wohl der Traditionsdruck. Davon war schon die Rede.
Selbst im naturalistischen Drama, das in Musils Jugend weitgehend die Bühne beherrschte und programmatisch "Charakter"
und "Milieu" an die Stelle von "Handlung" setzte, wurde meist
eine rudimentäre, kausale Handlung beibehalten. Wichtiger

sind die inneren Gründe. Die Unwesentlichkeit dessen, was
geschieht, kann vielleicht eher noch als durch Auslassen
durch die Vernachlässigung und Blässe einer Handlung ausgedrückt werden. Drittens bildet gerade der Gegensatz
Wirklichkeit-Nichtwirklichkeit ein Hauptthema des Stücks,
und viertens kann in einer 'Handlung' die ethische Problematik des Handelns aufgezeigt werden.
Der letzte Aspekt ist in diesem Abschnitt noch näher zu untersuchen.

Die Nebenfiguren: Selbstverständliches Handeln
Die drei Nebenfiguren des Stücks handeln unproblematisch,
ohne ihr Tun und ihre Beweggründe in Frage zu stellen. Josef
handelt wie üblicherweise (Klischeevorstellung) ein betro-
gener Ehemann. Er nimmt einen Detektiv, um ohne grossen Skan-
dal seinen Rivalen unschädlich zu machen. Seiner Sache sicher
drängt er auf Entscheidungen. Aus seiner Machtposition kündigt er Massnahmen an. Er droht Thomas mit Folgen für seine
berufliche Karriere, Anselm mit Gefängnis, Regine mit Sanatorium ("Irrenanstalt").[8] Er beruft sich auf "Autorität",
"Gesetz" und "Pflicht". Er will wieder "Ordnung" schaffen.
Indem er Anselm als Lügner überführt, erfährt er selbst erst
die Wahrheit über die Untreue seiner Frau. Für einen Augenblick erkennt er, dass seine Ordnung, eine ordentliche Ehe,
gar nicht bestand und seine Ordnungskategorien, die gesellschaftlich moralischen Normen, nie respektiert wurden. In
diesem Moment der Erschütterung wird er unfähig zu handeln:

> Josef (schreit verzweifelt): Aber wahr ist es!!
> Ich kann ihm gar nichts mehr tun... (370)

Und:

> (vernichtet) Dann kann ich ihm gar nichts
> tun. Dann hat er meine Schande ja nur auf-
> gedeckt. (370)

Diese Erfahrung hat jedoch keine Konsequenzen und führt Josef
nicht zum Umdenken. Er versteift sich auf die nebensächliche
Frage, ob ein echter Ehebruch vorlag oder nicht, ohne sehen
zu wollen, dass seine Ehe auf jeden Fall zerbrochen ist.
Um die Klarheit, die er braucht, zu gewinnen, nimmt er für ein-

mal ein unkorrektes Benehmen in Kauf. Er versucht zusammen
mit Stader, heimlich die Dokumente aus Thomas' Schreibtisch
zu entwenden. Auch dieses Erlebnis der Beschämung und Unsicherheit bleibt für ihn ohne Wirkung. Alle Erfahrung, die
nicht in sein Sicherheit verleihendes Denksystem passt,
klassifiziert er als schädliche, zu beseitigende Abweichung;
als krankhaft, verbrecherisch, übertrieben, Verwirrung, Ver-
irrung, Verfehlung (390-394).
Für ihn muss die Rechnung aufgehen. Er braucht ein "Resultat"
(382).

> "Ich will in meinem Unglück wenigstens einen klaren,
> reinen Abschluss haben." (391)

Symbolisch verschnürt und versiegelt er die Akten. Im Gegensatz zu diesem Verlangen Josefs verweigert das Stück als Ganzes gerade einen beruhigenden Abschluss.[9]
Als Thomas die Basis von Josefs Lebenshaltung, "die Achtung
vor den **festen** Grundlagen des Daseins" (392) in Frage stellt,
entzieht Josef sich der Kritik durch Flucht.
Josefs Funktion für die äussere Handlung des Stücks ist so
bedeutend, weil sich sein Handeln auf die Wiederherstellung
der äusseren Ordnung richtet. Durch sein Eingreifen kommt
die Handlung in Gang, aber sein Handeln erreicht doch nicht
den angestrebten Zweck und geht immer ins Leere: Er kämpft
gegen Anselm, als das Verhältnis zwischen Anselm und Regine
schon zerbrochen ist. In der Entlarvungsszene steht Anselm
"schlank und unschuldig vor ihm" (367), er selbst ist "verzweifelt", "vernichtet" (370). Er will Anselm verhaften lassen, als Anselm das Haus längst verlassen hat. Er versucht
Regine zu besänftigen und steigert noch mehr ihre Erregung.
Siegesgewiss meint er, Thomas als Kampfgenossen gewinnen zu
können und macht ihn sich zum Gegner. Er droht Thomas mit
der Entlassung als Universitätslehrer und erhält die Antwort: "ich-pfeif-dir-drauf." (393)
Mit seinen in der bürgerlichen Welt zweckmässigen und er-
folgversprechenden Massnahmen bleibt Josef den Schwärmern
gegenüber letztlich machtlos, und er rettet sich zurück in

die sichere Ordnung:

Ich will mit euch nichts zu tun haben.
Nichts! (Zornig ab. Thomas lacht hinter
ihm drein.) (394)[10]

Wie Josef flieht auch Fräulein Mertens schliesslich vor den
ihr unverständlichen Menschen. Um eine Illusion ärmer rettet
sie sich mit ihren Illusionen von ewigen, hohen Werten.
Ideale sind für sie so eindeutig und fest, wie das Reale,
das sich beweisen und amtlich bestätigen lässt.
Ihrer Untergebenenstellung gemäss hat sie kaum Einfluss auf
das Geschehen, aber sie macht Vorwürfe, verteilt Zensuren
und gibt Ratschläge unter Anrufung hoher Ideale wie "pflicht-
treue Entsagung", "Gerechtigkeit", "Liebe", "humane Empfindungen", "Treue", "Recht", "Wahrheit".[11] In komischem Gegensatz zu diesen Idealen stehen ihre Vorschläge, was zu tun
sei. Sie beteuert Regine: "Sie sind im Recht, Sie dürfen sich
durch nichts ins Unrecht setzen lassen", und rät im nächsten
Satz zur Flucht (314). Sie bringt Stader zu Regine, obwohl er
ihr "gewöhnlich" vorkommt: "Aber vielleicht kann Ihnen der
Mann nützen;" (331) Die Mischung von ernstgemeintem Idealismus und Taktik wird in beispielhafter Weise karikiert in
folgendem schulmeisterlichen Ratschlag an Regine, wie sie
Josef begegnen solle:

Er hat nur ein Recht auf Wahrheit. Wohlan, Sie
werden ihm mit Wahrheit gegenübertreten; dass
Sie die persönliche Ueberzeugung haben, nach
der Scheidung Doktor Anselm zu heiraten,
braucht man ihm ja wahrhaftig nicht zu sagen. (308)

Stader handelt als reiner Pragmatiker. Er arbeitet im Auftrag
Josefs und ermittelt gegen Anselm, aber auch gegen Regine,
deren Geliebter er selbst ehemals war. Er macht Regine das
Angebot, ihr das für Josef gesammelte Belastungsmaterial zu
schenken, wenn sie ihm Thomas' Gunst verschaffe. Auch er
will im Namen der "Wahrheit" handeln (381).
Noch im Dienst Josefs stehend versucht er, Thomas für sein
Geschäftsunternehmen zu gewinnen, und nimmt einen Auftrag von

Thomas an.

Stader vertritt einen versimpelten psychologistischen und positivistischen Determinismus und die Anwendung naturwissenschaftlicher Methoden zur Erforschung des Menschen:

> Wir suchen die wissenschaftlichen Elemente der
> Tat auf; denn alles, was in der Welt geschieht,
> geschieht nach Gesetzen. (...) man liefert mir
> die gesetzlichen Bestimmungsstücke eines Menschen
> und ich weiss, was er unter gegebenen Umständen
> getan haben - muss! (333)

Wie Sibylle Bauer richtig bemerkt, bedeutet dieser wissenschaftliche, beziehungsweise hier pseudowissenschaftliche Positivismus einen Verzicht auf ethische Betrachtungsweise.[12)]
"Man tut etwas und heimlich ist es ein Gesetz!" (388) Damit löst sich das ethische Problem auf, zumindest für Stader, während gerade hier für Thomas und Regine, die Staders Beispiele von der (statistischen) Gesetzmässigkeit von Zeugungen und Selbstmorden zitieren (388; 399f.), die persönlich-existentielle Problematik beginnt.

Trotz seiner 'Wissenschaftlichkeit' spart auch Stader nicht mit moralischen Urteilen und stellt die gesellschaftlich anerkannten Normen, deren inkonsequente Mischung er in lächerlicher Weise verkörpert, nicht in Frage. Er spricht von Wahrheit und Nützlichkeit, von höheren Interessen und Geschäft. Die Wissenschaft soll "Ruhe und Ordnung verleihen" (387).

Josef, die Mertens und Stader, alle drei interessieren sich für das, was geschieht, was tatsächlich - als zur Sache gewordene Tat - geschehen ist. Sie beurteilen das Handeln der anderen im Namen einer für sie eindeutigen Moral, die sie durch ihre Vorschläge und ihr Vorgehen selbst kompromittieren. Die Erfahrungen mit den Schwärmern und persönliche Erlebnisse (Verzweiflung, Schande, Erotik, Unruhe), die ihre Selbstsicherheit und die Sicherheit ihres Weltbildes stören, werden verdrängt und stärken ihr Bedürfnis nach Ordnung. Dabei vertritt Josef die 'Ordnung' aufgrund bürgerlich-gesellschaftlicher Normierung, die auf den beiden Ordnungskräften von (sublimierender) Idealisierung - die Gouvernante Mertens - und (praktischer) Rationalisierung - der geschäftstüchtige Stader - beruht.

Anselm: Der Akteur

Die aktivste Gestalt der vier Schwärmer ist Anselm. Er verbindet, wie Regine von ihm sagt, mit allem, was er tut, eine bestimmte Absicht (310). Stader und Josef sprechen ebenfalls von Anselms berechnendem Vorgehen. Vorsorglich spielt er schon vor der Flucht Josef die kompromittierenden Aufzeichnungen Regines zu. Mit Beharrlichkeit und Besessenheit verfolgt er sein Ziel, Maria für sich zu gewinnen. Maria bewundert Anselms abenteuernde Aktivität:

> Was Sie alles in der Zeit getan haben mögen,
> während wir hier gesessen sind. (320)

Thomas dagegen fragt nach dem Ergebnis von Anselms Aktivität, seiner "Leistung".[13)]

Anselms zahlreiche 'Untaten' hat der Detektiv Stader in seiner Mappe festgehalten. Anselm selbst, der Maria zu Entschlüssen und zum Handeln drängt, vertritt eine Art Philosophie der Tat; Handeln als jenseits von richtig und falsch, gut und böse liegender ausserrationaler und aussermoralischer Akt:

> (Aber) man muss so handeln, dass man es nicht
> sagen, nicht denken, nicht einmal begreifen
> kann, sondern nur tun! Kein Mensch versteht
> ja heute zu handeln. (344)
>
> Handlungen sind ja das Freieste, was es gibt.
> Das einzige, mit dem man machen kann, was man
> will, wie mit Puppen. (352)

Zugleich fordert er von Regine und Maria ebenso wie für sich, man müsse heimlich handeln.[14)]

Heimlichkeit ist eines der Mittel zur Steigerung des Gefühls. Anselm handelt im Verborgenen, als Intrigant und verbirgt im Handeln sich selbst. Er betrügt die anderen, aber auch sich selbst. Dass er sich und seiner Umwelt etwas 'vormacht', dass er Ideen und Erlebnisse vortäuscht, die nicht aus ihm selbst

kommen, sondern in die er sich hineinsteigert, wirft Thomas
ihm vor.

Anselm handelt als Hochstapler. Wie Stader herausgefunden
hat, lebte er unter verschiedenen Namen, fälschte Dokumente,
"Hat sich als adelig ausgegeben, als reich oder arm, gelehrt
oder einfältig, Naturheilapostel oder Morphinist, je nachdem
er es brauchte, (...)." (358)
Anselms Schwindlertum und Hochstapelei lässt sich anders so
ausdrücken: Er handelt im Leben wie ein Schauspieler auf der
Bühne: Anselm spielt grosse Leidenschaft. Er braucht Menschen,
die ihn bewundern und verehren. Er agiert effektvoll theatralisch und er deklamiert 'Literatur'.

Schon Anselms Auftritte sind von Musil bewusst als echt theatralische Auftritte angelegt: Er kommt nicht durch die Tür,
sondern durchs Fenster, oder er "stürzt" herein.
Als Maria Anselm dabei ertappt, wie er in der 'Verzückung'
noch sich selbst im Spiegel beobachtet, beschwört er gleich
das Bild des sich die Augen ausglühenden Oedipus herauf. Immer wieder droht er, die Grösse seiner Leidenschaft durch eine grosse Tat, den Selbstmord, zu beweisen, und er schwelgt
sehr 'literarisch' in dieser Vorstellung:

> eine Leine; eine sanfte, weiche Leine. Und
> eine seidenglatte, grüne Seife; mit der rei-
> be ich sie ein. (...) Die Verwesung ist nicht
> feindlich; sie ist mild und weich; Allmutter,
> still und farbig und ungeheuer; blaue und
> gelbe Streifen werden meinen Leib überziehn - (365f.)

Um Maria seinen Mut zu beweisen, gibt er eine letztlich recht
lächerliche Vorführung, indem er sich mit ihrer Zigarette
brennt (323).Dass der Zigarettentest zeige, Anselm sei auch
stark, wie Pike meint,[15] ist wohl weniger wichtig als der
lächerliche Abstand dieser kleinen wirklichen Selbstverbren-
nung zu Anselms früheren Worten:

> Manchmal möchte ich sie (die Augen) mir aus-
> glühen (...) Wie blass würde dieser durchgeistig-
> te Geschmack, wenn die Augen plötzlich wirklich
> am glühenden Stahl nass aufzischen würden? Und
> triefend austropften?! (319)

Den Höhepunkt von Anselms Schauspiel bildet sein Theatertod.
Er täuscht einen Selbstmord vor. Er ersticht sich wie der
Schauspieler eines tragischen Helden nicht wirklich, er
spielt nur diese Rolle konsequent zu Ende bis zum Bühnentod.
Anselms Täuschung und Selbsttäuschung, die Identifizierung
mit seiner Rolle ist so stark, dass er nur mit Gewalt gezwungen werden kann, die Verstellung aufzugeben. Gemessen an
der Intensität seines Rollenerlebnisses, seiner Ein-fühlung,
wird die Unterscheidung zwischen eigener Empfindung und an-
empfundenem Gefühl nebensächlich. Dies spricht Thomas leicht
resignierend aus mit den Worten an Maria: "Er hat einen falschen Selbstmord versucht. Aber wahres Gefühl und falsches
sind wohl am Ende beinahe das gleiche." (373)
Anselm ist die Gestalt des Stücks, die sich am meisten einer eindeutigen Auslegung entzieht und nur als widersprüch-
lich-vielgestaltig in (nicht ganz reinen) Paradoxen beschrieben werden kann, so wie durch Regine und Thomas:

> Es gibt Menschen, die wahr sind hinter Lügen
> und unaufrichtig vor der Wahrheit.
> Man findet einen Gefährten und es ist ein Be-
> trüger! Man entlarvt einen Betrüger und es ist
> ein Gefährte! (373)

Thomas kämpft gegen Anselm, weil er Leidenschaften und Taten
"simuliert" (372), weil er sich im Schauspiel verbirgt, seine eigene Widersprüchlichkeit nicht aushält und vor sich selbst
flieht in die Rolle des 'Helden'.[16]
Lüge statt Wahrheit, Hochstapelei statt Leistung, Theater
statt Leben erscheinen einerseits als Feigheit und Flucht,
andrerseits aber auch als Ausdruck einer Absage an die Wirklichkeit, einer Sehnsucht, anders und wandelbar zu sein, und
als Versuche, Glaube, Phantasie, Erfindung nicht nur zu erleben, sondern auch zu leben, nicht nur zu haben, sondern zu
sein. In dieser Hinsicht ist Anselm Thomas' Gefährte.
Man ist versucht, in Anselm den handelnden Möglichkeitsmenschen zu sehen im Gegensatz zu den Möglichkeitsdenkern Thomas
und Regine. So schreibt B. Pike: "while Thomas s e e s the

many possibilities, Anselm i s them."[17] Aber solche Formulierungen vereinfachen zu sehr und lösen, was Problem
bleibt. Hochstapler, Phantasten, Verbrecher, Wahnsinnige,
problematische und widersprüchliche Naturen waren Musil Anzeichen dafür, wieviele Möglichkeiten eigentlich im Menschen
stecken, dass - wie Freud es negativ psychologisch definier-
te - der Mensch polymorph pervers veranlagt sei.
In der Vorstellung und im Denken können die verschiedenen
Möglichkeiten als Möglichkeiten bestehen. Der Möglichkeitsmensch denkt: es könnte ebensogut anders oder noch anders
sein und: man könnte es ebensogut auch anders machen. Annä-
herungsweise entspricht dieser Einstellung als Haltung: pro-
testierende Passivität oder bewusst experimentell vorläufi-
ges Handeln. Anselm aber handelt gerade wie unter Zwang und
fanatisch. Er spielt seine Rollen nicht spielerisch, sondern
von ihnen besessen. Weil er so verschiedene Rollen spielt,
ist er nicht schon Möglichkeitsmensch. Aber er ist ein verzerrter Hinweis auf das Ideal des aktiven Möglichkeitsmenschen,
so wie seine Gefühlsintensität durch Autosuggestion, durch
Hineinfühlen, verzerrt auf die Einsfühlung des "anderen Zustands" hindeutet.[18]
Die Charakterisierung Anselms als Schauspieler und in seiner
Intensität wahrhaftiger Lügner kann,wie so vieles in Musils
Werken,auf Anregungen durch Nietzsche zurückgeführt werden.
Thomas' ambivalente Haltung seinem Freund Anselm gegenüber
ähnelt der enttäuschten Bewunderung Nietzsches für Wagner.
Nietzsche nennt die "sogenannten handelnden Menschen"
Schauspieler und er prophezeite ein Zeitalter des Schau-
spielers.[19] Musil kommentiert diese Warnung im Symptomen-
theater II:

> Diese Voraussage muss nicht wahr sein, aber sie
> ist gefährlich. Er (Nietzsche) meinte den Ex-
> pressionär jener Gefühle, die nicht eigne Ge-
> fühle sind, sondern die der Väter, Urväter oder
> aller Welt. Sie sind es ja auch sonst, mit de-
> nen die Günstlinge der öffentlichen Meinung deren
> Liebe erwerben, mit ihnen wird Moral gemacht (...).
> (Mth. 147)

Das sind, wie gezeigt, auch Thomas' Vorwürfe gegen Anselm.
So wie Musil im Typ des Schauspielers eine Gefahr der Zeit
sah, so im zeitgenössischen Schauspielertheater den Ruin des
Theaters. Nietzsche polemisierte mit Scharfsinn unablässig
gegen Schauspielerei, Heuchelei, Glaube, Lüge, Betrug, aber
er betonte ebenso die Verwandtschaft des Lügners mit dem
Künstler, Dichter und "freien Geist" und die "Unschuld des
Lügners", die Möglichkeit, dass "Schein zum Sein wird".[20]

Anselm als Schauspieler verkörpert in fragwürdiger Weise
die Verbindung von innerer und äusserer Aktivität, von Intensität und Aktion. Anders gesagt: Die aktivste, wirkungs-
vollste und 'gefährlichste' Gestalt des traditionell gebau-
ten Schauspiels ist der traditionelle 'Akteur', der sich ein-
fühlende Schauspieler.

Die drei übrigen Schwärmer sind äusserlich mehr oder weniger passiv. Sie stehen erleidend zwischen dem Angriff
durch Anselm und Josefs Gegenmassnahmen und werden doch zur
Reaktion und Entscheidung gezwungen.

Maria: 'Natürliche' Reaktion

Maria entspricht weitgehend jenem klassischen Bild der 'hohen
Frau', das anzudeuten einige Stichworte genügen mögen. Hauptwesensmerkmale sind Mass und Würde. Die Frau ist in der Liebe
passiv. Sie verführt nicht (wie Regine), sie wird umworben
("erwartet mittelalterliche Aufmerksamkeiten", 338).
Sie ist ebenmässig schön: "Die Schönste von allen ist Maria,
gross, dunkel, schwer." (303) Sie ist verständig und intelli-
gent, aber auch warmherzig und gefühlvoll. Sie ist häuslich
und romantisch. Sie schwankt zwischen 'Neigung und Pflicht'.
Sexuelle Leidenschaft bedeutet Erniedrigung ("Entsetzlich
diese Sinnlichkeit", 350). Sie sehnt sich nach platonischer
Liebe ("geistiges Erlebnis", 363; "Freundschaft", 346; 362).
Sie erscheint, wie Fontana formuliert, als ein "Stück Natur
jenseits von Gut und Böse".[21]
Die Frau als das 'Sein', die 'Natur', diese in Literatur,
Philosophie und Essayistik so oft wiederholte Wesensbestimmung,

das klassische Idealbild der Frau, gewinnt in Maria Gestalt
und wird zugleich doch als leicht kitschig, langweilig und
lächerlich vorgezeigt. Die Ironie zeigt sich zum Beispiel
dort, wo Maria mit der Natur - Erde, Wasser und Himmel -
verglichen wird.[22] Sie wirkt wie Regine sagt "unerträglich natürlich" (370) und unerträglich gut (380).
Maria, zwischen Thomas und Anselm stehend, versucht unter den
beiden sich feindlichen Freunden zu vermitteln, zu beruhigen,
zu mässigen. Sie gibt beiden zum Teil Recht. Sie verweist
Anselm seine Uebertriebenheit und seinen Gefühlsüberschwang,
Thomas seine Verstandeskälte und dass er "zuviel" wolle. Sie
will das "eingelebte Leben" verlassen (317), aber sie schämt
sich als "Abenteurerin" (382). Marias Konfliktsituation und
ihre noch im Hinundherschwanken 'gesunde' und 'edle' Reaktion
werden am deutlichsten sichtbar gemacht am Beispiel des Kampfes
um die Mappe im zweiten Akt. Weil Anselm ihr vorlügt, die Dokumente müssten wegen Regine aus der Welt geschafft werden,
und unter dem Eindruck von Regines Angstschreien - also um
zu helfen - ist Maria mehrmals versucht, Anselm nachzugeben.
Hemmend wirken ihr Pflichtgefühl Thomas gegenüber und dass ihr
alles, was Anselm sagt, "so beängstigend unnatürlich" erscheint
(351).
Als Thomas dann gegen Anselm wütet und ihn bedroht, stellt
Maria sich entschieden auf Anselms Seite. Gegen Thomas' Kraft
und Ueberlegenheit verteidigt Maria den Angegriffenen und
Schwachen. Sie lehnt sich auf gegen seine Anforderung ständiger Unsicherheit und Vorläufigkeit und verlangt nach Geborgen-
heit und Erfüllung. Gegen seine Skepsis, seinen Verstand
kämpft sie um das Recht des Gefühls und verlangt nach einem
Glauben, der glücklich macht. Gefühl und Glaube, Fühlen- und
Glaubenwollen geben schliesslich den Ausschlag in ihrer Entscheidung. Sie verlässt Thomas für Anselm, der in ihr Gefühl
und Glaube weckte. Sie folgt ihm, obwohl sie ihr Misstrauen
gegen Anselm nicht ganz verliert (364-366), obwohl sie Anselms Entlarvung erlebt. Ihre Mütterlichkeit, ihr Mitgefühl,
ihr Mitleid ziehen sie zu Anselm, bei dem sie zu spüren glaubt,

dass er sie braucht, dass sie ihm helfen könne, dass sie
bei ihm notwendig sei (364).[23] Dieses Gefühl kann und will
Thomas ihr nicht geben. Er schmeichelt ihr nicht, er will
sie nicht beeinflussen, er nötigt sie nicht durch Verzweiflung. Er bleibt nüchtern auch in der Abschiedsszene, als
Maria ihn immer wieder "versuchend" erwartet, dass er Ewigkeit, Notwendigkeit ihrer Liebe und Verbindung beschwöre
(383).

Maria lässt sich in ihrem Handeln bestimmen von Empfindungen
und einem gefühlsmässigen Glauben, ohne den Ursprung ihrer
Gefühle und die Grundlage ihres Glaubens in Frage zu stellen.
Nur so entgeht sie einer inneren Spaltung, so vermag sie un-
gebrochen 'natürlich' zu handeln.

Marias Berufung auf das Gefühl - "Steigen", "Wärme", "Aufrichtung" - ist im Sinne Musils nicht einfach als Ausdruck
krasser Subjektivität zu deuten. Auch Thomas und selbst Ulrich in seinem Glaubensbekenntnis berufen sich auf das Gefühl des Steigens und der Intensität als letztes Kriterium.
Fragwürdig im Sinne der "Schwärmer" erscheint Marias Entscheidung nicht so sehr deshalb, weil sie gefühlsmässig wählt, sondern weil sie sich auf einfache Gefühle zurückzieht, weil sie
Komplexität und Widersprüchlichkeit des emotionalen Lebens,
welche gerade die Gefühlsintensität steigern, nicht aushal-
ten will, weil sie die "Wärme" dem "Feuer", ebenso wie die
massvolle Verständigkeit der Leidenschaft der Reflexion vor-
zieht.

Schematisierend kann man sagen, die Ablösung Marias von
Thomas bedeute die Flucht des Gefühls in die Einfachheit. Es
entzieht sich der Verunsicherung durch die alles komplizieren-
de und relativierende Reflexion, aber begibt sich damit in die
Gefahr, manipuliert und missbraucht zu werden. Insofern steht
- wieder vergröbernd gesprochen - die Auflösung der Ehe von
Thomas und Maria für den Auseinanderfall von Verstand und Gefühl, der Rückzug für die Flucht der edlen Herzen vor dem Anspruch gesteigerter Bewusstheit im Zeitalter der wachsenden

Wissbarkeit. Die harte Pointe der Aussage liegt darin, dass
Maria, die "natürliche", das weibliche 'Sein', dem "unnatür-
lichen" Anselm, dem Gaukler des Scheins verfällt. Hier wird
das Ehedrama zur allgemeinen, auch politischen, Warnung vor
dem Vertrauen in die natürliche Intuition und vor der Mani-
pulierbarkeit der Gefühle. Das künstliche Aufheizen von Emo-
tionen, den Enthusiasmus des sogenannten gesunden, edlen Gefühls, erlebte Musil (auch an sich selbst) zu Beginn des
Ersten Weltkrieges. Die Begeisterung von zahllosen klassisch
Tiefempfindenden weckte später der makaberste Hochstapler und
Schauspieler Oesterreichs.

Regine: Aeusseres Tun und innere Bedeutung

Maria wird von Anselm angezogen, weil sie bei ihm mehr Menschlichkeit zu spüren glaubt als bei Thomas. Sie muss die Hemmungen ihrer Sittsamkeit überwinden und ist bestrebt, ihre
Würde zu wahren. Sie bemüht sich, Anselms Uebertriebenheiten,
seinen Mystizismus und seinen Weltekel zu mässigen. Sie fühlt
sich von Anselms Lebenslehren angesprochen, aber sie nimmt
sie - verharmlosend und entschuldigend - nicht wörtlich:
"Man darf sich nicht seinen Einbildungen anpassen." (378)
Ganz anders Regine. Sie nimmt Anselm beim Wort, sie drängt in
ihn, die Extreme, die er predigt, auszuhalten und die Uebertriebenheiten, das Ungewöhnliche zu leben. Sie folgt seiner
Weisung, in der Hemmungslosigkeit, in den Demütigungen Würde
zu finden. Sie wirft ihm vor, dass er selbst nicht den Mut
aufbringt, sich seinen eigenen Einbildungen anzupassen (340-
342).
Gegen die konsequenten Anforderungen Regines weiss selbst Anselm, der einen radikalen Irrationalismus verficht und gegen
die "Verstandesmenschen" kämpft, keinen anderen Ausweg als
einen Appell an die Vernunft:

> Du warst nicht bei Verstand. (341)
> Man kann etwas, das der Vernunft dermassen wider-
> strebt, nicht ewig aufrechterhalten. (342)

Um den Verrat an ihr und an den von ihm selbst verkündeten
Ideen zu rächen, lehnt Regine das Angebot des Detektivs ab.

So zwingt sie Anselm, die Demütigungen, die er in seiner Heilslehre[24] empfiehlt, wirklich zu erleiden. Indem sie sich und Anselm preisgibt, will sie Gemeinsamkeit in gemeinsamer Demütigung erzwingen. In der Entlarvungsszene erklärt sie ihm enttäuscht:

Ich wollte noch einmal sehn, ob du Mut hast. (368)

Was Regine tut, verstösst gegen jede 'vernünftige' Vorstellung von Moral und erscheint erbärmlich und sinnlos. Dabei ist Regine getragen von einer unbändigen Sehnsucht, gut zu sein und ihrem Leben Sinn und Grösse zu geben. Sie verweigerte sich ihrem ersten Mann, Johannes. Die 'rechtmässige' Ehe mit Josef empfindet sie als Ehebruch gegen den verstorbenen Johannes. In zahllosen wirklichen Ehebrüchen mit x-beliebigen Partnern will sie ihre Treue zu Johannes erweisen. Regine beschönigt nicht ihr Handeln. Sie versucht ihrem früheren Geliebten Stader klarzumachen, dass beides gleich wahr und wirklich sei: Dass sie ihm "hündinnenhaft" hingegeben war und dass sie gleichzeitig vereint mit Johannes, rein und heilig war (336f.).

Die moralische Bewertung menschlichen Handelns, die aus der effektiven Tat und der Intention dessen, der handelt, ein Urteil errechnen will, wird hier absurd. Selbstwertgefühl und Fremdbewertung, Absicht und Ausführung stehen in keinem ausgleichbaren Verhältnis zueinander. Der Gegensatz von schlecht und gut, abscheulich und schön, niedrig und hoch besteht in der Person Regines und wird von ihr als Widerspruch erlebt und bejaht. Man müsste bei Regine von einem gespaltenen, doppelten Handeln sprechen. Auf der einen Seite das sichtbare, feststellbare Tun, das, was sie ausführt, oder anders gesagt, wie sie sich aufführt. Auf der anderen Seite ein Akt der Sinngebung durch "Verwandlung", das Handeln in der Phantasie, das als Vorstellung wirkliche Tun. Sinnlich wahrnehmbar wird für den Aussenstehenden - d.h. auch für den Zuschauer - nur das äussere Handeln. So hört man beispielsweise ihre Krähenstim-

me - Thomas nennt Regine mit dem Kosenamen "Krählein" -
man hört ihr hysterisches Schreien. In ihrer innerlichen
Wunschwelt aber ist es ein schöner Gesang.[25] Die Fragwür-
digkeit, vom äusseren Handeln auf den ganzen Menschen, vom
Handeln auf den Wert des Handelnden, zu schliessen, wird
krass noch an folgendem Beispiel aufgezeigt: Ein und dasselbe Gefühl drückt Regine durch gegensätzliches Verhalten
aus. Handelnd zeigt sie ihren "Männerabscheu", indem sie sich
verweigert und indem sie sich wahllos wegwirft (375). Gefühl,
Wunsch, Wille finden im Handeln keinen eindeutigen, adäquaten
Ausdruck.
Durch Anselm wurde sich Regine ihrer selbst bewusst. Das vorher kindliche, gefühlsmässig unbewusste Verwandeln der Wirklichkeit durch Illusion wird für sie zur Idee.

ich begriff: starke Menschen sind rein. (395)[26]

Die Stärke der Einbildungskraft wird zum Mass der Güte. Sie
erweist sich in der Errichtung einer privaten, ekstatischen
Welt jenseits der öffentlichen Wirklichkeit, jenseits von
Gut und Böse, Wahr und Falsch. Die Macht der Einbildungskraft beweist sich im Extrem dort, wo sie das öffentlich
Tatsächliche innerlich umbildet in sein Gegenteil: Erniedrigung in Erhöhung, Hässlichkeit in Schönheit, Totes in Leben, Ehebruch in eheliche Treue, den Wechsel der Partner in
Liebe zu einem einzigen.
Durch Anselm, der ihr den Mut zu solch bewusst phantastischem
Handeln stärkte, wird eben dieser Mut auch gebrochen. Sie erfährt, dass ihr Lehrmeister selbst zu feige und zu schwach
ist, die innere Intensität aufrechtzuerhalten, dass er Illusionen vorspielt mit der Absicht, in die gewöhnliche Wirklichkeit zurückzukehren. Als sie Anselm als Gefährten des unwirk-
lichen Lebens verliert und seinen hilflosen Illusionsselbst-
mord erlebt, wird Regine ernüchtert:

Ich opferte mich, liess mich beherrschen,
spürte, wie ich allmählich wirklich so wurde,
wie ich ihnen erschien, und - fühlte mich
desto höher schweben; mit noch unsichtbaren
Teilen, die auf Gefährten warteten. Nun stehe
ich in Klarheit und alles ist erloschen. (373)

Der Kraft der Imagination stehen der soziale Druck, die prä-
gende Missbilligung durch die Mitmenschen, die Macht der Gewöhnung oder, wie Anselm es nennt, "die Wirklichkeit, die (...)
immer recht behält" (349) entgegen.

Regine resigniert, weil sie sich eingestehen muss, dass äussere Widerstände den inneren Schwung des Einzelnen, wenn er
allein gelassen ist, bremsen, dass der Wille zum Gut-sein auf
die Dauer zermürbt wird:

Denn das ist es ja auch heute nicht: dass man
es getan hat. Sondern dass man davon niederge-
worfen wurde; dass man das wird, was man tut! (375)

Ernüchtert und von Anselm verlassen schenkt Regine dem nüch-
ternen Thomas ihr ganzes Vertrauen. Für ihn, um ihn vor der
Entlassung durch Josef zu bewahren, will sie etwas Vernünfti-
ges und Grosses tun: "einer Idee dienen","ein Opfer bringen"
und zu Josef zurückkehren (380).

Als Thomas ihr Angebot strikt ablehnt, sieht Regine nur noch
einen Weg, etwas Grosses und Unvorstellbares zu tun, nur noch
eine Möglichkeit, sich zu opfern: den Selbstmord.

Ein von Musil häufig angewandtes Verfahren, Sätze der Ethik
oder moralische Regeln zu testen, besteht darin, sie zu iso-
lieren, ganz wörtlich zu nehmen und so ad absurdum zu führen.

Dreimal wird in den "Schwärmern" mit verschiedenen Nuancen
der in der Geschichte der Ethik oft in seiner Bedeutung va-
riierte Satz zitiert: "Man ist nie so sehr bei sich, als wenn
man sich verliert."[27)]

Drei extreme Auslegungen sind verkörpert in den Versuchen
Regines sich zu verlieren: im Sich-wegwerfen als Dirne, im
Sich-opfern für einen anderen Menschen und im Sich-töten.

Hinter alle Ideen und Utopien von Thomas setzt Regine beharrlich die Frage "Wie soll man das tun?", auf die auch Thomas keine Antwort weiss. Im äussersten Grenzfall, dem Selbstmord, wird Handeln zur totalen Negation alles Handelns. Gegenüber diesem letzten Willen Regines, Paradoxes zu vereinen, sieht sich selbst Thomas gezwungen, wenn auch widerwillig, handelnd einzugreifen:

> Nein, nein, sie wird doch keinen Unsinn tun.
> (Steht aber doch auf und geht ihr nach.) (401)

Thomas: Wider-Wille

"Passiv aus Widerwillen gegen das Bestehende wie das Verbessern" nennt Musils Tagebuch in einer "Tabelle aus den 'Schwärmern'" die "schöpferischen" Menschen (T 228). Diese Bestimmung trifft besonders auf Thomas zu. Beides - nicht aktiv und schöpferisch - muss zusammengedacht werden, wenn man sagt, Thomas sei die passivste Gestalt des Dramas.[28] Man mag, wie zum Beispiel B. Pike, von einer Paralyse des Willens durch Hypertrophierung des Intellekts sprechen, aber man könnte mit gleichem Recht von einem hypertrophierten Willen, dem Willen zur Totalität, reden.[29] Ausgehend von Thomas' Funktion im Drama empfiehlt es sich, Musils Formulierung zu übernehmen. Wille erscheint bei Thomas in der Form des Wider-Willens. Die doppelte Wortbedeutung - aggressive Reaktion und sich zurückziehende Abneigung - kennzeichnet die Haltung von Thomas, den man mit Einschränkung den Protagonisten des Stücks nennen kann. Er fungiert als Antagonist aller anderen Figuren;[30] er kämpft gegen alle und nimmt sie doch wiederum voreinander in Schutz. Er verteidigt in allen etwas von sich selbst, das in den anderen durch Vereinzelung oder Verabsolutierung beherrschender Zug ihrer Person geworden ist. An dieser Stelle sollen einige andere Aspekte von Thomas' "aktiver Passivität" behandelt werden.

Anders als normalerweise der Protagonist des klassischen Dramas verfolgt Thomas nicht eine bestimmte Absicht oder einen eigenen Plan, der dann im ersten Akt exponiert würde;

er steht zu Beginn des Stücks nicht am Anfang eines besonderen Unternehmens, dessen Ausführung durch das Dazwischentreten anderer, Intrige oder äusseren Widerstand, verhindert
würde. Anselm, nicht Thomas, löst das Spiel der Kettenreak-
tionen aus. Thomas wird von den Ereignissen überrascht. Verwundert muss er feststellen, dass er selbst von dem, was vorgeht, mitbetroffen ist. Dass seine Ehe, seine Freundschaft,sei-
ne berufliche Stellung, seine Ideen und Hoffnungen angegriffen
werden. Thomas reagiert heftig mit aggressiver Kritik. Aber er
greift nicht zu eigenen zielstrebigen und zweckmässigen Gegenmassnahmen. Er verhält sich abwartend, erleidet, was geschieht,
ohne selbst wirklichen Einfluss auf die Entwicklung zu gewinnen. Von den besonders seit dem Naturalismus häufigen "passiven
Helden", die mittelmässig, aussengelenkt, willensschwach oder
unfähig sind, unterscheidet sich der "passive Held" Thomas
deutlich darin, dass er gerade als stark, kraftvoll, mutig
und leistungsfähig gezeichnet wird.[31]
Thomas' Kraft - sichtbar in seiner "raubtierhaft sehnigen" Gestalt (303) - äussert sich in seinem aggressiven Rationalismus, seiner 'Bosheit', der Intensität des Affekts, in Zorn und
Selbstbeherrschung und in seinem zähen Ausharren, dem trotzigen
Mut zur Einsamkeit und dem Festhalten an der Utopie.[32] Diese
Kraft aber setzt sich nicht um in eine entschiedene 'kraftvolle' Tat. Die Energie bleibt gebändigt. Die Ausbrüche werden zurückgenommen, die Handlungen relativiert. Sich ekelnd
zurückziehende Abneigung und begütigendes Zugestehen bremsen
die Aggression. Das Möglichkeitsdenken lenkt ab von der konkreten Lage und kennt kein 'Gebot der Stunde'. Die wissen-
schaftlich skeptische Bewusstheit verhindert ein fanatisch
idealistisches Handeln.

Diese verallgemeinernden Umschreibungen müssen an Beispielen verdeutlicht und ergänzt werden. Dabei kann die Beachtung des Nebentextes nützliche Aufschlüsse geben.
Thomas' Leidenschaftlichkeit, seine Erregung und Aggressivi-
tät kennzeichnen zahlreiche differenzierende Regiebemerkungen

wie: boshaft; grimmig; bitter; heftig und ungeduldig; scharf
und gespannt; wütend; immer leidenschaftlicher.[33]

Als Anselm seinen Selbstmord simuliert, "stösst (Thomas) förmlich auf ihn nieder, kniet neben ihn, schüttelt ihn, presst
ihm schmerzhaft die Arme zusammen, reisst ihn an den Haaren."
(372)[34]

Thomas' Triumph, Anselm endlich zur Wahrheit gezwungen zu
haben, schlägt sofort wieder um: "(Im nächsten Augenblick
steht er aber, angewidert von sich selbst, auf): (...) einen
Augenblick lang war mir, als lebte Mama noch und wir wären
klein..."(372)

Thomas' Zornausbrüche und der Rückfall in jungenhaftes Kämpfen
illustrieren andere Weisen des "Sich-verlierens". Damit wird
am extremen Beispiel angedeutet, Handeln schliesse gleichzeitige totale Bewusstheit aus. Thomas benimmt sich 'tatkräftig',
wenn er 'ausser sich gerät'. Die ethische Problematik dieses
- grob gesprochen - umgekehrt proportionalen Intensitätsver-
hältnisses von Handeln und Bewusstheit spricht Thomas an,
wenn er, Maria zum Handeln ermutigend, erklärt:

> Man ist ja bei den Lebensentscheidungen eigent-
> lich immer abwesend. (383)

Zu den Szenenanmerkungen, nach denen Thomas' Wut und Erregung
offen in Mimik und Sprechweise gezeigt werden sollen, treten
andere, die seine Selbstbeherrschung, das bewusste Zurückdrän-
gen des Affekts beschreiben wie: erzwungen; Er geht, um seine
Beherrschung nicht zu verlieren, rasch ins Nebenzimmer; über-
windet sich; sich niederhaltend.[35]

Er spielt seine Gefühle herunter - sprachlich im Understate-
ment - und verbirgt aus einer Art Schamgefühl und Stolz seine Bewegung. In der Selbstbeherrschung äussert sich die Ag-
gressivität in Form scharfer Kritik, beissenden Spotts oder
parodierenden Entgegenkommens.Die Beschreibungen im Nebentext
heissen zum Beispiel: scheinheilig; erzwungen trocken; nachäffend; anzüglich; in seinem scheinbar spielenden Ton; scheinbar mit ruhigem Vergnügen; nachspottend; nachgiebig, aber

geheuchelt; hartnäckig beschaulich.[36)]

Dieses Herunterspielen der Gefühle steht in deutlichem Gegensatz zu Anselms Sichaufspielen, dem Hochspielen des Gefühls. Nur einmal greift Thomas zu Anselms Mittel und dramatisiert, als er den Schauspieler Anselm - vortäuschend er
habe eine Waffe in der Hand - zwingen will, die Aehnlichkeit mit ihm, Thomas, zuzugestehen (353-354).

Dass Thomas sich im Zorn hinreissen lässt, Anselm lächerlich macht, ihn bedroht und selbst Josefs Vorgehen, Anselm
durch einen Detektiv zu entlarven, ausnützt, erinnert an
die Notiz von 1902, ein hochstehender Mensch würde in der
Eifersucht gezwungen, mit "banalsten und geistig unfairsten
Mitteln" um seine Geliebte zu kämpfen. Aber Thomas ist sich
dabei selbst widerwärtig, und er nimmt immer wieder Abstand
davon, sich in den Kampf einzulassen.

Dem Wechsel von Unbeherrschtheit und Selbstbeherrschung,
sich steigernder und wieder nachlassender Aggression entspricht Thomas' schwankendes Verhalten, bald die anderen zu
Bewusstheit und Ehrlichkeit zwingen zu wollen, bald sie ge-
währen zu lassen, sie nicht beeinflussen und beherrschen
zu wollen. Sowohl im engagierten Bekämpfen wie im sich
distanzierenden Geltenlassen sind Gutseinwollen und Bosheit
ununterscheidbar gemischt. Herausforderung und Erstaunen sollen in dem für Thomas bezeichnenden lauernden Beobachten liegen.[37)]

Interessiertes Beobachten und aufmerkende Verwunderung stellen die Ausgangsbasis kritischen Erkennens dar.[38)] In Kritik,
Analyse der Verhaltensweisen der anderen Personen, in Be-
wusstmachung, besteht Thomas' eigentliche 'Tätigkeit', die
ihn gleichzeitig zur Selbstreflexion und Selbstkritik
führt.

Thomas' abwartende Haltung und sein Zögern erweisen sich als
mehrdeutig. Das Zaudern spiegelt seinen inneren Kampf, seine
Abneigung, etwas Bestimmtes zu unternehmen, und seine Un-
schlüssigkeit, die ihren Grund hat sowohl im Bewusstsein

mangelnder Gewissheit über den komplexen wirklichen Sach-
verhalt als auch im Bewusstsein der zahlreichen möglichen
Auslegungen dessen, was vorgeht, der verschiedenen möglichen Konsequenzen, die daraus gezogen werden können, und
damit auch der verschiedenartigen möglichen Reaktionen:
Als Maria ihn darauf aufmerksam macht, man müsse sich auf
Josefs Ankunft vorbereiten, spottet Thomas zurück:

> Ja natürlich, Josef, wir müssen Vorkehrungen
> treffen. (311)

Dann macht er nacheinander ganz verschiedene, aber gleich
'unpassende' und schockierende Vorschläge: Alle sollten einfach weggehen (312). Etwas später: "Nichts" solle geschehen, dann, er werde Josef mit einem Fest empfangen (314) und
zuletzt, man könne einen Detektiv auf Josef hetzen (321).[39]
Thomas' abwartendes Gewährenlassen und zurückhaltendes Eingreifen ist aber nicht zuletzt auch Ausdruck böse-wissenschaft-
licher Neugier. Es ist die Haltung des Versuchsleiters, der
fragt, 'was passiert, wenn'; des Experimentators der bemüht
ist, sich möglichst aus der Sache herauszuhalten, aber doch
die Bedingungen des Experiments mitbestimmt. Ausgehend von
der gegebenen Situation - der von Anselm ausgelösten Veränderung der Beziehungen - spielt Thomas in diesem Gruppentest die
Rolle des Herausforderers, Beobachters und Kommentators.
Als gesteigert dramatischen Test kann man zum Beispiel die
Szene im Dunkeln ansehen, in der Thomas Anselms 'Leidenschaft
bis zum Tode' auf die Probe stellen möchte. Zugleich deutet
Thomas die vorgefundene Lage als Modellfall für die Konstel-
lation: eine Frau zwischen zwei Männern - und als Testsitua-
tion für die Frage: wie und warum entscheidet sie sich für
einen? Maria anredend erklärt er:

> Ich bitte dich, lass es dunkel. Das ist ja wahr-
> haftig eine merkwürdigere Sache, als du glaubst,
> zwei Männer im Dunkel. Kann uns dein Auge unter-
> scheiden: nein. Du hörst bloss noch nicht: einer
> sagt auch genau das gleiche wie der andre. Ich
> versichere dir aber: so ist es. Denkt das gleiche.

> Fühlt das gleiche. Will das gleiche. Der eine
> früher, der andre später, der eine denkt es,
> der andre tut es, der eine wird gestreift, der
> andre ergriffen. Aber ob man der Detektiv ist
> oder der Verfolgte, der Brennende oder der Löschen-
> de, wahr oder lügt: Wenn man überhaupt einer ist,
> ist es immer das gleiche Spiel Karten, nur anders
> gemischt und ausgespielt. (353)

Die Reduktion wird weitergeführt im Vergleich mit rein tieri-
schen Verhaltensmustern, auf den dann der Appell folgt, gerade menschlich zu handeln:

> Du hast recht, du hast recht; ich habe das wol-
> len! Denn nun ist es wie in der Welt der Hunde.
> Der Geruch in deiner Nase entscheidet. Ein Seelen-
> geruch! Da steht das Tier Thomas, dort lauert das
> Tier Anselm. Nichts unterscheidet sie vor sich
> selbst, als ein papierdünnes Gefühl von geschlos-
> senem Leib und das Hämmern des Bluts dahinter.
> Habt ihr kein Herz, das zu begreifen?! Jagt es uns
> nicht in den Tod oder - einander in die Arme?! (354)[40]

Experimentierend leitend verhält sich Thomas, als er Maria die
Vergehen Anselms nur andeutet. Er hat Staders Nachforschungen
überprüft, aber er sagt Maria nicht, dass Anschuldigungen gegen Anselm bewiesen sind. Er möchte die Grundlage ihrer Wahl,
den Glauben, erproben. Maria wendet sich Anselm zu, weil sie
an ihn glaubt und weil sie ihm glaubt. Indem Thomas zunächst
davon absieht, die Beweise vorzulegen und Maria nur auffordert,
ihm zu glauben, stellt er gleiche Bedingungen, gleiche 'Chancen'
für sich und Anselm her. So stehen Anselms und Thomas' Bitte
um Marias Vertrauen, beider Appelle an die Evidenzkraft ihres
Gefühls, gegeneinander.

Um die Entwicklung nicht abbrechen zu müssen, weigert sich
Thomas - gegen sein Versprechen an Josef -, Anselm sofort aus
dem Haus zu weisen und Josef das Beweismaterial zurückzugeben.
Erst als der letzte Versuch einer Klärung scheitert, überlässt
er Josef die Demaskierung Anselms, bei der er selbst sich be-
obachtend zurückhält.

Im dritten Akt ermutigt Thomas dann Maria, sich endlich für
das 'Experiment' mit Anselm zu entscheiden:

Du musst es tun. Schliesslich ist, was daraus
wird, das einzige, woran du erkennen kannst,
was es war. (383)[41]

Das (scheiternde) Experiment einer desillusioniert nüchter-
nen und zugleich kindlich traumhaften Liebe wird in der
"Anti-Liebesszene" zwischen Thomas und Regine dargestellt
(394-399).[42]

In allen Versuchen gescheitert, antwortet Thomas auf jede
Frage, was er tun werde: "Ich weiss nicht."[43] Dieses Nichtwissen bedeutet einmal Resignation und Ratlosigkeit. Nichtwissen was tun heisst aber auch: noch alles Mögliche offen
halten. So erfährt Thomas sein Scheitern, das am-Ende-sein,
als Erreichen eines neuen Anfangs. Der schmerzliche Verlust
Marias und die Einsamkeit bedeuten ihm zugleich den Gewinn
grösserer Freiheit und neuer Möglichkeiten.[44] Das Sich-ver-
lieren kann so - der Entwicklung des Geschehens entsprechend -
auch verstanden werden als: einander verlieren und so sich
selbst desto mehr finden.

Thomas' Alternative zum Handeln heisst: Denken, und zwar vor-
aussetzungslos ungebundenes Nachdenken: bald so bald anders
denken können.[45] In diesem Denken bleiben alle Möglichkeiten
als Möglichkeiten bewahrt, und in ihm sind Passivität und
Kreativität eins als Einfall und Erfindung. Dieses Denken -
und zugleich die Sehnsucht, so leben zu können - fasst Thomas
immer wieder ins Gleichnis eines planlosen, sich im Ungewissen
verlierenden Marsches.[46] Thomas, der konsequenteste Schwärmer
und Träumer, stellt gegen die Wirklichkeit die Gegenwirklichkeit seiner Utopie. Es ist die Utopie ständiger Wandlung, reiner Dynamik und Energie, der Schöpfung als Zustand. Dieser
"Schöpfungszustand" (401) liegt im Menschen. Dieses Innerste
kann sich nicht adäquat veräussern. Die Aktion ist nur blasser
Ausdruck und zugleich Verlust der Aktivität, das Ergon bleibt
der Energie inadäquat. Diese utopische Wider-Wirklichkeit
scheint möglich nur in der Innerlichkeit, in Gefühl und Denken, und sie scheint notwendig Einsamkeit einzuschliessen.

Das gemeinschaftlich utopische Leben bleibt das ungelöste
Problem des Stücks, es bleibt unausgedachte Utopie. Der
Utopist, auch wenn er sich, wie Thomas sagt, hinter seiner
Haut verkriecht, gehört "irgendwie" zur tatsächlichen Welt
und zur bestehenden Gesellschaft (400).[47] In diesem "irgend-
wie" bleiben alle Fragen offen.

Im nächsten Abschnitt wird von einem anderen Ansatz aus
zu zeigen sein, von welcher Voraussetzung aus gerade das An-
langen im Unbestimmten und "Bodenlosen" als Selbstfindung
verstanden werden kann.

2. 'Charaktere'

Es braucht hier nicht ausführlicher auf die breite Musilsche
Problematik von Charakter und Identität - Charakter als Ver-
festigung ausserpersönlicher Muster und individuelle Seele
als nichtsubstantielle Variable - eingegangen werden. Diese
Thematik wird im Roman und in allen Arbeiten über den Roman
in extenso behandelt unter den Stichworten "Mann ohne Eigenschaften", "Eigenschaften ohne Mann", "Eigenschaften sind
Allerschaften" usw. Hier mögen einige Andeutungen, ausgehend
von der Technik der Charakterisierung, genügen.

Auch in den "Schwärmern" meint 'Charakter haben' nicht
positiv die Ausprägung der eigenen Persönlichkeit, sondern
eine Ausflucht vor sich selbst in eine feste Form:

> Sie schwindeln natürlich; sie haben einen Beruf,
> ein Ziel, einen Charakter, Bekannte, Manieren,
> Vorsätze, Kleider. Wechselseitige Sicherungen
> gegen den Untergang in den Millionen Metern Raum-
> tiefe. (399)

Solche Menschen, die in ihrem "Charakter" aufgehen, sind die
drei Nebenfiguren des Stücks, die als echte Charakterchargen
erscheinen. Sie gewinnen durch relativ sparsame karikierende
Kennzeichnung Gestalt. Es sind Standardfiguren der Komödie:
Josef der Typus des pedantischen Gelehrten, die Mertens als
Tanten- und Gouvernantentyp, Stader als dummdreister Diener,
der gescheit redet. Sie dienen als Kontrastfiguren und erhalten die Funktion, mit ihren Worten die Hauptfiguren simplifi-
zierend zu charakterisieren.[1]
Diese Charakterisierung der vier Schwärmer als Gruppe und als
Einzelpersonen durch die Nebenfiguren wird ergänzt und diffe-
renziert durch verschiedene andere Mittel.

Die Personenbeschreibung hebt scharf unterschiedene Züge
in Gestalt und Physiognomie der einzelnen Schwärmer hervor.
Als gemeinsames Merkmal wird genannt, dass sie alle etwa
gleich alt und "schön" sein sollen (303). Zu dieser dem Stück
vorangehenden Personenbeschreibung kommen noch die auffallend
zahlreichen Anweisungen zur Gestik und Mimik hinzu.[2] Die in-

direkte Charakterisierung durch ihr Handeln wurde im letzten
Abschnitt schon dargestellt. Das wichtigste Mittel ist jedoch
die direkte Charakterisierung durch Aussprache: das gegensei-
tige Bestimmen, Analysieren, Deuten der Schwärmer untereinander und die unmittelbare Selbstaussage und Eigendeutung.

Psychologische Erklärung und Suche nach Deutung

Den klassischen Kunstgriff, durch widersprechende Charakterisierungen den ersten Auftritt eines Helden vorzubereiten, verwendet Musil zur Einführung Anselms. Bevor Anselm - etwa gegen
Ende der ersten Hälfte von Akt I - auftritt, erhält der Leser
oder Zuschauer die verschiedenartigsten Angaben über Anselm
aus Josefs Brief und den Beurteilungen durch Thomas, Regine,
Maria und Fräulein Mertens. Eine quasiwissenschaftliche Cha-
rakterdiagnose Anselms bietet gegen Schluss des ersten Aktes
dann der Detektiv Stader. Allein diese Parodie auf die Methoden
der Charakteranalyse und die Psychologiegläubigkeit sollte
eigentlich verhindern, dass man die "Schwärmer" allzuleicht als
'psychologisches Drama' einstuft und seine Hauptgestalten psychologisch zu erfassen versucht.[3]

Nun wird allerdings in den "Schwärmern" ausgiebig 'psycho-
logisiert'. Unablässig diagnostizieren und beurteilen die
Schwärmer sich gegenseitig. Angreifend oder verteidigend rech-
nen sie sich ihre Eigenarten vor und gehen in ihren Analysen
und Selbstanalysen bis auf ihre Kindheit zurück. So wird zum
Beispiel häufig auf kindliche Sexualerlebnisse Regines ange-
spielt. Anselms Ressentiments liessen sich ableiten aus den
Demütigungen in Kindheit und Jugend. Thomas zeigte sich schon
als Knabe allen überlegen. Maria galt als "Musterkind" usw.

Jede Interpretation wird notgedrungen hauptsächlich die
'typischen' Züge oder die sogenannten 'Hauptwesensmerkmale'
der Personen herausstellen. Greift man zu psychologischem
Vokabular, so nennt man etwa Thomas einen analytischen Typ,
Anselm einen zwanghaften Eidetiker und Pseudologen, Maria
emotionalbestimmt, Regine infantile Synästhetikerin, oder man
spricht textnäher vom Verstandesmenschen Thomas, dem Abenteurer

Anselm, der gefühlvollen Maria, der träumerischen Regine.
Solche Vereinfachungen sind auch in dieser Untersuchung nicht
immer zu vermeiden. Deshalb soll an dieser Stelle betont werden, dass es sich um Vereinfachungen handelt. Thomas der Rationalist ist gefühlvoll und Träumer, Anselm der Irrationa-
list geht sehr klug vor, und die gefühlige Maria kann auch
recht zynisch Gefühle analysieren. Eine Zusammenstellung aller im Text gegebenen ich bin-, du bist-, er ist-Sätze und
ihrer Abwandlungen würde zeigen:

1. Die Bestimmungen zu den einzelnen Hauptpersonen überschnei-
   den sich vielfach, die Unterschiede werden immer wieder ab-
   geschwächt zu blossen Variationen, "Akzentverschiebungen"
   (359).

2. Für die einzelnen Figuren ergibt sich nicht aus allen Angaben zusammen ein abgerundetes Bild der ganzen Person
   (oder so etwas wie ein befriedigendes psychologisches Gut-
   achten). Die Gestalten bleiben seltsam widersprüchlich, unscharf und vage umrissen, und sie bleiben unerklärt.

Eine solche genaue Zusammenstellung, bei der jeweils der Stellenwert der einzelnen Aussagen aus Situation und Kontext geklärt werden müsste, kann hier allerdings nicht gegeben werden.
Man müsste dazu etwa zwei Drittel des Textes abdrucken.
Dass dieser Eindruck nicht nur bei einer genauen oder überge-
nauen Lektüre entsteht, zeigen zahlreiche Aufführungskritiken.
Es scheint, dass trotz allen teilweise krassen Charakterisierungen der einzelnen Schwärmer durch die Anhäufung differenzierender teils widersprüchlicher Bestimmungen - durch eine Art
Ueberpsychologisierung - gerade die Darstellung der 'Charakter-
losigkeit', der 'Unbestimmtheit' und der Aehnlichkeit der
Schwärmer erreicht wird.
Dass die Hauptpersonen unscharf konturiert bleiben und nicht
eindeutig von einander abgesetzt und einander entgegengesetzt
sind, bewertete die Kritik vielfach als mangelnde Durchgestal-
tung oder undramatische Konzeption. In Besprechungen zu den
bisher bedeutendsten Aufführungen - in Darmstadt und Paris -

finden sich einsichtigere Beurteilungen. Anlässlich der Darmstädter Aufführung spricht zum Beispiel Heinz Beckmann von
"absichtsvoll unprofilierten Rollen" und Karl Korn von einer
Ueberwindung des einfachen Personenbegriffs der dramatischen
Person als Charaktercharge. Verschiedene französische Kritiker
beschreiben die Schwärmer als Menschen, die auf der Suche nach
sich selbst danach trachten, sich zu definieren, indem sie
sich entwerfen. André Alter vermutet, Musil habe absichtlich
die Form des psychologischen Theaters übernommen, um sie zu
übersteigen und zu zerstören. [4]

Man kann sagen: Musil gebraucht die Mittel des psychologischen
Dramas (und der Psychologie), um den Hauptpersonen des Stücks
die notwendige Plastizität, Lebendigkeit, 'Wahrscheinlichkeit'
usw. zu verleihen. Er setzt diese Mittel jedoch in solcher
Menge und Modifikation ein (der Fachpsychologe würde wahrscheinlich sagen: Ungenauigkeit und Inkonsequenz), dass die Personen
gerade nicht als reine Typen oder psychologisch durcherklärte
Charaktere erscheinen, sondern eine Auflösung der festen Charaktere sichtbar wird und ein bedeutender Rest in den Personen
unerklärbar zu bleiben scheint.

Neben der Persiflage auf die psychologische 'Erfassung' des
Menschen am Beispiel von Staders Ausforschungsinstitut zeigt
deutlich genug die folgende Stelle, dass psychologische Analysen in diesem Stück nicht als Endaussagen stehen sollen. Um
Josef zu sagen, dass man mit derartigen Erklärungen noch nicht
den Menschen - in diesem Fall Regine - versteht, verwendet Thomas zunächst ausgesprochen psychologische Fachsprache:

> Sie hätte ebensogut zu einem Arzt gehen können und
> er hätte ihr gesagt: Erotomanie auf neurasthenisch-
> hysteroider Basis, frigide Erscheinungsart bei
> pathogener Hemmungslosigkeit oder dergleichen und
> hätte auch recht gehabt!

Dieser Erklärung stellt Thomas das Verstehen, seine Deutung gegenüber, in Regine bleibe etwas "uneingeordnet. Der Keim einer
anderen Ordnung, die sie nicht ausdenken wird. Ein Stückchen
vom noch flüssigen Feuerkern der Schöpfung." (392)

'Aehnlichkeit' und 'Unbestimmtheit' der Schwärmer werden
im Text in verschiedenen Variationen expliziert.

Aehnlichkeit und Verwandtschaft

Die Aehnlichkeit aller wird verdeutlicht in der Kartenspiel-
metapher und als geistige Verwandtschaft; bei Thomas und Regine als geistige Geschwisterbeziehung. Die recht unklaren
tatsächlichen Verwandtschaftsverhältnisse können wohl angesehen werden als Versuch einer äusseren - naturalistischen -
'Erklärung' für die immer wieder ausgesprochene innere Verwandtschaft und Aehnlichkeit. Die Aehnlichkeit einzelner
Schwärmer zueinander wird an zahlreichen Stellen herausge-
stellt.[5] Nur eine Aehnlichkeit Marias mit Thomas und Regine
wird an keiner Stelle ausgesprochen. Die Aehnlichkeit der
Schwärmer zeigt sich auch in der partiellen Uebereinstimmung
ihrer Anschauungen. Die Aussagen der Schwärmer könnten zum
Teil ohne weiteres unter den vier Hauptpersonen ausgetauscht
werden. Von dieser Möglichkeit haben denn auch die Bearbeiter
des Stücks verschiedentlich Gebrauch gemacht.
Mehrfach werden Sätze eines Schwärmers von anderen aufgenommen und - zum Teil nur durch den Tonfall nuanciert - abgewandelt wiederholt. In diesen Wiederholungen und Zitatvariationen
spiegelt sich sprachlich der Vorgang der Annäherung und des
Distanznehmens, sowie die Enge des Spielraums dieser Auseinandersetzung: Der Grenzbereich von Uebereinstimmung (Anerkennung, Einigung, Vereinigung) und Differenz (Ablehnung,
Kampf, Trennung). Zumindest für Anselm bildet 'Aehnlichkeit' -
ein "Annäherungszustand und Verwandtschaftsgrad" - die Voraussetzung der (intuitiven) Erkenntnis (328).
Aus der Erfahrung der Aehnlichkeit entspringt das Verlangen
nach Liebe. Es ist die Sehnsucht, die Annäherung zur Vereinigung werden zu lassen, die in der Aehnlichkeit noch bewahrte
Differenz im Einswerden aufzuheben und im anderen Menschen
aufzugehen. Aus der selben Erfahrung der Aehnlichkeit wird zugleich aber auch der Hass erklärt, das Bedürfnis, sich zu unterscheiden, und damit die Notwendigkeit, sich zu bekämpfen,

sich zu entzweien, um die eigene Individualität zu bewahren und die eigene Identität zu finden. Alle Schwärmer sind auf der Suche nach ihrem "tiefsten Grund" (399), ihrer Identität und damit ihrem Eigenwert. Sie wollen sich selbst erkennen und einander zur Selbsterkenntnis führen. Sie kämpfen gegeneinander um das Recht, sich selbst leben zu dürfen, und sie fordern sich auf, die "Kraft" und den "Mut" zu diesem Selbstsein nicht zu verlieren.[6]

Die Begründung des dramatischen Konfliktes aus der Aehnlichkeit zeigt, wie weit die Konzeption der "Schwärmer" hinter die Leitidee des Charakterdramas zurückgeht, das seine Spannung aus dem Aufeinanderprallen verschiedener Charaktere bezieht.

Die menschliche Gestaltlosigkeit

Die Bezeichnung für die Charakter- und Eigenschaftslosigkeit heisst in den "Schwärmern" "unbestimmte Menschen". "Unbestimmbar" nennt Musil gleich in der Personenbeschreibung Regine. Er fügt die erläuternde Aufzählung hinzu: "Knabe, Frau, Traumgaukelding, tückischer Zaubervogel." (303)[7]

Im ersten Akt stellt Thomas die "unbestimmten Menschen" Anselm und Regine dem "bestimmten" Josef gegenüber, bei dem alles "wirklich" ist (314). "Bestimmt" meint Menschen, die eine feste Haltung, klare Ziele und Ueberzeugungen haben und sich den bestehenden Verhältnissen anpassen, während die "unbestimmten Menschen" versuchen, sich dem prägenden Einfluss der Wirklichkeit zu entziehen und in einem Bereich der Möglichkeiten zu leben. Durch die Wiederbegegnung mit Anselm und Regine werden bei Thomas und Maria Ansätze sich zu fixieren, sich einzurichten im "eingelebten Leben" und "Gefangener" des Berufs zu werden, wieder aufgebrochen.

Im zweiten Akt bezeichnet Thomas weniger kategorisch Anselm und Regine als "schwer bestimmbare Menschen" (360). Thomas wehrt sich hier gegen Josefs Versuche, aufgrund der Fakten und anhand eines fixen Wertungsschemas solche Menschen klassifizieren und aburteilen zu wollen. Die Bezeichnung "schwer bestimmbar" schliesst die Möglichkeit, diese Menschen genauer zu

definieren, sie zu erklären, nicht unbedingt aus. Der Fortgang des Gesprächs zeigt, dass es jedenfalls Thomas nicht in
erster Linie darum geht, das Verhalten seiner Freunde ableiten und erklären zu können, sondern darum, es auszulegen, die
"Bedeutung" zu suchen:

> Ich denke fortwährend darüber nach; aber es ist
> zu wenig und zu viel. (359)
> Das kann nicht wahr sein! Und das kann nicht
> falsch sein! Das kann nur etwas bedeuten, das da-
> mit gar nicht gesagt ist. (361)

Es ist ein aussichtsloses Unterfangen, eine kurze Definition
für das, was "unbestimmte Menschen" heissen soll, zu versuchen, will man nicht zur paradoxen Formulierung greifen: Es
sind Menschen, die in besonderem Masse von Unbestimmtem bestimmt werden. "Unbestimmt" meint so ungefähr alles, was nicht
fest, eindeutig ist und nicht die Qualität widerständiger
Wirklichkeit besitzt: das Zwitterhafte, Bewegliche, Traumhafte,
Hypothetische, flüchtig Illusionäre, das Werdende oder das
"Leben". Als etwas Unbestimmtes erfahren die Schwärmer sowohl
ihre Umwelt, die Welt, als auch sich selbst. So spricht Anselm
von einem "Ozean in uns und um uns" (341). An anderen Stellen
werden Wind, fliessendes Wasser, Nebel, Sternenmeer oder die
phantastisch verschlungenen Ornamente des Teppichs zu Bildern
für das unheimlich Unbegreifliche an der Wirklichkeit. Immer
wieder wird neu umschrieben wie besonders Anselm und Regine von
ins Geheimnisvolle verwandelten Menschen oder Dingen "ergriffen" werden. Charakteristisch für die Welterfahrung der Schwärmer ist, dass ihnen Wirklichkeit als wandelbar und verwandel-
bar erscheint. Dabei handelt es sich um eine Verwandlung der
Realität im und durch das Bewusstsein. Die 'Verwandlung' ist
also keineswegs identisch mit einer objektiven - wiederum
wirklichen - Veränderung der Realität durch Handeln. (Der Ausdruck 'Veränderung' wird daher im folgenden vermieden.)
Man könnte vergröbernd die folgenden Weisen der Auflösung und
Umwandlung der festen Wirklichkeit unterscheiden:
Erstens: die Verwandlung der Realität, beziehungsweise die

Wahrnehmung des Unbekannten und Fremden an ihr, durch die
Betrachtung aus wechselnden und ungewöhnlichen Perspektiven:
"Die Blumen wachsen masslos, wenn man auf der Erde liegt." (395)
"Und wenn ich dich   anschaue, so verkehrt, bist du wie eine
plastische Karte, ein grässlicher Gegenstand, keine Frau." (397)
Thomas kämpft gegen Josef um die Berechtigung, die Welt hie und
da "aus der Horizontale zu sehn" (393). 'Perspektive' ist also
auch im übertragenen Sinn zu verstehen.
Zweitens: Auflösung des natürlichen Wirklichkeitsbildes durch
die 'unnatürliche' wissenschaftliche Betrachtung der Welt.
Drittens: Die Umwandlung der Realität (Realität, wie sie der
gewöhnlichen Erfahrung erscheint) durch die Wahrnehmung in
besonderen Gefühlszuständen wie Liebe und Angst: Liebe ist
ein "Phantastischwerden" der Welt (315). "Irgendein Schafs-
kopf (...) wächst plötzlich ins Ungeheure: Liebe! So wie es
Angst ist: das feindlich Unbekannte wächst. Das Unbekannte
wächst in beiden Fällen!" (392)
Viertens: die Umgestaltung der Wirklichkeit durch die schöpferische Phantasie,sei es nun in der Form von Halluzinationen
oder als spielerisches Umformen der Wirklichkeit,in eine Mär-
chen- und Traumwelt oder als theoretisch spekulative Neuord-
nung der Welt.
Wie die den Schwärmern eigentümliche Erlebniswelt, die "andere
Wirklichkeit" durch das Bühnenbild vergegenwärtigt und so als
ihr 'Milieu' sichtbar gemacht werden soll, wird im Abschnitt
'Raum' noch näher behandelt werden. Auch der Aspekt der Zeitlichkeit dieser Erfahrungen einer "anderen Wirklichkeit" soll
in einem eigenen Abschnitt noch ausführlicher besprochen werden. "Mit der Zeit", so gesteht Regine verzweifelnd, hat man
"nicht mehr die Kraft es zu verwandeln!" (338) oder "dahinter
etwas zu sehn" (374). Die Bedeutung, die Musil diesen Aussagen
beimass, lässt sich daran erkennen, dass er 1924 in einer seiner relativ seltenen positiven Theaterkritiken, der Besprechung
von Ernst Tollers "Hinkemann", versteckt aus den "Schwärmern"
zitiert. Er schreibt dort:

Ein anderer Dichter hat dieses Erlebnis Hinke-
manns vor Toller so ausgedrückt, dass jeder
'mitten in der Unendlichkeit allein auf seiner
eigenen Planke treiben muss', und der von Toller
vor sein Buch gesetzte Schicksalsgedanke, dass
man zugrunde geht, wenn man die Kraft zu Traum
und Einbildung verliert, heisst dort, 'die Kraft
der Verwandlung verlieren'; aber da die wenigen
wirklich tragischen (und nicht einfach meliora-
tionsfähigen) Konflikte immer auf die gleichen
Grundwidersprüche unserer bewussten Existenz zu-
rückführen, mögen sie einander leicht ähnlich
sein. (Mth. 162) [8]

Als Grundwiderspruch ihrer bewussten Existenz erleben und erleiden die Schwärmer, dass sie sich einerseits bewusst sind,
fühlen und glauben - und früher noch in viel stärkerem und un-
gebrochenerem Masse glaubten - unbestimmt, frei, schöpferisch,
möglichkeitsträchtig zu sein und zu "neuen Menschen" werden zu
können, dass sie sich aber andrerseits mehr und mehr bewusst
werden, wie sehr sie durch Wirkliches, durch physische, psy-
chische, gesellschaftliche Widerstände und Gesetzmässigkeiten,
durch Zufälle, durch ein Zusammenfallen verschiedener Tatsachen bestimmt und geformt werden; wie sehr sie der Wirklichkeit "ausgeliefert" sind.

In seinem nachgelassenen systematischen Versuch "Der deutsche Mensch als Symptom" hat Musil seine Gedanken über das eigentliche Unbestimmtsein des Menschen als Person und sein Be-
stimmtwerden durch Unpersönliches oder Ueberpersönliches hypo-
thetisch formuliert als "Theorem der menschlichen Gestaltlosigkeit". Die Annahme der "menschlichen Gestaltlosigkeit" - und
dahinter steht eine Aufhebung des alten Substanz-, Wesen-
und Naturbegriffs - macht einerseits eine Entwicklung des Menschen und die Idee einer anderen Art von Mensch denkbar, insofern das 'Wesen' des Menschen nun begriffen wird als relativ
undeterminierte, freie Energie, richtungslose vitale und geistige "Kraft". Die andere (passive) Seite der menschlichen Gestaltlosigkeit formuliert Musil so: "Gerade die Ungestalt seiner Anlage nötigt den Menschen, sich in Formen zu passen,
Charaktere, Sitten, Moral, Lebensstile und den ganzen Apparat

einer Organisation anzunehmen. (...) man kann sagen, der
Mensch wird erst durch den Ausdruck, und dieser formt sich
in den Formen der Gesellschaft." (Symptom 21)
Zur Kennzeichnung des Ineinanders der zusammenwirkenden
Faktoren - Gesetze, Tatsachen, vorgegebene Verhältnisse -
wählt Musil den Begriff der "Situation". Er hebt damit seine Auffassung ab von einer simplen Determinationslehre und
der "Erhabenheit" des Schicksalsglaubens: "Gesetze vermöchte
man nicht zu ändern; Situationen in diesem Sinn aber wohl,
mögen noch so viel immanente Gesetze an ihnen mitgewirkt haben." (Symptom 23)
Musil bekennt dann im Abschnitt über "Die Situation unsrer
Generation (Unsre Generation und die Gestaltlosigkeit)":
"dass alle diese Gedanken nichts sind, als Eindrücke, die mir
unser eigenes Leben gemacht hat". (Symptom 24) Das "ursprüng-
liche Eindrucksmaterial" sind die Erfahrungen in der Zeit vor
und nach 1900. Musil stellt die Jahre kurz vor der Jahrhundertwende als "eine Zeit grosser ethischer und ästhetischer Aktivität" den Jahren nach dem ersten Weltkrieg, den Resultaten,
gegenüber:"ein teils eingebildeter, teils wirklicher Kraftzustand unterschied jene Zeit von heute." (Symptom 25)[9)]
Musils Fazit lautet: man muss sagen, "dass sich geistig-sub-
stantiell sehr wenig geändert hat, wohl aber dass ursprünglich in diesem geistigen Gemenge, bildlich gesprochen, eine
Art Polarisationszustand vorhanden war, eine illusionäre
Gleichgerichtetheit, die später ausliess (...), wonach ein
'ungerichteter Zustand', ein mutloses Durcheinander übrig
bleibt wie zwischen den Eisensplittern eines Feldes, das nicht
magnetisiert ist." (Symptom 26f.)
Während Musil in diesem Essay versucht, "mehr oder weniger
Extrapolationen aus privaten Erfahrungen auf das Leben eines
grossen Gesellschaftskörpers" vorzunehmen (Symptom 28) und so
Ansätze zu einer geschichtstheoretischen Erörterung zu finden,
werden diese Erfahrungen in den "Schwärmern" vor allem als exi-
stentielles Erleben der privaten Lebensgeschichte dargestellt.
Dem tatsächlichen gegenwärtigen Zustand der sich auflösenden

Freundesgruppe wird die Gemeinsamkeit der Jugend, der frühere
"teils eingebildete, teils wirkliche Kraftzustand" entgegenge-
stellt: die "Anfangsillusion", "neue Menschen" werden zu können.

Die Selbsterfahrung, im Innersten gestaltlos zu sein und unbestimmten Elan in sich zu tragen, wird immer wieder neu - oft
in bildlicher Aussageweise - formuliert. Kennworte dafür sind
besonders: Kraft, Kräfte, Taumel, Leben, Schöpfung, Urschleim,
Feuer, Meer, Strom, Sturm. Dazu die oft gehäuft auftretenden
Adjektive wie: übergross, ungeheuer, gestaltlos, unausgenützt,
abenteuerlich, richtungslos.

Das Gefühl, eigentlich unbestimmt zu sein, und die Erfahrung,
von aussen und von Aeusserlichkeiten bestimmt zu werden, die
Diskrepanz vom Bewusstsein der eigenen Möglichkeiten und dem
tatsächlichen Zustand, wird vor allem von Thomas und Regine -
und zwar vom Anfang bis zum Schluss des Stücks - in eindring-
liche Worte gefasst. Die folgenden Stellen zum Thema "unbestimmte Menschen" zeigen auch die kraftvolle und selbst von einer
Aura des Unbestimmten umgebene Sprache des Stücks:

Thomas: Wir glaubten einmal neue Menschen zu sein! Und was ist
daraus geworden?! Wie lächerlich, was ist daraus geworden?!
Das Menschliche lag in seiner ganzen, ungeheuren, unausgenützten, ewigen Erschaffungsmöglichkeit in
uns! (309)
(Es gibt Menschen) Die etwas Bewegliches bergen, wo
die andren fest sind. Eine Ahnung vom Anderssein-
können. (324)
Als wir jung waren, fühlten wir: leidenschaftliche
Menschen haben überhaupt kein Gefühl in sich, sondern gestaltlose, nackte Stürme von Kraft!! (325)

Regine: Auflehnung, riesiger Wille, unbenannte Kraft stürzen
in die Welt und werden - - nun in deinem Fall werden
sie Professor. (375)
Jeder lässt sich nur in sich hineinpacken wie in einen zu kleinen Koffer. (395)

Von der Theorie der menschlichen Gestaltlosigkeit her oder, genauer gesagt, vom Gefühl der Schwärmer, in sich gestaltlose
Kraft zu tragen, erhält das Paradox, man sei nie so sehr bei

sich, als wenn man sich verliere, den Sinn: die eigene Gestalt verlieren, sich ins Gestaltlose verlieren heisst seine
eigene Ursprünglichkeit finden. Es ist die Sehnsucht Anselms,
aufzugehen im "einheitlichen Taumel" der Welt (366); Regines
Verlangen, "ihre von Wirklichkeit befreite Illusion von sich"
zu sein (359); Thomas Vorstellung einer "unbestimmten Bettler-
fahrt des Geistes durch die Welt" von Menschen, die in sich
den "Schöpfungszustand" tragen, "Ein Sinken in jedem Augenblick durch alles hindurch ins Bodenlose." (400f.)[10]
Besonders am Beispiel dieser drei Schwärmer werden mehr oder
weniger problematische Versuche dargestellt, "unbestimmt" zu
leben. Charakteristisch ist, dass diese drei nach dem Willen
Josefs, des Vertreters der gesellschaftlichen Wirklichkeit,
ausgeschlossen werden sollen: Anselm soll ins Gefängnis, Regine in ein Sanatorium (Irrenanstalt), Thomas wird aus dem
Universitätsdienst entlassen.
Von den vier Schwärmern wird Maria - auch mit ihren gemässigten
und idealisierenden Anschauungen - noch am ehesten in die Nähe
der 'festen Charaktere' gerückt, aber in Ueberhöhung als Ab-
bild der sich gleichbleibenden Natur. Gerade aufgrund ihrer
Charakterfestigkeit - nicht zuletzt im moralischen Sinn -
reicht diese Gestalt oft ins Ridiküle hinüber. Erst am Schluss
wird Maria, immer noch zögernd und gehemmt, zur "Abenteurerin"
(382).
Eine komische Aehnlichkeit mit den Schwärmern zeigt der Detektiv Stader. Er soll wie sie "schön" sein. Seine zahlreiche
Berufswechsel stellen ihn in die Nähe Anselms. Seine "Philosophie" karikiert Gedanken Thomas'. Sich anbiedernd erklärt
er: "Ja; auch ich war ein Schwärmer!" (386)

Der Dichter als Modell der unbestimmten und schöpferischen Menschen

Anselms Weise des unbestimmten Lebens ist, wie wir sahen, das
Schauspielertum: Er fängt immer wieder ein neues Leben an, er
hat keinen Beruf, sondern er nimmt die Berufe als von der Gesellschaft bereitgestellte Formen, denen man sich einpassen

kann, das heisst als Rollen, die man wechseln kann. Er lässt
sich vom Schneider das passende Kostüm anfertigen (334). Er
wechselt den 'Charakter', spielt den Sanftmütigen, den From-
men, den Leidenschaftlichen, den Zyniker und Idealisten. Zum
Rollenwechsel gehört ein Wechsel der Ideen, der "Ueberzeugungen". Ein Aspekt des Unbestimmtseins von der Wirklichkeit
ist das Unbestimmtsein von der Wahrheit. Der Bereich der
nicht-wahren Aussagen ist grösser als die Klasse der wahren
Aussagen. "Lügen" ist eine der Aeusserungsformen des Möglichkeitssinns: "Aber Lügen sind zwischen fremden Gesetzen verfliegendes Heimatgefühl von traumhaft nahen Ländern, verstehen Sie das nicht?! Sind seelennäher. Vielleicht ehrlicher.
Lügen sind nicht wahr, aber sonst sind sie alles!" (350)[11]

Während Anselm verschiedene Rollen des wirklichen gesellschaftlichen Lebens übernimmt, wählt Regine ihre Rollen aus
den Dichtungen und Träumen der Menschheit. Sie begreift sich
als eine Gestalt der Märchen, Sagen und Legenden. Sie erfin-
det sich eine Traumwelt, erdichtet Geschichten und in ihnen
sich selbst. "Wir sind nichts Wirkliches" (342); die Phantasien sind für sie "wahrscheinlich viel wirklicher" (307).
Regine versucht den Menschheitstraum ernst zu nehmen: aus
der schöpferischen (Einbildungs-) Kraft sich selbst zu erschaffen, sich selbst in verschiedenen Gestalten zu erfinden.

Was für Regine die Freiheit der Imagination, ist für Thomas die Freiheit der Reflexion. 'Keine Voraussetzungen akzeptieren' (379) bedeutet die Weigerung, sich von den vorge-
formten Lebensmustern, Ideologien und Gefühlskonventionen bestimmen zu lassen. Das Unbestimmtsein auch von bestimmten eigenen Gedanken drückt sich aus in Worten wie: "Ich weiss nicht,
was mir einfallen wird." (383) Oder "Jetzt denke ich so, aber
vielleicht denke ich später anders." (400) Thomas' Denken ist
offenes, hypothetisches Reflektieren. Die Positionslosigkeit
trägt Thomas Vorwürfe ein wie er sei ein "Schuft", ein "Ange-
kränkelter" oder er kümmere sich um Dinge, die nicht zu seinem

"Fach" gehörten. Auf Josefs Hinweis, er verteidige ja seinen
Rivalen Anselm, "schreit" Thomas ihn an: "Ich finde ihn
lächerlich!!... Ich verteidige ihn ja nur gegen d i c h."
(393) In jedem Gespräch nimmt Thomas verschiedene Haltungen
an, er wählt immer die mögliche "andere" Haltung im Unterschied zur Position des Partners. Er wird so zum Kritiker
und Interpreten aller anderen Figuren und zugleich Kritiker
und Interpret seiner eigenen verschiedenen Einstellungen.

Man hat häufig geschrieben, die vier Schwärmer stellten
eigentlich verschiedene Aspekte einer einzigen Person dar.[12]
Man zielte damit auf die Person Musils. Von biographischen
Bezügen abgesehen kann man sagen: in Anselm, Regine und Thomas werden verschiedene Funktionen nicht nur des dramatischen
Dichters dargestellt: das Auswählen von Rollen, Erfinden einer fiktiven Welt und das kritisch reflektierte Vermitteln
von Ideen. In Bezug auf Thomas' Bewusstheit, seine alles er-
fassende kritische Reflexion, bemerkt Scharang zu Recht: "Das
birgt für das Drama die Gefahr, dass eine Gestalt allen Er-
scheinungen Herr wird."[13] Diese "Gefahr" lässt sich genauer
bestimmen als versteckte Einführung   eines über dem Drama
und den dramatis personae stehenden epischen Ich. In diesem
Zusammenhang ist eine bisher übersehene Notiz in Musils Tagebüchern aufschlussreich:

> V e r s u c h. D i e I c h f o r m d e s D r a m a s.
> Die Hauptperson vor dem Vorhang. Erzählt dem Publikum
> wie Ichroman. Der Vorhang teilt sich. Die Personen,
> auf die "Ich" hingeführt hat, stehn auf der Bühne, die
> Szene rollt ab, das "Ich" wird eventuell hineingezogen.
> Entweder wie eine handelnde Figur, da das Ich ja auch
> von sich "erzählt" oder als ein Dabeistehender, der
> spöttisch oder ergriffen oder je nachdem zusieht. (T 269)

Musil skizziert in diesem nie ausgeführten Einfall von 1923 rein
formal verschiedene Möglichkeiten eines epischen Theaters.
Wilders "Our Town" (1938) und Anouilhs "Antigone" (1944) sind
zwei bekannte Beispiele für die von Musil skizzierten Schemata.

Die Rolle des "Ich" ist im Rahmen des absoluten Dramas vor-
gebildet in der Gestalt des Thomas, der bald als "handeln-
de Figur" in das Geschehen "hineingezogen" wird, bald distanz-
nehmend die Funktion des Experimentators und Kommentators erfüllt. Die Konsequenz deutet sich im dritten Akt an, in dem
Thomas in allen Szenen auf der Bühne bleibt und "ergriffen"
oder "spöttisch" die Entwicklung verfolgt und unbestimmt,
das heisst von verschiedenen Standpunkten, wechselnden Perspektiven aus, kommentiert.
Unbestimmtsein heisst auch unfertig, noch offen sein wie in
der Kindheit und Jugend. In der Sehnsucht nach dem unbestimmten Zustand liegt damit auch die Gefahr einer Regression.
Auf diesen Aspekt und darauf, dass die Vergangenheit Gegenstand der Reflexion wird, soll im folgenden Abschnitt eingegangen werden.

3. 'Zeit'

In Uebereinstimmung mit den Forderungen der klassischen
Poetik überschreitet die Zeitdauer des dramatischen Geschehens nicht die 24-Stundengrenze. Der erste Akt spielt
"früh am Vormittag" (305), der zweite am Abend - "sich ver-
tiefendes Dunkel" (343) -, der dritte beim "Morgengrauen
des darauffolgenden Tages" (374).[1] Innerhalb der Akte gibt
es keine zeitlichen Unterbrechungen oder Zeitsprünge. Gleich
in den ersten Sätzen des Stücks wird Vergangenes mit zum Gegenstand des Gesprächs. Regine erklärt der Mertens:

> Als Kind und noch als Mädchen hatte ich eine
> hässliche Stimme, sobald ich nur laut sprach;
> aber ich wusste, dass ich eines Tags alle Leute
> durch einen wunderbaren Gesang überraschen würde.

Mertens: Und haben Sie dieses Organ bekommen?

Regine : Nein.

Mertens: Nun also.

Regine : (...) Früher kam ich oft hierher, als noch Mama
nebenan schlief. (305)

Erinnerungen

Solche Erinnerungen durchziehen das ganze Stück. Sie werden
wie hier oft eingeleitet durch Formeln wie "Als Kind", "Als
Knabe", "Als wir jung waren", oder durch ein beigefügtes
"früher", "damals", "vor Jahren" gekennzeichnet.
Das durchgehende Bezugnehmen auf Vergangenes erfüllt verschiedene Funktionen. Zunächst wird so die Vorgeschichte der dramatischen Handlung mitgeteilt. Die deutlichsten Auskünfte
über die Vorgeschichte ergeben sich aus den Gesprächen, an
denen eine der Nebenpersonen beteiligt ist, und aus den im
Spiel zitierten Schriftstücken wie dem Brief Josefs und den
Dokumenten Staders.
Längere "Berichte" sind auch im ersten Akt weitgehend vermieden. Die Informationen werden im Gespräch beiläufig, stück-
weise und zum Teil auch unnötig unsystematisch gegeben. So erfährt der Leser zwar gleich in der ersten Szene, dass Johannes,

Regines erster Mann, "vor Jahren" starb. Im zweiten Akt
wird dann plötzlich wie von längst Bekanntem davon gesprochen,
dass Johannes Selbstmord verübte. Erst in der letzten Szene
des dritten Aktes findet sich eine Zeitangabe, aus der man
schliessen kann, dieses Ereignis liege schon fünfzehn Jahre
zurück.
Dieses Verfahren der beiläufigen, verstreuten Information
dürfte Grund dafür sein, dass von der Kritik häufig moniert
werden konnte, nicht einmal die Fabel werde in diesem komplizierten Stück recht klar. Hierher wird wohl auch zu erklären
sein, dass so zahlreiche "Inhaltsangaben" (in Aufführungskritiken und in der Sekundärliteratur), in denen sich die
Tendenz zeigt, eine "Geschichte" in der Reihenfolge Kindheit/
Jugend usw. zu berichten, fehlerhaft oder wenig informativ
sind. Dass trotz der zahlreichen Passagen, in denen von der
Vergangenheit der Hauptpersonen die Rede ist, die Vorgeschichte nur andeutungsweise aufscheint, lässt wiederum Musils Des-
interesse erkennen, eine "Geschichte", Schicksale oder Lebens-
läufe auszugestalten.

Verbunden mit der Skizzierung der Vorgeschichte liefern die
Gespräche über die Vergangenheit psychologische Erklärungen
für das gegenwärtige Verhalten der Personen. Das gilt vor allem für die Erinnerungen an Kindheit und Jugend.

Wichtiger als dieses kausalpsychologische Verhältnis von
Vergangenem und Gegenwärtigem ist das <u>Verhältnis der Gleich-
heit, Aehnlichkeit oder Verschiedenheit von früher und jetzt.</u>
Wie in der eingangs zitierten Stelle dienen Beispiele aus der
Vergangenheit, zur Beschreibung, beziehungsweise Umschreibung
gegenwärtiger Einstellungen oder Gefühle. Indem Regine auf die
Frage der Mertens "Wie denken Sie sich das eigentlich?" mit
einer Erinnerung aus der Kindheit antwortet, bekennt sie sich
zu dieser kindlichen Haltung. In den Vergleichen von damals
und heute wird der vergangene Zustand etwa der Kindheit und
Jugend thematisiert, und er wird bewertet. Die Erinnerungen
an frühere Erlebnisse oder Erlebnisweisen fungieren so als

Argument für oder gegen die Eigenart dieser Erfahrungen. In
der positiven Form, als Berufung auf Vergangenes, beschreiben die Erinnerungen Aspekte des gesuchten Verhältnisses von
Ich und Welt, das heisst: Das Erinnerte steht als Gleichnis
des Utopischen. Dies soll im folgenden näher ausgeführt werden.

Aus der Vergangenheit werden besonders hervorgehoben: Anselms abenteuerliches Leben, Johannes' Tod, die gemeinsame
Kindheit, die Jugend und das "eingelebte Leben".

Bis zum Ende des zweiten Aktes spielt die Enthüllung von
Anselms dunkler Vergangenheit eine besondere Rolle. Die Aben-
teuerlichkeit dieses Lebens wird einerseits bewundert, erscheint andrerseits aber suspekt, weil kriminell und ergeb-
nislos. Der Abenteurer Anselm aber preist das einfache Leben,
die Wunder des Alltags und die Tugend der Demut.[2] Die Mitteilungen über Anselms Leben seit seinem Weggang von der
Universität ("vor acht Jahren") werfen ein Licht auf sein
gegenwärtiges Handeln und Reden besonders Maria gegenüber.
Sein dargestelltes Handeln wiederum stützt - abgesehen von
Staders "Beweisen" - den Verdacht einer betrügerischen Vergangenheit. Anselm gab und gibt sich den Schein von Bedeutung.
Während Maria überzeugt bleibt,"Anselm ist gewiss auch ein
bedeutender Mensch", stellt Thomas "Schwindler" und "bedeutenden Menschen" einander gegenüber und erklärt, nur den ersten
Schritt hätten Schwindler und grosser Mensch gemeinsam.[3]

Durchgehend taucht in den Gesprächen der Name des fünften
Schwärmers, des toten Johannes auf.[4] Johannes' Selbstmord
steht als Beispiel für diesen letzten Ausweg aus einer Konfliktsituation. In der dramatischen Gegenwart setzt Anselm
Selbstmordankündigungen als Druckmittel ein und demonstriert
schliesslich einen Scheinselbstmord. Mehrfach deutet Regine
ihre Selbstmordabsichten an. Der Tod ist für sie das grosse
Geheimnis, Selbstmord das einzige, was man noch nicht versucht hat (376). Indem sie sich zu den Menschen zählt, die
"von allem Anfang dazu bestimmt" sind, erhebt sie sich selbst

ins Geheimnisvolle. Für einen Augenblick kommen ihr Bedenken: "vielleicht ist es auch Schwindel, vielleicht ist es - -"
(376). Die andere Möglichkeit bleibt unausgesprochen. Im Ver-
stummen bleibt der Tod unaussprechliches Mysterium. Während
sich Regine auf das über die Wirklichkeit erhebende Gefühl
beim Gedanken an den Schritt in das Geheimnis, also auf eine
Empfindung vor dem Tod beruft ("es nahe wissen, macht schon
himmlisch frei und furchtlos." 376), entmystifiziert Thomas
den Selbstmord mit der ironischen Wendung: "wenn man nachher
an seiner eigenen Leiche stehn könnte, würde man sich der Voreiligkeit schämen." (401)
Auch Thomas gesteht, er habe in den letzten Tagen manchmal an
Selbstmord gedacht. Er schreckt jedoch vor der Pathetik und
Unsinnigkeit einer solchen grossen Tat zurück und gibt Regine
zu verstehen, auch der Tod sei wohl wie das Leben gross und
banal zugleich.

Regines wachsende Entschlossenheit zu sterben ist einerseits Folge ihrer Desillusionierung; Verzweiflungstat, weil
ihre in Anselm gesetzte Hoffnung zerstört und in der Ernüchterung auch die Illusion Johannes kraftlos wurde. Andrerseits
bedeutet die jetzt an den eigenen Tod geknüpfte Erwartung -
Befreiung von der Wirklichkeit und Eingehen ins Geheimnisvolle - in Uebertragung die Fortsetzung der Haltung, die zuvor mit der Mystifikation Johannes' verbunden war.

Fernliebe
Johannes ist, wie auch Regine weiss, tot - "Amtlich bestätigt."
(306) Er gehört so endgültig der Vergangenheit, der Nicht-
mehr-Wirklichkeit an. Die intensive Bindung an den Toten erscheint nicht etwa als Fortsetzung einer gleichstarken Beziehung aus der Zeit der Ehe mit dem lebenden Johannes. Erst mit
Johannes' Tod begann Regines "glühender Zustand der Güte" (349);
nachträglich wurde Johannes für sie zum "Ideal" (309).
Regines Totenkult ist ein Beispiel dessen, was Musil später
"Fernliebe" nennen wird.[5] Fernliebe meint jenen gesteigerten
Zustand, der gerade durch die Trennung vom Geliebten hervor-
gerufen wird. Ein bekanntes Beispiel aus Musils Roman ist Ul-

richs Liebesgeschichte mit der Majorsgattin, von der es
heisst, Ulrich habe sich "weniger in die sinnliche Anwesen-
heit dieser Frau verliebt als in ihren Begriff" (MoE 123).
Die räumliche Trennung Ulrichs von der Majorsgattin bewirkt
eine weitere Idealisierung und Entwirklichung der Geliebten.
Die Sehnsucht wird zur mystischen Ergriffenheit, in der die
Geliebte und die Welt als Eines erfahren werden und die Dinge
ihre Grenzen und ihre gewöhnliche Bedeutung verlieren. Für
Regine vermischen sich ähnlich Dingwelt und Johannes. Im Roman betont der Erzähler ausdrücklich die Aehnlichkeit dieses Zustands mit dem religiöser Mystiker (MoE 125). Regine
wird in den "Schwärmern" mehrfach "Heilige" genannt. Dieselbe Bedeutung wie der räumlichen Distanz kommt im Roman
auch der Inzestschranke zu. Sie verhindert (oder verzögert),
dass der durch die Trennung gesteigerte Zustand der Ergriffenheit abbricht im Ergreifen, dass Liebe zum Besitzen
wird. In Regines Liebe zu Johannes nun ist die Schranke absolut. Es ist die Kluft zwischen Vergangenheit und Gegenwart,
zwischen Tod und Leben. Durch die körperlos mystische Vermäh-
lung wird die quälende Sehnsucht nach dem Geliebten nicht aufgehoben, ebensowenig wie durch die quasi-sakramentale Vereinigung mit einem Stellvertreter.[6] Die absolute Trennung steigert die Sehnsucht. Da die Sehnsucht aber nicht in einer Erfüllung ihr Ende und ihre Erneuerung finden kann, müsste der
Zustand sehnender Liebe sich selbst erneuernd "endlos", dauerhaft sein, - oder er "verendet". So erscheint Regines Versuch,
einen Toten zu lieben, nicht bloss als Studie eines pathologischen Totenkults, sondern es zeigt sich am extremen Beispiel
das Problem der "Schwärmer": die Frage nach der Möglichkeit einer zugleich "grossen" und dauerhaften Liebe (und damit nach
der Rechtfertigung der Treue).
Modell ist Regines Liebe zu Johannes auch darin: Da der Geliebte nur in der Weise der Vergegenwärtigung durch den Liebenden existiert, ist eine 'Schuld' des Partners am Scheitern der
Liebe ausgeschlossen. Allein das Mass der Kraft zu lieben, ver-

bürgt Dauer und Höhe der Liebe.

Regines Ernüchterung bedeutet Kapitulation vor der jede Liebe
gefährdenden Macht der Zeit und der Wirklichkeit, die gerade
durch die Kraft der Liebe negiert und transzendiert werden
sollten. Regine selbst deutet an einer Stelle ihre Liebe zum
toten Johannes als Protest gegen die Wirklichkeit und als Flucht
vor der Wirklichkeit. Beides zusammenfassend spricht sie von
der Flucht in die "Nochnichtwirklichkeit" (394).

In teilweise kindlich spielerisch anmutender Mystifikation
spielt Regine das Unwirkliche gegen die Wirklichkeit aus. Sie
lehnt sich gegen die Ehe mit Josef auf, indem sie ihn 'mit einem Toten betrügt' (307). Den Männern verfallen, nimmt sie
Rache an ihnen, indem sie ihre 'Partner' zu austauschbaren
Stellvertretern für Johannes erniedrigt. Sie will nicht akzeptieren, dass Johannes Vergangenheit und somit nur Erinnerung sein soll, und macht ihn zum Gegenstand der Hoffnung:"Johannes, wann kehrst du wieder?" (335). "Er gehörte ihren
Wünschen", wie Musil in der gleichzeitig mit den Entwürfen
der "Schwärmer" entstandenen Erzählung "Die Versuchung der
stillen Veronika" schreibt, als Veronika glaubt, ihr Jugend-
freund - der ebenfalls Johannes heisst und Selbstmord bege-
hen wollte - sei tot (PD 222). Musil kommentiert dort: "Kinder und Tote, sie sind noch nichts oder sie sind nichts mehr,
sie lassen denken, dass sie noch alles werden können, oder alles gewesen sein; sie sind wie die gehöhlte Wirklichkeit leerer
Gefässe, die Träumen ihre Form leiht." (PD 220)[7]
Von hier aus wird der Zusammenhang von Regines Versuchen,
einen Toten zu lieben und im Zustand der Kindheit zu leben,
deutlich. Es sind beides Versuche, im Reich der Möglichkeiten
zu leben. 'Möglichkeiten' meint hier nicht nur das Realisier-
bare, das eventuell Zukünftige. Der Bereich des 'Möglichen'
umfasst alles Denkbare, einschliesslich dem, was nur im Traum
denkbar ist. Er umfasst auch die Möglichkeiten der Vergangenheit: das, was in der Vergangenheit möglich gewesen wäre, die
verpassten und die verlorenen Möglichkeiten.

Kindheitstraum

Verloren ist für die Schwärmer auch das Reich der Kindheit.
Regine versucht noch als Erwachsene, weiter in der Eigenwelt
des Kindes zu leben, die grösser ist als die Wirklichkeit,
weil es im Bewusstsein des Kindes Trennung und Gegensatz von
objektiv und subjektiv, von Realität und Phantasiewelt, von
Wahrheit und Lüge noch nicht gibt.
Zahlreiche Märchenmotive sind in Regines Kindheitserinnerungen verflochten. Sie beschreiben die auch durch wiederholte
Misserfolge noch nicht zerstörbare und daher glückliche Erwartung, selbst märchenhaft gut und schön zu werden - wunderbar zu singen, ein Riese oder eine Fee zu sein - und magisch
die Wirklichkeit zum Schöneren und Besseren zu verwandeln -
Bekannte oder Tiere in Märchengestalten zu verzaubern.[8]
Gerade indem Regine versucht, den kindlichen Zustand zum Dauer-
zustand zu machen, erweist sich dessen Vergänglichkeit und
Flüchtigkeit. Das im kindlich ungebrochenen Augenblickserleben
Geheimnisvolle wird mit der Zeit - in der Wiederholung - alltäglich. Durch den Zwang, sich selbst und die Welt immer wieder neu "verzaubern" zu müssen, sie nie verzaubert zu haben,
entsteht in Regine das Gefühl der Sinnlosigkeit dieser Versuche, das wiederum die Kraft, Sinn zu schaffen, schwächt:
"So habe ich   gelebt. Lange. Dann wurde es immer gewöhn-
licher. Ja. Immer zweckloser. Immer sinnloser." (397) Regine
nimmt damit bestätigend Thomas' vorangegangene Worte auf:
"So ziellos, so zwecklos das Ganze!" (396)
Diese Sätze stehen in der Schlussszene des Stücks (hier abgekürzt als 'Kindheitsszene' bezeichnet), von der Kaiser/Wilkins
allzu idealisierend schreiben, in ihr setze sich die kindliche
Vergangenheit gegen die Erwachsenen-Wirklichkeit der Umwelt
durch.[9] Gerade diese Szene, in der die Vergegenwärtigung der
Kindheit nicht allein im Wort geschieht, zeigt auch die Frag-
würdigkeit der Suche nach dem verlorenen Paradies der Kindheit.
"Aber Unsinn, wir sind keine Kinder mehr." So unterbricht Thomas seine Erinnerung an einen glücklichen Augenblick der gemein-

samen Kindheit. Mehrfach wird in den "Schwärmern", einseitige Romantisierung vermeidend, die Nähe von 'kindlich' und
'kindisch' betont.[10] In seiner Kritik zu einem Aufsatz
Ellen Keys, die in ihrem Hauptwerk ein "Jahrhundert des
Kindes" ankündigte, verdeutlicht Musil seine eigene Position, die sich in der Haltung seines Helden Thomas spiegelt:

> "bezüglich des Kindes hat sie (Key) aber in
> einem Punkte recht: Hingabe an den Augenblick, Auf-
> gehen im Spiel der Kräfte. Dies kann dem Erwachse-
> nen beneidenswert vorkommen. Vorbildlich kann es
> ihm aber nicht sein, da man eine komplizierte Kon-
> stitution nicht auf eine einfachere zurückschrauben
> kann." (T 99)

Die Aehnlichkeit der gegenwärtigen Situation und der erinnerten Szene aus der Kindheit gewahrend stellt Thomas mit einem
deutlichen Unterton der Enttäuschung fest: "So wird man wieder
zurückgedreht." (396)
Die Kindheitsszene ist zugleich Verzweiflungsszene. Der Versuch der beiden Verlassenen, das Glück ihrer kindlichen Beziehung wiederzufinden, gerät zur "Anti-Liebesszene", zur
"sozusagen-Verzweiflungsszene". Aufsagend wie ein Schulkind
erläutert Regine auf Thomas' Frage "Worüber waren wir verzweifelt, Regine?" der Mertens, die zur Zeugin - als solche Stell-
vertreterin des Publikums - wurde:

> Wir waren darüber verzweifelt, dass uns nichts
> mehr übrigblieb, dass wir uns wieder benehmen muss-
> ten wie als Schulkinder. (398)

Einerseits liegt in der Rückwendung auf die kindliche Vergangenheit die Gefahr eines Rückfalls oder Rückschritts, einer Flucht
vor der Gegenwart in die Vergangenheit. Kindheit erscheint aber
andrerseits nicht nur negativ als primitiverer Zustand, sondern
im kindlichen Leben manifestiert sich ein "anderes" Erleben,
das beim Erwachsenen gewöhnlich verschüttet ist; der erinnerte
kindliche Zustand ist so Hinweis auf den utopischen "anderen
Zustand".[11] Einige Kennzeichnungen und Motive, die im Roman
wieder im Zusammenhang mit dem 'anderen Zustand zu zweit' auf-
tauchen, deuten sich hier an, so die Zeitlosigkeit dieses Zustands und das Ineinander von Ruhe und Bewegtheit. Darauf wer-

den wir am Ende dieses Kapitels zurückkommen. Verbunden mit
dem Kindheitsmotiv ist das Geschwistermotiv, dessen ganze
Bedeutung allerdings erst vom Roman her erkennbar wird. Thomas und Regine sind nicht wie Ulrich und Agathe leibliche
Geschwister; ihr geschwisterliches Verhältnis rührt her aus
der gemeinsam verlebten Kinderzeit. Indem sie sich auch jetzt
Bruder und Schwester nennen, bestimmen sie die besondere Art
ihrer Beziehung frei von "idealischem Aneinandergepresse, bei
dem einem Hören, Sehen und Denken vergeht" (375).Das "unge-
nierte" Beieinandersein der Wahlgeschwister steht in Kontrast
zum verkrampften Verhältnis zwischen Anselm und Maria.[12)]
"Anti-Liebesszene" könnte so auch verstanden werden als Gegensatz zu den gewöhnlichen Liebesszenen (im Leben und auf
dem Theater) der Verliebten, denen Hören, Sehen und Denken
vergeht.
"Es blieb freier Bewegungsraum zwischen uns." so sagt Thomas
von ihrer "unlösbaren Beziehung seit den Kindertagen" (375).
Thomas' kühle Bewusstheit erscheint als Versuch, diese Distanz
zu bewahren und die geschwisterlich nüchterne Beziehung zu erhalten. In seiner radikalen Sachlichkeit deutet sich eine neue
Form der Natürlichkeit in der Liebesbeziehung an, die nicht
vorbewusst und präsexuell ist wie in der Kindheit, die ohne
"idealisches Aneinandergepresse" eine Unschuld nach der Erkenntnis wäre.

Thomas: (hält ihren Kopf und küsst sie): Dich kann ich
        küssen: Verkommene Schwester. Unsre vier Lip-
        pen sind vier Würmer, nichts sonst! (397)

Aber diese "Anti-Liebesszene" mit ihrer bitteren, ja verbitter-
ten Nüchternheit ist weit entfernt von jenem Zustand wacher Bewusstheit in äusserster Erregung, den Ulrich und Agathe eine
"taghelle Mystik" suchend erkunden werden. Ein zuständliches,
zeitloses Glück wie in der Kindheit bleibt für Thomas und Regine unerreicht. Zurück bleibt ein Gefühl der Ohnmacht und
der Scham, dass sie sich "benehmen mussten wie als Schulkin-
der". Niedergedrückt sitzen sie nicht wie in dem erinnerten
und geträumten Bild aus der Kindheit ruhig dicht beieinander,

sondern "geduckt fern voneinander und können den Versuch
nicht wieder aufnehmen." (398)[13]

Jugendkraft

Aehnlich ambivalent wie die Stellung zur Kindheit - Sehnsucht nach dem Kindlichen, Abneigung gegen das Kindische -
ist auch die Bewertung der Jugend. Zwei Momente werden besonders hervorgehoben: die Intensität des Lebensgefühls und
die utopische Denkhaltung der Jugend. Gegen beides steht der
kritische Einwand aus der Perspektive der Erwachsenen, übertrieben und resultatlos zu sein.[14]
Gemeinsam ist allen Schwärmern die Erinnerung an die Intensität des jugendlichen Erlebens, ein Gefühl von Kraft, Mut, grosser Liebe und Bedeutsamkeit. Maria fasst diese gemeinsame Erfahrung zusammen in den Worten: "Wir fühlten, wir sind." (352)
Maria erklärt aber auch, sie wolle dieses "ewige 'tätig sein'
und Spielen mit der ganzen Existenz" nicht mehr ertragen (318).
Dieser Haltung kommt Anselm entgegen mit seiner Lehre vom intensiven, aber zugleich einfachen und bescheidenen Leben. Was
Musil 1906 in seinem Tagebuch an dem schon erwähnten Aufsatz
Ellen Keys "Die Entfaltung der Seele durch Lebenskunst" kriti-
sierte, trifft ebensogut auf Anselms Maximen zu: Das Problem,
wie Lebensfülle und -einfachheit zu verbinden seien, wird
nicht reflektiert - und gekoppelt mit diesem Konzept ist eine
deutliche Tendenz zur Vernunftfeindlichkeit (T 97-99).
Als Thomas ihn an die kritisch-rationale Einstellung in der
Jugend erinnert, antwortet Anselm "erregt":

> Ja; und heute weiss ich einfach, dass das falsch
> und jugendlich war. (...) Was diesen Gedanken
> fehlt, ist nichts als das bisschen Demut der Er-
> kenntnis, dass schliesslich doch alle Gedanken
> falsch sind und dass sie d e s h a l b geglaubt
> werden müssen; von warmen Menschen! (325)

Die Demut Anselms aber erscheint als kaschierte Schwäche, vom
Ressentiment zur Tugend erhoben. Der Rückzug auf Bescheidung
im Glauben hat sein Scheitern als Wissenschaftler zu rechtfertigen.

Thomas allein verteidigt die Jugend als jene Zeit, in der
die drei Schwärmer Thomas, Anselm und Johannes "Weltordnungs-
pläne" machten und sich als "neue Menschen" fühlten. Vergeb-
lich appelliert Thomas an Anselm, die jetzige Lage am Anspruch
der Jugenderwartungen zu messen. Anselm bleibt bei seiner Absage an die Vernunft und zieht sich auf die Wirklichkeit ver-
edelnde 'Lebensweisheiten' zurück. Dagegen war die gemeinsame Haltung in der Jugend, wie sie Thomas beschreibt, gekennzeichnet durch kritische und spekulative Rationalität.
Thomas erinnert an die jugendliche Begeisterung für die Wissenschaft, Relativierung und Kritik alles Bestehenden und Anerkannten, Freiheit von Traditions- und Autoritätsgläubigkeit,
die experimentelle Gesinnung und den Mut zu weitgespannten
Theorien.

> Es gab nichts, das wir ohne Vorbehalt hätten gel-
> ten lassen; kein Gefühl, kein Gesetz, keine
> Grösse. (...) Abgründe zwischen Gegensätzen warfen
> wir zu und zwischen Verwachsenem rissen wir sie
> auf. (309)

Mit Berufung auf die Jugend verteidigt Thomas den alle Helden
Musils auszeichnenden Möglichkeitssinn und zwar in seiner ra-
tionalen Form: als Möglichkeitsdenken. Im Unterschied zur eher
kindlich weiblichen Art von Möglichkeitssinn, wie ihn besonders
Regine verkörpert, überwiegt bei diesem jugendlich männlichen
Typus nicht träumerisches Phantasieren, sondern bewusstes Ex-
perimentieren und Theoretisieren.[15] Dabei geht es nicht um
den Inhalt der jugendlichen Entwürfe, die Haltbarkeit der Hypothesen oder die Richtigkeit der Theorien. Wie die "Weltordnungs-
pläne" aussahen bleibt dahingestellt. Thomas verteidigt nicht
ein bestimmtes utopisches Modell, sondern das utopische Bewusstsein der Jugend. Ein Kriterium für diese Haltung ist wiederum die mit ihr verbundene Intensität. Thomas versucht nicht,
den Einwand zu widerlegen, die jugendlichen Ideen seien falsch
gewesen. Er beruft sich auf den Zustand des Glücks der jungen
Utopisten, also auf ein subjektives Kriterium für den Wert der

Rationalität und der Theorien jenseits der Frage nach objektiver Richtigkeit oder Nützlichkeit.[16]

> Ja, gut. Die Gedanken, welche schlaflos vor Glück
> machen, die dich treiben, dass du tagelang vor dem
> Wind läufst wie ein Boot, müssen immer etwas falsch
> sein. (309)

Hier gerät Thomas in die Nähe von Anselms Intensitätsargument, dem Beweis aus dem seligmachenden Glauben, und Marias Beweis aus dem Gefühl des Steigens. Wie auch in Nietzsches beharrlicher Kritik am"Beweis der Kraft" bleibt die Intensität als Wert, das 'Seligwerden' durch Glaube, Vorstellungen und Illusionen, unbestritten, nicht aber deren Beweischarakter. Gegen Marias Glaube an Anselm, das Gefühl des Steigens und der "Wärme", stehen die handfesten Beweise gegen Anselm. Die Welt Regines stürzt ein mit ihrer Ernüchterung. An einigen Stellen deutet sich in Thomas' Worten eine Lösung des Problems an, wie sowohl der Affekt- oder Intensitätsverlust als auch der Irrationalismus (der die Gefahr einer Widerlegung, Enttäuschung, Ernüchterung einschliesst) zu vermeiden seien. Die Lösung kann für Thomas nicht darin bestehen, die Rationalität und den Möglichkeitssinn der Jugend aufzugeben, ebensowenig aber darin, sie in der jugendlich-pubertären Form festzuhalten. Thomas setzt hinter der Begeisterung der Jugend an. Was für Anselm, Maria und auch Regine Ende des intensiven Fühlens und Erlebens bedeuten muss, wird für Thomas gerade zum Intensitätsgewinn: die Ernüchterung und das kühle, wissenschaftliche Denken. Ein Beispiel Thomas' aus der letzten Szene bringt diese Erfahrung des "scheinbar gefühllosen Menschen" deutlich zum Ausdruck:

> Nichts behält in der Nähe die Leuchtkraft und
> bei liebloser Betrachtung; Leuchtwürmchen: fängst
> du eins, ist es ein lichtloses graues Würstchen!
> Aber das zu wissen, gibt ein verteufelteres Ge-
> fühl als zu poeseln: Gotteslaternchen! (398)[17]

Es scheint jedoch fraglich, ob damit auch das Problem eines dauerhaft intensiven Lebens gelöst sei. Auch die Ernüchterung und das Erwachen ("Das wirkliche Erlebnis ist einfach: ein Erwachen." 317) sind Augenblickserlebnisse. Nicht so sehr Ratio-

nalität und Nüchternheit für sich genommen führen zu inten-
sivem Erleben, sondern die Erfahrung einer Gegensätzlichkeit
oder Diskrepanz (zum Beispiel: Wirklichkeit - Möglichkeit,
Gesetzmässigkeit - Freiheit) und die Gegensätzlichkeit der
Erfahrungen (zum Beispiel des sympathetischen und "lieblosen",
detektivischen Erkennens).

In deutlicher Uebereinstimmung mit dem Lehrmeister des Per-
spektivismus, Nietzsche, sagt Thomas in der Schlusszene zu
Regine: "alle letzten Dinge sind nicht in Einklang mit uns
zu bringen." und "Man muss einfach die Kraft haben, diese
Widersprüche zu lieben." (400) Im "Willen zur Macht" beispielsweise schreibt Nietzsche: "Ich glaube, dass aus dem Vorhanden-
sein der Gegensätze und deren Gefühle gerade der grosse Mensch,
der Bogen mit der grossen Spannung, entsteht."[18] Den "Gegen-
satz-Charakter des Daseins" darzustellen und wie Zarathustra
zu lieben im "ungeheuren, unbegrenzten Ja- und Amen-sagen",
ist Privileg der starken Menschen: "Es ist eine Frage der
Kraft (...), ob und wo das Urteil 'schön' eingesetzt wird.
(...) 'Das ist schön' ist eine Bejahung."[19] Mit den Worten
"Man muss einfach die Kraft haben" benennt Thomas zum Schluss
noch einmal die gar nicht so einfache Voraussetzung des bedeutenden und erfüllten Lebens. Soll das intensive Leben dauerhaft sein, so muss die "Kraft" dauerhaft sein.

Das "eingelebte Leben"

Nun gehört es aber gerade zur Erfahrung der Schwärmer, dass sie
selbst, ihre Gefühle und Ideen mit der Zeit 'kraftlos' wurden,
dass alles zur Gewohnheit und so gewöhnlich werden kann, dass
dem lebendigen Leben der Jugend "dieses eingelebte Leben"
folgte (317).

Eigentlicher Repräsentant des "eingelebten Lebens", des geordneten Erwachsenendaseins, erstarrter Lebensformen ohne Lebens-
kraft, der Alltäglichkeit und des "Seinesgleichen" ist der
(über fünfzigjährige) Josef. Ihm wirft Thomas vor, dass in seiner, der allgemein anerkannten Weltanschauung, der Gegensatzcharakter des Daseins vertuscht sei. Seine Moral, die normierende,

bürgerliche Lebenslehre, gewährleistet ein ordentliches
Funktionieren des menschlichen Zusammenlebens; die Widersprüchlichkeit der Werte ist jedoch in diesem Moralsystem
nicht aufgehoben. Der Widerspruch der moralischen Dogmen
untereinander wird - ebenso wie die Diskrepanz zwischen der
objektiven Bedeutung eines Ideals und seiner Bedeutung im eigenen Leben - nur nicht gesehen, nicht bewusst erlebt oder
erlitten. "Eingelebtes Leben" und erstarrte Regelmoral gehören zusammen. Das gewöhnliche Leben und sein geistiger
Ueberbau bestehen wesentlich aus gesellschaftlichen und privaten Konventionen: Kompromissen und Gewohnheiten.[20]

Auf Regines Frage, wie die "anderen Menschen" es schaffen,
die Zeit auszufüllen, antwortet ihr Thomas:

> Sie schwindeln natürlich; sie haben einen Beruf,
> ein Ziel, einen Charakter, Bekannte, Manieren,
> Kleider. Wechselseitige Sicherungen (...). (399)

Die Erfahrung, hineingezogen zu sein in den Leerlauf des Seinesgleichen, vom Sog zum Durchschnitt erfasst zu werden, ein be-
deutungsleeres Leben zu führen und die Zeit nicht mehr schöpferisch ausfüllen zu können, wird immer wieder neu formuliert.
Nicht nur Maria und Anselm möchten "Besseres mit sich anfangen
als dieses eingelebte Leben."[21] Thomas fühlt sich als Gefangener seiner Ehe und seines Berufs. Regine weiss darum, dass sie
alle ein Leben führen, das sie nicht wirklich "ernst" nehmen
(311, 399). Während sie in der Jugend die Zeit nicht fühlten
(324), zwei Stunden zuviel Schlaf ihnen als etwas erschien,
"das man nie wieder einholen kann" und "schmerzend als Verlust
zu Bewusstsein kommt" (352), wird ihnen später schmerzlich bewusst: "Aber was kam, war ein endloses Quellen von leeren
Stunden" (399); "Alle die tausend Stunden" müssen "irgendwie
zugebracht" werden (349); "Die Zeit zwischen den Hauptsachen
(ist) doppelt voll mit Nebensachen geräumt" (316); das "ganze
Dahinleben" geht so "schrecklich von selbst" nach einem fremden "Plan": "der Schlaf zu bestimmten Stunden, die Mahlzeiten
zu bestimmten Stunden, der Rhythmus der Verdauung, der mit der

Sonne um die Erde geht..." (399)

Auf die Bedeutung von Kindheits- und Jugenderlebnissen als
Wurzeln für Musils "Theorie des anderen Zustands" ist in der
Musilforschung wiederholt hingewiesen worden. Kindheit und
Jugend stehen in Musils Werken jeweils als Beispiele für das
"Anderssein", die "andere" Wahrnehmung, das "andere" Fühlen
usw. dem "normalen" Erwachsenendasein gegenüber. "Jugend" ist
wesentlich "Gegenkraft" der Tendenz zur Normalisierung und Ver-
festigung.

Unter einer graphischen Skizze zum "Bereich des anderen Zustands"
notierte Musil: "Vom Jugenderlebnis ausgehn, das doch eigentlich
eine Konversion war und mich mein ganzes Leben lang begleitete."[22]
So sind auch für Musils Helden Kindheits- und Jugenderinnerungen
Ausgangspunkt der Suche nach "Besserem als diesem eingelebten
Leben".

Die Gegenüberstellung der Lebensalter - die Daseinsform von
Kindheit und Jugend auf der einen, fertiger-Mensch-sein, Er-
wachsensein auf der anderen Seite - ist das biographische Modell all jener Gegensätze wie unbestimmt - bestimmt, gestaltlos - geformt, Zustand des Werdens und Zustand des Geworden-
seins.

Dauer und Zeitlichkeit

Dieselbe Wertdifferenz wie zwischen dynamischem und statischem
Leben findet sich wieder in der Gegenüberstellung von schöpfe-
rischem Prozess und Resultat. Sehr eindringlich und klar erläutert Georg Simmel, der während Musils Studienzeit in Berlin
dozierte, diese Problematik "von der tiefen Fremdheit oder
Feindschaft, die zwischen dem Lebens- und Schaffensprozess
der Seele auf der einen Seite und seinen Inhalten und Erzeug-
nissen auf der anderen besteht". Er fährt fort:

> Dem vibrierenden, rastlosen, ins Grenzenlose hin
> sich entwickelnden Leben der in irgendeinem Sinne
> schaffenden Seele steht ihr festes, ideell unver-
> rückbares Produkt gegenüber, mit der unheimlichen
> Rückwirkung, jene Lebendigkeit festlegen, ja er-
> starren zu machen; es ist oft, als ob die zeugende

Bewegtheit der Seele an ihrem eigenen Erzeugnis
stürbe. Hier liegt eine Grundform unseres Leidens
an der eigenen Vergangenheit, an dem eigenen Dogma,
den eigenen Phantasien.[23]

Sich für die dichterische Redeweise entschuldigend schreibt Simmel in seinem Werk "Hauptprobleme der Philosophie" von den Sub-
stanzialisierungen des geistig-seelischen Prozesses, den Begriffen, sittlichen Idealen und Glaubensdogmen:

> Sie sind wie einst lebendige Körper, die der Strom
> des inneren Werdens trug, und die er an das Ufer
> geworfen hat; ausserhalb ihres Ursprungselementes
> nicht mehr lebensfähig, liegen sie - wenn der etwas
> übertreibende Ausdruck gestattet ist - wie Leichname
> da, während jener Strom das Geheimnis ihres Lebens
> mit sich weitertrug.[24]

Mit ganz ähnlicher Bildlichkeit heisst es zum Beispiel in den
"Schwärmern": "Erkaltete Einbildungen. Widerwärtig nackt wie
aus dem Nest gefallene Vögel." (374) und: "Ideale sind die
ärgsten Feinde des Idealismus! Ideale sind toter Idealismus.
Verwesungsrückstände - - " (308)[25]

Aus der Erfahrung dieses Antagonismus entspringt Thomas' Feindschaft gegen alles, was "wirklich" ist und Ewigkeitswert bean-
spruchen möchte. "Eine Moral der genialen, der schöpferischen
Augenblicke." notierte Musil 1939 in einer Bemerkung zur "Apologie der Schwärmer" (T 467).[26] So programmatisch die Aeusse-
rung klingt, so problematisch ist sie. Zeitlebens beschäftigte
Musil dieses eine grosse Problem, dass die eigentlich persönlichen, intensiven, schöpferischen, ethischen Erlebnisse normalerweise flüchtig und augenblicksgebunden sind. Daraus ergeben sich ihm zwei Fragen. Erstens, ob und wie sich die Vergänglichkeit dieses Erlebens - die Weise der Vergänglichkeit
ist das Erstarren oder Erblassen - vermeiden oder überwinden
lasse. Das ist das berühmte Problem einer Stabilisierung des
"anderen Zustands", der als Zustand ethischer Aktivität begriffen wird. Zweitens, ob und wie diese 'Aktivität' in Aktion
münden, wie das schöpferische Erleben das ganze Leben, das tag-
tägliche Handeln bestimmen könne. Das Dilemma besteht aber

darin: Bedingung für eine gewisse Stabilität oder Dauer des
intensiven Fühlens ist gerade: "das Gefühl darf sich nicht in
'Handlungen' oder 'Wahrheiten' ableiten."[27] Hier ist ein An-
satzpunkt jener scheinbar paradoxen Konzeption vom schöpferischen und passiven Menschen.
Jeder Schritt zur Aktion, jede Erfüllung einer Sehnsucht, zerstört den Zustand der Spannung, in dem man die Zeit nicht fühlt.
Jede Art von 'Verwirklichung' führt vom Erleben reiner Dauer
zurück zur Erfahrung der Zeitlichkeit. In dem von Thomas er-
zählten Traum - das Wunschbild zur gegenwärtigen Situation -
ist das zeitliche Nacheinander aufgehoben. Er beschreibt in
Bildern von Ruhe und Bewegung Glück als Zustand:

> Du warst älter als du bist, so alt wie Maria, und
> zugleich sahst du aus wie vor fünfzehn Jahren. Du
> schriest so wie gestern, aber es war leis und schön.
> Wir sind ganz ruhig gesessen. Dein Bein lag an meinem
> wie ein Boot an seinem Landungssteg; dann wieder wie
> das süsse glitzernde Hin- und Herrinnen des Winds in
> den Wipfeln. Das war Glück. (397)

Diese geträumte Liebesszene - Verbindung von Erinnerung und
Wunsch - steht im Gegensatz zur gegenwärtigen und wirklichen
Liebesszene:

> Ah... erst stand dieser Kuss weit vor mir lockend.
> Nun ist er ebensoweit hinter mir, brennend. Hin-
> durchgekommen sind wir nie.Nie.Nie. Du fühlst das! (397)

Die Intensität des Augenblicks hebt, wie Braun diese Stelle kommentiert, die Gegenwart auf, nur Vergangenheit und Zukunft bleiben. Eine Dauer wird nicht erreicht. Braun schreibt zusammenfassend: "Time, duration seems to be the problem that Musil is
not able to solve."[28]

Weisen der Vergegenwärtigung

Hier ist nun weiter zu fragen, wie diese inhaltliche Zeitproble-
matik zur Darstellung gelangt. Wir sahen, welche Bedeutung im
Stück der Vergangenheit zukommt. Die gegenwärtigen Wünsche und
Postulate der Schwärmer knüpfen an in der Vergangenheit lebendige Wünsche und Forderungen an. Die Verschiedenheit der Erlebnisweisen und der Erlebnisintensität im Zustand der Kindheit,

der Jugend und des Erwachsenenlebens wird thematisiert. Dabei greift Musil nicht zur Technik der Rückblende als Mittel, Vergangenes zu zeigen.[29] Nicht das Erinnerte wird szenisch dargestellt, sondern die Erinnernden. Indem einerseits die Einheit der Zeit, die absolute Gegenwartsfolge, eingehalten wird, andrerseits aber Vergangenheit, Vergänglichkeit und Utopie zum Thema werden, entsteht jener Form-Inhalt-Widerspruch, wie ihn Szondi am Beispiel der Bühnenwerke Ibsens und Tschechows aufgezeigt hat.[30]

Vergangenes 'erscheint' in den "Schwärmern" hauptsächlich als Gesprächsinhalt, also verbal, vermittelt durch Rede. Teilweise zeigt es sich unmittelbarer in Gestalt und Habitus der dramatis personae. So hat Regine in Aussehen und Benehmen etwas Kindliches. Bei Thomas ist jugendlicher Elan spürbar, vor allem, wenn er von der Jugend spricht. An einigen Stellen werden Erinnerungen im eigentlichen Sinn szenisch objektiviert, und zwar ohne dass die Ebene der Gegenwart verlassen und so die Gegenwartsfolge aufgelöst würde. Das Erinnerte wird dort vergegenwärtigt durch einen szenischen Vorgang, der als Wiederholung eines vergangenen Geschehens gedeutet wird. So wiederholt Maria eine Zeichnung aus ihrer Mädchenzeit (352). Sie gesteht so ihre Zuneigung zu Anselm in der Zeit der Jugend. Die Wiederholung verrät von ihren gegenwärtigen Wünschen mehr, als Maria in Worten zugestehen würde. Hier führt die Erinnerung zur beinahe automatischen Repetition einer Handlung.

Umgekehrt bewirkt gegenwärtiges Handeln ein Versinken in der Erinnerung, wenn Thomas den Kampf mit Anselm als Jugendstreit erlebt: "... einen Augenblick war mir, als lebte Mama noch und wir wären klein..." (372)

In der Kindheitsszene des dritten Aktes, einer der schönsten des ganzen Stücks, wird mit der Wiederholung einer vergangenen Situation 'Wiederholung' - die Wiederkehr des Gleichen und die Unmöglichkeit, den Kindheitszustand wiederzugewinnen - zum Problem. Wie an kaum einer anderen Stelle ergänzen sich hier Szenerie, szenischer Vorgang und gesprochenes Wort. Nach der

Beschreibung des Bühnenbildes soll der Raum "schrankinnerlich"
wirken, der Teppich "seltsame Arabesken" zeigen (374). Thomas erinnert sich, dass sie sich als Kinder einmal in einem
Schrank versteckten. Dann erzählt er als seinen Traum der vergangenen Nacht: "Wir sassen wieder in einem Schrank." In der
gegenwärtigen Situation scheinen Kindheits- und Traumszene
wiederholt: "Aber gleicht denn dieses Zimmer nicht einem
Schrank?" Dreimal wird auf den Kindheits-, Traum- und Gegen-
wartserlebnis auszeichnenden Zustand der Erregung hingewiesen:
"unsre Halsadern glucksten vor Aufregung"; "Hast aber nachts
mit Herzklopfen geträumt"; "Aber wie dein Herz klopft" (396f.).
Aber der kindliche und traumhafte Glückszustand bleibt in der
Gegenwart unerreicht. Ein echtes Wieder-holen scheint unmöglich, und die Wiederholung der Situation wird auch als negativ empfunden: "So wird man wieder zurückgedreht."
Dieselben Aussagen werden in Verbindung mit dem Teppichmotiv
gemacht. Regine sehnt sich danach, zurückkehren zu dürfen in die
Welt des Kindes, sich niederzuwerfen "zwischen die Blumen des
Teppichs" (395). Thomas erinnert sich:"Auf solchen grossen Blu-
men sind wir manchmal Ornamente gegangen. So gross waren sie
nicht, aber sinnlos verschlungen." Nur Regine nimmt jetzt dieses
Spiel der Kindheit wieder auf. Die Regiebemerkung schreibt vor:
"Regine geht aufmerksam den paar grossen Kurven des Teppichmusters
nach; vor und zurück, manchmal von der einen zur andren über-
tretend." Im Unterschied zum kindlichen Spielen wird dieses
Tun jetzt reflektiert und gedeutet. Das Spiel wird Symbol des
Lebens: Man geht phantastische,scheinbar sinn- und zwecklos
verschlungene Wege, man glaubt sich frei und ist doch an vorgegebene Bahnen gebunden. So sagt Regine: "Das ist so unheimlich. Ich kann mich überall hin bewegen und kann mich doch
nicht überall hin bewegen." Auf die von Regine abgeschritte-
nen Teppichmuster zeigend, interpretiert Thomas: "Man kommt
nie aus dem Vorgezeichneten heraus." Die allgemeine Aussage
wird bezogen auf die Lebensgeschichte. Dem Uebergang von der
Deutung der Lebenssituation zur Deutung der Lebensgeschichte,

des sich in der Dimension der Zeit vollziehenden Lebens,
entspricht der Wechsel in der Bildlichkeit: die Ueberleitung von der gemusterten Fläche auf die sich in den Raum
erhebende Wendeltreppe. Thomas fährt fort: "Manchmal ist
mir, als wäre alles schon in der Kindheit beschlossen gewesen. Steigend, kommt man immer wieder an den gleichen
Punkten vorbei, dreht sich über dem vorgezeichneten Grundriss
im Leeren. Wie eine Wendeltreppe." Von dieser Stelle aus erhält die "hölzerne Innentreppe" eine bestimmte symbolische
Funktion (übrigens die einzige Funktion dieses Bühnenrequi-
sits; gebraucht für Auf- und Abgänge wird es nicht). Wenn
Regine auf die Treppe deutend entsetzt aufschreit und sich
im Diwan verbirgt, so soll dieser szenische Vorgang als symbolische Handlung ihre dauernde Furcht und Flucht vor dem eigenen im "Vorgezeichneten" sich bewegenden Leben zeigen. Das
gleichnishaft Bezeichnete, der mit der Wendeltreppe vergli-
chene Lebensverlauf selbst, kann innerhalb des absoluten Dramas
nicht dargestellt werden. Dies würde eine epische Behandlung
erfordern.[31]
Ebensowenig wie der Lebenslauf nach "einem Plan, der vor allem
Anfang gemacht war" (399) wird jener unter dem Stichwort "eingelebtes Leben" behandelte Zustand vorgeführt. Im Unterschied
zu vielen neueren (Ehe)dramen demonstriert das Stück nicht wie
Ehe- oder Berufsalltag aussehen, es zeigt nicht Leerlauf, Gewöhnlichkeit und Intensitätsschwund, sondern die sehr intensiven Reaktionen der Schwärmer auf diesen Zustand.

In einer oft zitierten Tagebuchstelle (T 465f.) kritisiert
Musil, dass die "Ausführung" in den "Schwärmern" ohne Leerlauf
ist. Er fordert: "Ein Drama muss Leerlauf haben, Ruhestellen,
Verdünnungen usw." Musil begründet diese in den "Schwärmern"
missachtete Regel mit einem Hinweis auf die "gewöhnliche Psychologie des Erfassens". Von den Erörterungen dieses Kapitels
aus ergibt sich noch ein anderer Gesichtspunkt. Wie wir zeig-
ten, sind Verlust und Flüchtigkeit des intensiven Fühlens und
Erlebens zentrale Themen des Stücks. Es ist viel die Rede vom

Erblassen und Erstarren des Lebens, der Liebe, des Idealismus, des Schöpferischen usw. Erlebtes und bloss gelebtes Leben, erfüllte und bedeutungsleere Zeit werden in den Gesprächen
einander gegenübergestellt. Diese inhaltliche Problematik wird
jedoch formal nicht objektiviert. Der von Musil geforderte
Wechsel von "Konzentration" und "Leerlauf" dagegen wäre formale Entsprechung zum Wechsel von Konzentration und Leerlauf
im Leben und im Erleben.

Bei der Abfassung der "Schwärmer", so schreibt Musil in der
erwähnten Tagebuchstelle, habe ihm "das Gesetz des höheren Lebens" vorgeschwebt, dass in einer Auseinandersetzung "kein Augenblick leer sein darf" und das Leben "aufs äusserste motiviert und 'motiviert'" sein soll. Musil fügt hinzu: "und also
auch die Dramatik." Die Schwärmer ersehnen und erstreben dieses "höhere Leben". Ihr Problem ist aber gerade die Erfahrung
des Leerlaufs, die Erfahrung, dass das Leben oft unmotiviert
"von selbst" geht, also nur kausal-psychologisch nicht "seelisch"
motiviert ist. Das Leben, in dem "kein Augenblick leer" ist und
der Schöpfungszustand: "Ein Sinken in jedem Augenblick" - das
ist die Utopie der Schwärmer. Wir sagten verkürzend von der
Vergegenwärtigung des Vergangenen, das Stück stelle nicht Er-
innertes sondern Erinnernde dar. Aehnlich liesse sich sagen,
es zeigt nicht Szenen des utopischen Lebens, sondern Utopisten:
'Schwärmer' wie der Titel des Stücks es ankündigt.[32] Die 'Ausführung ohne Leerlauf' ist eine Uebertragung des Prinzips des
"höheren Lebens" auf die Dramatik. Dieses Gestaltungsprinzip
leitet sich also her von dem, was für die Schwärmer Utopie ist,
nicht aber von ihrer gegenwärtigen Situation, der Erfahrung der
Diskrepanz von Utopie und Wirklichkeit, dem Problem, dass höhe-
res Leben und gesteigerter Zustand nur für kurze Zeit - als
Ausnahmezustand - erreichbar zu sein scheinen.
Dieses Problem wird indirekt und ungewollt bestätigt durch die
Reaktion des Zuschauers. Dies meint Musils Hinweis auf die"gewöhnliche Psychologie des Erfassens". Wie beim Erleben des
Lebens hat auch die 'Konzentration' beim Erleben eines Theater-

stücks ihre Grenzen. Was viele Kritiker beklagen, erfuhr
auch Musil selbst beim Wiederlesen seines Stücks: es ermüdet.
Noch ein anderes Problem, das, wie wir in diesem Kapitel dar-
legten, im Stück aufgeworfen wird, berührt Musil in dieser
kritischen Reflexion beim Wiederlesen der "Schwärmer". Er
stellt eine Spaltung fest zwischen dem, was für den Betrach-
ter des fertigen Werkes wesentlich erscheine und dem was ihm
im Schaffensprozess wesentlich erschien. Während der Arbeit
an den "Schwärmern", so erinnert sich Musil, hat "die Ausführung für mich unaufhörlich Neues und Wesentliches hinzugefügt." Jetzt aber, vom Standpunkt des Lesers, also auch unserem Standpunkt, aus, der das Werk als Erzeugnis losgelöst vom
schöpferischen Prozess betrachtet, erkennt er, dass die "Anlage
der Figuren und Probleme" schon in den ersten Szenen des Stücks
deutlich wird: "und die Ausführung fügt dem nun nichts Wesentliches mehr hinzu." Dem entspricht, dass bei keiner der handelnden Personen eine eigentliche Entwicklung stattfindet.[33] Jedoch sind Entwicklung und Bewusstseinswandel seit der Kindheit
Gegenstand der Gespräche und Erinnerungen. Im Jahre 1911 -
den Tagebucheintragungen nach zu schliessen eine der entscheidenden Phasen für die Konzeption des Stücks - kommt Musil auf
das Problem zu sprechen, ob im Drama (das heisst wohl in der
Form des absoluten Dramas) eine Entwicklung dargestellt werden könne. Nach der Lektüre von Hauptmanns "Michael Kramer"
merkt er sich unter anderem: "eine Entwicklung u.ä. kann nicht
gegeben werden." (T 134)
Nicht im Zusammenhang mit seiner eigenen dramatischen Produktion,
sondern in Notizen zu einem geplanten Aufsatz über "Grundlagen
der literarischen Kritik" (etwa Ende 1918) finden sich im Tagebuch grundsätzlichere Ueberlegungen über die "Zeit im Drama",
und damit verbunden das Problem der Darstellung eines kausalen
Ablaufs im Drama (T 200f.). Ausgehend vom Typus des Aktestücks
bemerkt Musil: "Die Bedeutung des Aktes: Im Akt kausale, zeitliche Abfolge. Im Ganzen der Akte nicht."[34] Musil löst sich
vom klassischen Konzept, das in den "Schwärmern" beibehalten

ist, wenn er erwägt, ob der "kausale Scheinzusammenhang"
nicht ganz ersetzt werden könne durch den "Motivenzusammenhang". Er schreibt dort in neuere Richtungen der dramatischen
Dichtung und auf deren Problem weisend: "man könnte die Zeit
noch ganz anders ausser Spiel lassen, vor- und zurückspringen
und gleichzeitig Verschiedenzeitiges geben. Da im Zeitab-
lauf eine gewisse Ornung der äusseren Ereignisse für uns
liegt, müsste man ein andres Ornungsprinzip einführen, damit 'man sich auskennt'."[35)]

'Zeitstück'
Nachzutragen bleibt den Erörterungen über die Zeit im Drama
eine Bemerkung über die Zeit des Dramas, seinen Bezug zu einer bestimmten historischen Situation.
Wenn Thomas im Kampf mit Anselm für einen Moment die Zeit ver-
gisst, fühlt er sich in die Kindheit versetzt als eine Zeit,
in der noch Petroleumlampen das Haus erleuchteten. Er findet
zurück in die Gegenwart mit den Worten: "ich weiss, wir haben
schon Elektrizität..." (372) Hier werden versteckt individuelle Lebensgeschichte und allgemeine Zeitgeschichte in Beziehung zueinander gesetzt. Innerhalb der individuellen Entwicklung ist 'Gegenwart' der Zustand der erwachsengewordenen
Schwärmer - sie sind "im Alter zwischen achtundzwanzig und
fünfunddreissig Jahren" -, aus dem das Problem des Antagonismus oder aber einer Synthese von Intensität und Bewusstheit
entspringt. Dasselbe Problem stellt die historische Gegenwart
als eine Zeit der Ernüchterung, Technisierung und Wissenschaftlichkeit.
Wie bereits erwähnt, wird kein Bezug zu konkreten historisch-
politischen Ereignissen oder gesellschaftlichen Umwälzungen
hergestellt. Diese Abstraktion vom Gesellschaftlich-Politi-
schen scheint umso erstaunlicher, als Musil anscheinend
während des Ersten Weltkrieges an seinem Stück arbeitete und
es erst nach Kriegsende fertigstellte.[36)] Nicht auf konkrete
Zeitgeschehnisse, sondern allgemein auf die geistige Situation
der Zeit verweisen jene Stellen, in denen "heute" nicht den

Tag der Austragung des privaten Konfliktes meint, sondern
im Sinne von 'die heutige Zeit' steht.[37] Musil hat die
'Zeit der Handlung' nicht datiert, deren Gegenwart für uns
in manchem historisch geworden ist. Obgleich es offensichtlich nicht um ein nuancenreiches, getreues Zeitgemälde oder
impressionistische Sittenschilderung geht, ist die Atmosphäre
der Zeit nach der Jahrhundertwende in den "Schwärmern" lebendig.[38] Das Jahr vor Ausbruch des Ersten Weltkrieges wird
die Zeit der Handlung von Musils Roman "Der Mann ohne Eigenschaften" sein. Die Hauptströmungen der Zeit sind in den
"Schwärmern" repräsentiert in den männlichen Figuren. Es
fehlt ein Vertreter der sozialen oder sozialistischen Bewegung, die auch im "Mann ohne Eigenschaften" erst in den
nachgelassenen Entwürfen, den sogenannten Schmeisserkapiteln,
thematisiert wird.

In den "Schwärmern" repräsentiert der Detektiv Stader einen
allerdings primitiven wissenschaftlichen Positivismus. Ernst
Machs Empiriokritizismus und Funktionalismus parodierend lässt
Musil Stader ausrufen: "Es gibt keine Tatsachen! Jawohl! Es
gibt nur - wissenschaftliche Zusammenhänge." (333)[39]
Die drei wirklichen Wissenschaftler, die Akademiker Josef,
Anselm und Thomas dagegen vertreten nicht die reine Wissenschaftlichkeit.[40] Josef verkörpert die konservative Macht
bürgerlicher Weltanschauung. Wie Agathes zweiter Mann, Hagauer,
ist auch Josef, der zweite Ehemann Regines, Pädagoge und zwar
in mächtiger Position: "hoher Beamter der Unterrichtsverwaltung" (303). Der "davongejagte Privatdozent" und Abenteurer
Anselm ist Vertreter jener breiten Strömung eines Irrationalismus, der nicht nur die nichtrationalen Kräfte verteidigen und
in ihre Rechte setzen will, sondern sich betont intellekt-
feindlich, antirationalistisch gibt. Der Repräsentations-
charakter der Figuren wird deutlich, wenn zum Beispiel Anselm
mit dem Angriff auf den "Verstandesmenschen" Thomas Zeitkritik
kulturpessimistischer Observanz verbindet: "von dieser Art ist
nämlich die Kraft seiner (Thomas') Vernunft; diese Vernunft,

von der heute die Welt beherrscht wird." (328)

Indem Thomas sich von Stader, Josef und Anselm distanziert,
tritt er auf als Kritiker der drei machtvollen Strömungen der
Zeit: des Positivismus, der bürgerlich-konservativen Weltanschauung und des Irrationalismus. Er ist, wie Musil selbst,
auf der Suche nach einer "neuen Ordnung", die nicht zu Ideologie erstarrte Kompromissverbindung von Verstand und Gefühl
wäre, wie in der bürgerlichen Weltanschauung, und die Gegensätzlichkeit von Wissenschaftsgeist und Menschlichkeit, Detektivik und Liebe, wie sie sich in der Spaltung von positi-
vistischer und irrationalistischer Bewegung spiegelt, in einer
neuen Synthese aufheben würde.

Nur scheinbar bloss Inszenierung rein privater Konflikte sind
auch die "Schwärmer" Zeugnis derselben Auseinandersetzung
Musils mit seiner Zeit, wie sie sich in seinen frühen zeitkritischen Essays artikuliert. Geradezu als Erläuterung zur
Konfiguration in den "Schwärmern" lässt sich Musils wohl
systematischster Versuch lesen, der um 1923 geschriebene und
aus dem Nachlass veröffentlichte Essayentwurf mit dem Titel
"Der deutsche Mensch als Symptom". Musil geht in seiner Analyse
aus von der "Situation unsrer Generation" und konstatiert ein
"Gemenge der widerspruchvollsten Gedanken, Gefühle und Richt-
kräfte" (Symptom 34). Die "Heilung" dieses Zustands sucht
man "in der Abkehr von der Gegenwart. Dem entbundenen Menschen werden die alten Bindungen empfohlen" wie "Glaube, Vor-
wissenschaftlichkeit, Einfachheit, Humanität, Altruismus"
(Symptom 35). Bei aller Verschiedenheit haben konservatives
Bürgertum und irrationalistische Bewegung diese regressive
Tendenz gemeinsam als Reaktion auf die durch die Wissenschaften
bedingte Umwälzung. Wissenschaftlichkeit und "Tatsachengeist"
aber werden die heraufkommende Zeit bestimmen: "Wir treten
freilich heute erst ihre Kinderschuhe aus, wir sind eine
Frühzeit." (Symptom 40)

Von den "Gegnern der Tatsachen" antirationalistischer oder
rousseauistischer Prägung versucht Musil die "wahre Gegner-
schaft gegen die Tatsachengesinnung" abzugrenzen mit Berufung

auf den Bereich des "anderen Zustands" (Symptom 52). Um
einer Missdeutung in antirationalistischer Richtung vorzu-
beugen, ersetzt Musil meist die alternativ verstandene Unterscheidung rational-irrational durch die komplementär gemeinte
"ratioid-nichtratioid".

In Thomas' differenzierender Stellung Josef, Anselm und Stader
gegenüber spiegelt sich die in diesem Essay deutlich ablesbare
Position Musils, sowohl den neuen Tatsachengeist (die 'detek-
tivische' Einstellung) als auch den Bereich des "anderen Zustands" (den "anderen Zustand" nennt Musil auch "Zustand der
Liebe") gegen alle drei Strömungen: die bürgerliche Ideologie,
den Irrationalismus und den radikalen Positivismus, abgrenzen
und verteidigen zu müssen. "Die vorbildliche Synthese fehlt."
(Symptom 43) Stattdessen fliegen "Bestandteile der grossen
alten Ideologien (...) sozusagen in der Luft herum." (Symptom 34)
In einer Abwandlung der Worte Nietzsches vom "Jahrmarktslärm
der 'modernen Ideen'" spricht Thomas vom "geistigen Jahr-
markt (...), der heute für jedes seelische Bedürfnis seine
Buden offen hält." (379) [41)]
Staders naivem Fortschritts- und Wissenschaftsglauben hält
Thomas entgegen: "Mein lieber Freund, Sie sind entschieden
zu früh auf die Welt gekommen. Und mich überschätzen Sie. Ich
bin ein Kind dieser Zeit. Ich muss mich damit begnügen, mich
zwischen die beiden Stühle Wissen und Nichtwissen auf die Erde
zu setzen." (388) Die Sicht der Gegenwart als einer Zeit der
Umwälzung, einer "Frühzeit" ist programmatisch formuliert im
Brief, den Thomas wegen Anselm an Josef schrieb und den Stader
begeistert im dritten Akt zitiert:

> Wir stehen an der Schwelle einer neuen Zeit, die
> von der Wissenschaft geführt oder zerstört, jeden-
> falls beherrscht werden wird. Die alten Tragödien
> sterben ab und wir wissen nicht, ob es neue noch
> geben wird, wenn man heute schon im Tierexperiment
> durch einige Injektionen Männchen die Seelen von
> Weibchen einflössen kann und umgekehrt. Wer kein
> Integral auflösen kann oder keine Experimental-
> technik beherrscht, sollte heute überhaupt nicht
> über seelische Fragen reden dürfen." (386)

Für seinen Roman notierte Musil 1920: "Die Zeit gesehn wie
im Drama. An der Schwelle einer Neubildung. Die alten Tragödien
fallen weg usw." (T 226) Wie B. Pike bemerkt, läge in den
"Schwärmern" eigentlich das Material für eine Tragödie.[42]
In der zitierten Stelle wird das Wegfallen der alten Tragödien -
und das heisst im Blick auf die "Schwärmer" besonders der alten
Ehe- und Liebestragödien - begründet mit dem Hinweis auf einen
neuen Bewusstseinszustand in der anbrechenden von den Wissenschaften geprägten Zeit. Ein anderer Gesichtspunkt ist in den
"Ersten Notizen zu den Schwärmern" angedeutet: "Man muss dort
anfangen, wo sonst aufgehört wird. Z.B. mit einer Tragik ein-
setzen, der aber diese Menschen ganz spielend leicht begegnen.
Das ist für solche Menschen noch gar keine Tragik." Zu dieser
Notiz merkte Musil nach einer Angabe des Herausgebers später
an: "Ansatz für a.(nderen) Z.(ustand)." (PD 641) Musil mag
hier an die Stelle in Nietzsches "Jenseits von Gut und Böse"
gedacht haben: "Es gibt Höhen der Seele, von wo aus gesehen
selbst die Tragödie aufhört, tragisch zu wirken;".[43]
"Anderer Zustand" und die von der Wissenschaft beherrschte
Zeit - die beiden Bedingungen für ein Uebersteigen der alten
Tragödien beziehungsweise des tragischen Empfindens - sind
für die Schwärmer Utopien. Gegenwart ist das An-der-Schwelle-
Stehen. Von dieser Situation her ist die Nähe zum Tragischen
zu verstehen.
Ebenso wie das Leben im "anderen Zustand" gelangt auch die
von der Wissenschaft geprägte Welt im Drama nicht direkt zur
Darstellung. Nicht in einer Stadt, nicht in einem Laboratorium
spielt die Handlung, sondern in einem Landhaus, in dem - so
die Situation im ersten Akt - Wissenschafter und ihre Frauen
vor der Schlafzimmertüre über Liebe und wissenschaftliches
Bewusstsein diskutieren. Wohl weil der Bezug zur Situation
der Zeit nur an relativ wenigen Stellen explizit   wird und
die Problematik der Zeit, die Polarität von "Rationalität und
Mystik" (T 237), als Familiendrama verschlüsselt ist, erscheinen die "Schwärmer" leicht als reine "Privatkunst" (Ihering)

und "Gipfelbeispiel des individualistischen Dramas" (Kerr).
Ein Indiz für Musils Absicht, in den "Schwärmern" die Situation
seiner Generation zu diskutieren, mag man in einer Tagebuchnotiz
von 1911 sehen, er wolle sein Stück in Berlin spielen lassen:
in "Studierenden-Kreisen" (T 134). Während seinem Psychologie-
und Philosophiestudium in Berlin (bis 1908) konnte Musil die
Unvermitteltheit von Tatsachengeist, Lebensphilosophie und
Lebensführung kennenlernen. Für die "Studierenden-Kreise" von
1911 hätte dieses Akademikerdrama mit seinen Bezügen zu Dis-
kussionen und Moden der Zeit und den für Eingeweihte erkenn-
baren Anspielungen etwa an Lehren Machs, Emersons und Nietzsches
eine besondere Aktualität besessen. Als die "Schwärmer" mehr
als zehn Jahre nach dem Ersten Weltkrieg in einem Berliner
Vorstadttheater zur Uraufführung kamen, standen andere Themem
im Vordergrund des Interesses. Die Bühnen spielten überwiegend
Kriegsstücke, in direkterer Weise gesellschaftskritische Dramen,
politisches Theater.[44] Nicht nur die Form der "Schwärmer"
schien den Kritikern überholt; das Drama der "Ausnahmemenschen"
wirkte für sie esoterisch. Fragwürdig geworden war vor allem
die weitgehende Ausklammerung der konkreten gesellschaftlichen
Problematik, die wohl letztlich auf Musils Grundüberzeugung
zurückzuführen ist, nicht der Staat, sondern der Mensch solle
sich ändern, nicht die Veränderung der gesellschaftlichen Verhältnisse sei das Primäre, sondern die Erfindung des "neuen
Menschen".[45]
Das Problem eines unvermittelten Nebeneinanders von bürgerlicher Ideologie, Wissenschaftsgeist und romantischer oder religiöser Bewegungen - Kräfte die auch die gesellschaftliche Realität mitbestimmen - ist heute noch ebenso aktuell wie zu der
Zeit, auf die sich Musil mit seinen "Schwärmern" bezog.[46]

4. 'Raum'

Ebenso wie die Einheit der Zeit bleibt in den "Schwärmern"
auch die Einheit des Ortes gewahrt, und zwar in der beim
Aktestück üblichen Weise: je Akt ein Schauplatz. Von der
äusseren Handlung und der reduzierten Intrige her gesehen
erscheint der Wechsel der Schauplätze - drei Zimmer im selben Haus - willkürlich und überflüssig. Entscheidend ist die
verschiedene Atmosphäre der Räume. Die drei Schauplätze, wie
Musil sie in der Bühnenbeschreibung charakterisiert, spiegeln
jeweils die Grundstimmung der einzelnen Akte. Wie im ersten
Akt das Geschehen in Bewegung gerät und die verschiedenen
Konstellationen und Probleme sich herauskristallisieren, so
ist die Szenerie bewegt,und die Gegenstände sollen aussehen
wie durch einen "Kristallisationsvorgang entstanden" (305).
Die bedrohliche und drückende Atmosphäre des zweiten Aktes
mit der dramatischen Zuspitzung bis zum Höhepunkt der äusseren Handlung in der letzten Szene spiegelt der dunklere Bühnen-
raum mit den "wuchtenden" Möbeln, die Musil,die Stimmung des
ganzen Aktes treffend,als "seelisch übergewichtig" charakterisiert (343). Der Verinnerlichung im dritten Akt entspricht
ein Raum, der eher "geschlossen", "schrankinnerlich" wirken
soll (374).

Situation und Stimmung

Die ganze Handlung spielt in einem "Landhaus". Für jedes Bühnenbild ist ein Ausblick auf den Park oder die Landschaft vor-
geschrieben. Mehrfach ist vom Garten, den Wiesen, dem Rauschen
der Bäume usw. die Rede. Die meisten Bilder und Vergleiche
sind dem Naturbereich entnommen.[1]
Noch stärker als in der endgültigen Fassung wird die Abgeschiedenheit in den "Ersten Notizen zu den 'Schwärmern'" betont. Nach diesen Entwürfen von 1908 sollte das Landhaus
zwischen "weiten Wäldern, an einem grossen See" liegen "in einer Natur, die heimliche Gewalttaten aufreizt." (PD 641) Ueber
die Bedeutung von "Umgebung" und "Stimmung" schreibt Musil in

einer weiteren Notiz dieser Entwürfe:

> Es muss aber auch irgendetwas in Umgebung und
> Stimmung liegen, das die hemmenden, bürgerlichen
> Faktoren ausschaltet. Etwa schon das Nachdenken
> über das Leben fern vom Leben. Dieses Landhaus,
> wenn die Türe geht, wenn ein grüner Fenster-
> flügel zurückgeschlagen wird - das hat alles so
> selbständige Bedeutung, als gäbe es sonst keine
> Welt. Die Menschen wandeln wie auf einer er-
> höhten Bühne. (PD 641)

Gleich in der ersten Szene der "Schwärmer" spricht Fräulein
Mertens vom besonderen "Geist des Hauses":

> Man hört hier so viel von Kräften, die man nur
> hier hat! Das ist der Geist dieses Hauses: Auf-
> lehnung gegen das, was sonst aller Welt genügt. (306)

Gegen Ende des Stücks weigert die Mertens sich entrüstet, länger
in diesem Haus zu bleiben und urteilt - auch hier quasi in Ver-
tretung empörter Normal- und Moralbürger im Publikum - :
"Eine mir unverständliche Auffassung herrscht in diesem Haus."
(397)

Für die Schwärmer ist der Schauplatz des Geschehens ein Ort
lebendiger Vergangenheit. Hier trifft zu, was Gaston Bachelard
in seiner "Poetik des Raumes" über das Haus schreibt: es "spei-
chert verdichtete Zeit".[2] In diesem Landhaus verlebten die
Schwärmer gemeinsam Kindheit und Jugend. Hier starb Johannes
durch Selbstmord. Es ist der Wohnsitz von Thomas und Maria und
so der Ort ihres von Gewohnheit und Alltäglichkeit bedrohten
Ehelebens, dessen Krise und Ende die dramatische Handlung zeigt.
Auf die Identität des Ortes erinnerter und dargestellter Geschehnisse, vergangener und gegenwärtiger Erlebnisse, Träume
und Enttäuschungen wird immer wieder verwiesen. Diese Zusammenhänge, aus denen die eigentümliche Stimmung erwächst - und
von hier her erhält auch die Konzentration auf einen Ort ihren
Sinn -, ruft Regine zum Schluss noch einmal in Erinnerung, wenn
sie nach einem Rundgang durch das ganze Haus erzählt, sie
habe die "alten Kinderzimmer" besucht, "alle Plätze unsrer
Phantasie", sie sei an der Stelle gewesen, wo Johannes sich

tötete, und sie habe im Haus alles bereit gefunden, im
gleichen Einerlei "loszuschnurren wie an allen den fünf-
zehnmal dreihundertfünfundsechzig nicht mehr vorhandenen
Tagen" (395).
In der letzten Szene des Stücks gibt Musil verbunden mit
Thomas' Postulat perspektivischen Denkens indirekt auch
eine Begründung für die Wahrung der Einheit des Ortes.
Thomas stellt sich dort Anselm und Maria auf einem anderen
Schauplatz vor. Durch das Fenster "ins Ferne" schauend sagt
er "wie mit einer Vision vor sich":

> Bald wird jetzt Maria mit Anselm weit draussen
> stehn; in einer fremden Landschaft. (...) Anselm
> wird vielleicht lügen, aber in jener fernen Land-
> schaft kann ich gar nicht wissen, was er sagt ...

Auf Regines Frage, ob er unglücklich sei, antwortend fährt
Thomas fort: "Jeder Konflikt hat seine Bedeutung nur in einer bestimmten Luft; sowie ich sie in dieser fernen Landschaft
sehe, ist alles vorbei." (400)
Die Aussage ist pointiert durch zwei Spielarten des von Musil
oft angewandten Verfahrens des Wörtlichnehmens. Für Atmosphäre
im geläufigen übertragenen Sinn von 'Stimmung' steht verfrem-
dend "Luft". Der Gedanke von der Perspektivik des Erkennens
und Erlebens erscheint szenisch konkretisiert als eine Art
umfunktionierte Mauerschau. Bezeichnenderweise beschreibt
Thomas nicht irgendwelche imaginierte Geschehnisse. Er gibt
ein Stimmungsbild der "fernen Landschaft": "Die Sonne wird
auf Gras und Sträucher scheinen wie hier, das Gestrüpp wird
dampfen und alles in der Luft fliegende Fleisch wird jubeln."
(400)
Wichtig ist in unserem Zusammenhang vor allem der Hinweis auf
die Bedeutung von Situation und Stimmung, und damit verbunden
der Gedanke der Relativität. Von hier aus wird zusammen mit
den vorher angeführten Beispielen der Sinn der Konzentration
auf einen Ort, aber auch deren Problematik erkennbar. Die dargestellte Konfliktsituation, angelegt als eine Konfrontation

mit der Vergangenheit, ist in enge Beziehung gesetzt zum
Ort des Geschehens. Der 'Ort der Handlung' ist wesentlich
Träger einer besonderen Stimmung. Diese Stimmung ist gleichsam das Medium, in dem sich die Auseinandersetzung vollzieht;
sie ist, wie Thomas bemerkt, Bedingung für die Art und die
Intensität des Konflikterlebens. Die "Bedeutung" des Konflikts
erscheint so als relativ, gebunden an den Kontext des aktu-
ellen Erlebniszusammenhangs - und zu diesem Kontext gehören
"Umgebung" und "Stimmung". Räumlich Entferntes steht ent-
sprechend bildlich für das, was auch erlebnismässig ausser-
halb liegt. Die Welt draussen, andere Verhältnisse, andere
"Umgebungen" bilden einen eigenen Zusammenhang, in dem der
Stellenwert der dargestellten Probleme anders bestimmt wäre:
Auf diese Relativität weisen Thomas' Worte am Ende des Stücks.
Die relativierende Sicht entspricht Thomas' grundsätzlicher
Denkhaltung, dem funktionalen, in-Zusammenhängen-Denken. Die
Relativität wird zwar reflektiert, aber sie wird nicht zur
Anschauung gebracht. Das Denkprinzip ist nicht auch Form-
prinzip. Symptomatisch ist der Rückgriff auf das Kunstmittel
des absoluten Dramas, eine hier in die Vorstellung verlegte
Mauerschau, die zum Anlass wird für eine Reflexion über den
Standort, die "Situation" des Erlebenden und zurückweist auf
die Beschränkung des Dramas, seine formale Eindimensionalität.
Ebensowenig wie das Drama der "Möglichkeitsmenschen" verschiedene Möglichkeiten durchspielt, ebensowenig zeigt es - inhaltlich Situationsbedingtheit und Variabilität von "Bedeutung"
reflektierend - verschiedene Verhältnisse, Situationen, Be-
deutungsumwelten.
Verbunden mit der Wahrung der Ortseinheit ist eine Doppel-
deutigkeit im Anspruch des Dramas. Einerseits scheint die Beschränkung als Konzentration im Sinne klassischer Dramatik
daraufhinzuweisen, der Schauplatz bedeute 'die Welt'. In dieser Sicht steht die Auflösung des Haushaltes als Modell des
gesellschaftlichen Auflösungsprozesses, wie ihn Musil später

in seinem Roman in direkterer Weise am Beispiel "Kakaniens"
aufzeigte. Die Beschränkung auf den Kreis einer Familie und
den Familiensitz als Schauplatz wäre so gesehen Mittel zur
Ermöglichung einer geschlossenen Darstellung des Makrokosmos
im Mikrokosmos. Auf der anderen Seite bedeutet der Ort der
Handlung gerade auch die "andere" Welt, eine "zweite Wirklichkeit". Die Abgeschiedenheit des Hauses, die Situation
im wörtlichen Sinn, entspricht der Situation der Schwärmer,
die,wie Thomas einmal sagt,einen Bund der "ausgeschlossenen
Menschen" schliessen müssten (371). Die Repräsentanten der
Gesellschaft kommen von aussen. Alle, die sich zur Wirklichkeit, zur Welt entscheiden, verlassen wieder den Schauplatz,
auf dem Thomas, der Hausherr, allein mit Regine zurückbleibt.

Verwandelte Wirklichkeit
Die Verquickung der beiden Aspekte - Wirklichkeitsspiegelung
und Darstellung einer "anderen" Wirklichkeit - gründet in
jener Konzeption des Stücks, deren Problematik in Musils
Formel 'gewöhnliche Handlung - bedeutende Menschen' angedeutet ist: Utopisches (neuer Mensch, neue Moral, anderer
Zustand) wird thematisiert und zwar als das "Noch-nicht",
anders gesagt, es ist das Nichterreichte. Insofern das
Nichterreichthaben dargestellt wird, entsteht Wiedergabe
der gewöhnlichen Wirklichkeit. Das 'Neue', 'Bedeutende'
findet Ausdruck im Wort etwa als Erinnerung, Postulat oder
Selbstdeutung. Auf der Ebene der Handlung wird gewohnte
Wirklichkeit reproduziert. Bisherige Ergebnisse stark verkürzend liesse sich zusammenfassen: Das Bewusstsein der
Schwärmer ist weder in der Handlungsführung noch in der
Zeitstruktur objektiviert; Handlungs- und Zeitdarstellung
bleiben im Rahmen einer der Wahrscheinlichkeitsforderung
genügenden stilisierenden Wirklichkeitsabbildung. Mehr in
andere Richtung weisen die Bühnenbeschreibungen. Diese Anweisungen, was optisch als 'Realität' wahrgenommen werden
soll, beschreiben nicht gewohnte Wirklichkeit, sondern eine

in der Subjektivität verwandelte "andere Wirklichkeit".
Kriterium für die Art der Darstellung des Raumes ist das
Realitätsbewusstsein der Schwärmer. Wie die Schwärmer die
gegenständliche Welt, ihre Umwelt erleben, kommt an verschiedenen Stellen auch im Dialog zum Ausdruck. Wir können uns
hier im wesentlichen auf die zusammenfassenden Bühnenbeschreibungen Musils beschränken. Dieser Nebentext als unmittelbare Aussage des Dramatikers ergänzt und interpretiert
den Haupttext, die Aussagen der dramatis personae. Als Teil
des literarischen Werkes ist der Nebentext, der in unserem
Fall die Informationen in dichterischer Ausdrucksweise gibt,
auch selbst der Interpretation bedürftig. Ein näheres Eingehen auf die Anmerkungen zum Bühnenbild empfiehlt sich besonders, da eine vom Textbuch ausgehende Untersuchung leicht
Gefahr läuft die Bedeutung des Visuellen für die Aussage des
Schau-spiels zu unterschätzen. Musils Beschreibung der im
Bühnenbild darzustellenden Wirklichkeit soll im folgenden
unter verschiedenen Aspekten untersucht werden. Die Ausführ-
lichkeit der Anmerkungen Musils kann als Indiz gelten, dass
Musil selbst der "wahrnehmungsmässig" erscheinenden Wirklichkeit besondere Bedeutung zumass.[3] Als Ausgangspunkt sei die
Vorbemerkung zum ersten Akt zitiert, auf die Musil auch für
die beiden anderen Akte verweist:

> Diese Szene muss in der Wiedergabe ebensosehr
> Einbildung wie Wirklichkeit sein. Die Wände sind
> aus Leinen, Türen und Fenster sind darin ausge-
> schnitten, ihre Umrahmung gemalt; sie sind nicht
> starr, sondern unruhig und in engen Grenzen be-
> weglich. Der Fussboden ist phantastisch gefärbt.
> Die Möbel gemahnen an Abstraktionen wie
> Drahtmodelle von Kristallen; sie müssen zwar
> wirklich und benutzbar sein, aber wie durch jenen
> Kristallisationsvorgang entstanden, der zuweilen
> für einen Augenblick den Fluss der Eindrücke anhält
> und den einzelnen unvermittelt einsam ausscheidet.
> Oben übergeht der ganze Raum in den Sommerhimmel,
> in dem Wolken schwimmen. (305)

Man hat verschiedentlich betont, die in den "Schwärmern"
geforderten Bühnenbilder seien für ihre Zeit - 1921 - revolutionär.[4] Es wäre wohl zutreffender zu sagen, dass sie
'revolutionär' anmuten im Vergleich zur sonst eher konventionellen Konzeption des Dramas, ihnen dieses Prädikat aber
nicht in so uneingeschränktem Masse zukommen kann im Vergleich
zu gleichzeitigen Neuerungen und Experimenten auf diesem Ge-
biet.[5]

Mit der generellen Bestimmung, die Szene müsse in der Wiedergabe "ebensosehr Einbildung wie Wirklichkeit" sein, ist auch
die Zwischenstellung innerhalb der Entwicklung der modernen
Dramatik vom Illusionismus zum Antiillusionismus markiert.
Die intendierte Darstellung ist deutlich antinaturalistisch
und in diesem engeren Sinn anti-illusionistisch. Obgleich in
den Bühnenanweisungen das Interieur eines feudalen Landsitzes
recht genau mitbeschrieben wird, geht es offensichtlich nicht
um die Wiedergabe eines 'Milieus' im Verständnis der Naturalis-
mustheorie. Versteht man aber unter Milieudarstellung nicht
eine sogenannte objektive Spiegelung konkreter sozialer Lebens-
verhältnisse, sondern einer phänomenologischen Bestimmung entsprechend die Darstellung von _erlebter_ Umwelt, so kann man
sagen, die Bühnenwirklichkeit zeige das 'Milieu der Schwärmer'.[6]
Musils Hinweise zielen nicht auf 'objektive' Darstellung von
Wirklichkeit, sondern auf eine Objektivierung des 'subjektiven'
Wirklichkeitsbildes der Hauptpersonen mittels des Bühnenbildes.
Siegfried Melchinger hat die Entwicklung der modernen Dramatik
charakterisiert als Uebergang von der Wirklichkeitsdarstellung
zur Darstellung von "Gegenwirklichkeit". Ueber die Endphase
des Illusionismus schreibt er im Zusammenhang mit der allgemeinen Wandlung des Realitätsbewusstseins: "Wenn in der letzten
Phase, schon im 20. Jahrhundert, impressionistische, ja symbo-
listische Wirkungen von den Autoren zur Anwendung befohlen
wurden, so bedeutet das nicht die Sprengung der Realität, sondern deren Vertiefung durch die Einbeziehung der Welten des

Traums, des inneren Auges, der Psychoanalyse."[7] In den
"Schwärmern" scheint eine Grenze erreicht, wo durch eine Po-
tenzierung des Illusionismus die Realität aufgelöst wird
und die veränderte Wirklichkeit zugleich "Gegenwirklichkeit"
bedeutet.

In einigen Anmerkungen Musils könnte man eine antiillusio-
nistische Absicht in jenem spezifischen Sinn sehen, Theater
als Theater zu zeigen. So, wenn Musil vorschreibt, die Wände
sollten aus Leinen sein, die Oeffnungen herausgeschnitten,
die Rahmen aufgemalt. Dieser Betonung des Kulissenhaften
liegt jedoch kaum die Absicht einer Verfremdung im brecht-
schen Sinn zugrunde, sondern das Kulissenhafte ist ein Zug
der darzustellenden Wirklichkeit selbst. So erscheint auch
in Musils Prosawerken die Realität kulissenartig unwirklich.
"Bühne" und "Kulisse" sind vor allem im "Mann ohne Eigenschaften" häufig gebrauchte Symbole.[8]

Sibylle Bauer vermerkt zu Recht, dass die Bühnenbilder
nur zur Gruppe der Schwärmer "passen".[9] Damit ist auch gesagt, dass die Nebenpersonen in dieser anderen Welt 'unpassend'
sind. Die Repräsentanten der gesellschaftlichen Wirklichkeit
fallen - und das begründet mit ihre komische Erscheinung - aus
dem Rahmen der als Realität dargestellten phantastischen Welt,
die den Lebensraum der Schwärmer bildet. Als Fremdkörper in
dieser Traumwelt wirken die Nebenfiguren, unpassend auch in
ihrem Benehmen, sehr krass im Schlussakt, dessen Bühnenbild
ganz auf die letzte Szene mit Thomas und Regine abgestimmt
ist. Die besondere Zugehörigkeit der dargestellten phantastischen Welt zu diesen beiden Hauptpersonen wird augenscheinlich, wenn Thomas und Regine im dritten Akt in "phantastischer
Hauskleidung" auftreten (374). Auch mit der zitierten Szenenbeschreibung charakterisiert Musil in besonderem Masse das
gemeinsame Wirklichkeitsbild dieser beiden verschiedenartigen
Träumer. Die Uebereinstimmung ihres Wirklichkeitsbildes gründet darin, dass,wie Renate Heydebrand in anderem Zusammenhang

schreibt,"das funktionale Denken und das religiös-ekstatische
Erleben darin übereinkommen, dass sie die 'feste' Wirklichkeit auflösen."[10]

Begrenzte Beweglichkeit dessen, was in normaler Sicht fest
erscheint, Abstraktionen wie Drahtmodelle, Isolierung der Phä-
nomene, Kristallisationen: diese Beschreibungen Musils verweisen einerseits deutlich auf den Analytiker und Theoretiker
Thomas. Andrerseits entsprechen sie den Wahrnehmungserschei-
nungen in ekstatischen und pathologischen Zuständen. Die Bühnenbilder scheinen so besonders auf Regine "zugeschnitten" zu
sein.[11]

In "Psychologie und Geisteskrankheit" zitiert Michel Foucault
einen Bericht über die Eindrücke einer Patientin in einer pathologischen Episode. In dieser Schilderung lassen sich deutliche Uebereinstimmungen mit der Szenenbeschreibung zum ersten
Akt der "Schwärmer" erkennen:

> Es war (...), als ob ich durch meine Wahrnehmung
> von der Welt das Bizarre an allen Dingen schärfer
> empfunden hätte. Im Schweigen und in der Uner-
> messlichkeit war jeder Gegenstand wie mit dem Mes-
> ser ausgeschnitten, ins Leere, Unbegrenzte gestellt,
> getrennt von den anderen Gegenständen. Weil er im-
> mer nur er selber war, fing er an zu existieren..."[12]

In den "Schwärmern" sollen die Dinge erscheinen wie durch einen "Kristallisationsvorgang entstanden", der den einzelnen
Eindruck "unvermittelt einsam ausscheidet"; die Räume sollen
offen sein, gehen über in die Weite eines "Sommerhimmels" (305)
oder der "Sternennacht" (343).

Mit der Erklärung und Deutung solcher Wirklichkeit wie sie in
den "Schwärmern" mittels der Bühnenbilder zur Anschauung gebracht werden soll, beschäftigt Musil sich eingehend in dem
bedeutenden Essay "Ansätze zu neuer Aesthetik" (T 667-683).
Dabei richtet sich sein Interesse wie in allen Essays sowohl auf die psychologische Erklärung solcher Wahrnehmungen
als auch auf ihre Ausdeutung. Musil geht aus von Béla Balázs'

Interpretation, dass im Film (gemeint ist der Stummfilm)
"das Bild jedes Gegenstandes einen inneren Zustand bedeutet" (T 667). Musil spricht dort von einem "ungewohnte(n)
Leben, welches die Dinge in der optischen Einsamkeit gewinnen." (T 671) Er interpretiert: "wenn Eindrücke über-
wertig und befremdlich werden, sobald sie sich aus ihrer
gewohnten Umrahmung lösen, deutet es die Vermutung eines
andren , apokryphen Zusammenhangs an, in den sie eintre-
ten." Als Zeugen solcher "Veränderung des Bewusstseins"
nennt Musil "Novalis und seine Freunde" (T 672). Balázs'
Bemerkungen über die Lebendigkeit, das "symbolische Gesicht" der Dinge und das "Physiognomische" als Kategorie
der Wahrnehmung nimmt Musil auf, um die Beobachtungen über
den Film in einen grösseren Zusammenhang zu stellen, und
das heisst bei Musil, seine Theorie des "anderen Zustands" -
vom anderen Zustand der Dinge, der zweiten gewöhnlich verborgenen Wirklichkeit und vom anderen Zustand des Menschen -
zu entwickeln.[13] In seiner Untersuchung über den "anderen
Zustand" und die Beschreibung der "zweiten Wirklichkeit" in
Musils Werken kann Ulrich Karthaus feststellen: "die Szenenbeschreibung des ersten Aufzuges (der "Schwärmer" weist)
nahezu alle Momente auf, die wir als konstitutive Elemente
der zweiten Wirklichkeit beschrieben haben" und "'Ebensosehr Einbildung wie Wirklichkeit': man kann diese Formulierung geradezu als Etikett für den Realitätsgrad der
zweiten Wirklichkeit ansehen."[14] Wir können hinzufügen:
es ist zugleich die Formel für jene zweite Wirklichkeit,
die Kunst heisst. Mit einer "möglichen Auffassung der Kunst",
die in die "Richtung des 'anderen' Zustands weist", beschäftigt
sich Musil in dem genannten Essay "Ansätze zu neuer Aesthetik".
Der Begriff Aesthetik im Titel des Essays kann in weiterem
und engerem Sinn verstanden werden: Musil gibt Ansätze zu
einer Philosophie der Wahrnehmung und Analyse der Empfindungen
sowie damit eng verknüpft Ansätze zu einer Theorie des Schönen.

Es ist hier nicht der Ort, auf die Zusammenhänge von Musils
Theorie des "anderen Zustands" und seiner Kunsttheorie näher
einzugehen und die daraus folgende Stellung Musils zu den verschiedenen Künsten und die Be- und Verurteilung verschiedener
Kunstrichtungen zu untersuchen. Erwähnt sei nur, dass Musil
zum Beispiel im Impressionismus und Expressionismus, der ge-
genstandslosen Malerei, dem Ausdruckstanz oder der neuro-
mantischen und neureligiösen Bewegung (verfehlte, weil zu sehr
intellektfeindliche) Bestrebungen sah, eine "grössere Annäherung an den 'anderen Zustand' zu suchen" (T 675).[15] Von dieser
bei aller Verschiedenheit gemeinsamen Richtung werden die
häufig festgestellten Aehnlichkeiten (inhaltlicher und for-
maler Art) in den Werken Musils und Werken dieser Bewegungen
verständlich. Solche Aehnlichkeiten feststellen aber heisst
nicht unbedingt, Musil mit einer dieser Strömungen zu identi-
fizieren. Diese Einschränkung gilt auch für den folgenden Abschnitt unserer Interpretation der Bühnenbilder, in dem versucht wird, die Bühnenbildbeschreibungen quasi als Entwurf
zu einem Werk der bildenden Kunst zu lesen und die Affinität
dieser Beschreibung der "zweiten Wirklichkeit" zu einer bestimmten Kunstrichtung aufzuzeigen.

Affinität zum 'Jugendstil'

Bei der ersten Nachkriegsaufführung der "Schwärmer", 1955 in
Darmstadt, liess Gustav Rudolf Sellner das Stück in Bühnen-
bildern spielen, die vom Jugendstil inspiriert waren; so
spricht Hermann Dannecker in seiner Rezension von "gemil-
dertem Jugendstil", Karl Korn von einem "ironisch stilisierten Jugendstilrahmen".[16] Im Gegensatz zu Michael Scharang
scheint es mir keineswegs selbstverständlich, dass Bühnenbilder im Jugendstil nicht an Musil "orientiert" sein könnten.[17]
Die Beschreibung der zweiten Wirklichkeit in Musils Szenen-
anweisungen lässt den Gedanken an den Jugendstil, der das
Leben durch Kunst und in Kunst verwandeln wollte, an den Se-
zessionistenstil oder an den "magischen Realismus" etwa eines
Klimt oder Gütersloh sehr naheliegend erscheinen.[18] Da sind
zunächst die wiederholten Hinweise auf das Ornamentale: "Der

Fussboden ist phantastisch gefärbt" (305);"Die Wände vom
seltsamen Muster der Buchrücken bedeckt" (343); "Seltsame
Arabesken im Teppich" (374). Mehr an die abstrakt-kristalline
Phase oder Richtung des Jugendstils erinnert der Vergleich
für die Möbel des ersten Bildes: "Abstraktionen wie die Drahtmodelle von Kristallen" (305). Aber auch die Charakterisierung des zweiten Bildes - die Möbel sind "wuchtend; seelisch
übergewichtig" (343) - lässt an typische Erzeugnisse der Jahrhundertwende denken. Dolf Sternberger schreibt über die im
Jugendstil entstehenden Räume, man müsste sich in ihnen bewegen wie in einem "langsamen, traumhaften Aufschweben und
Niedersinken."[19] Taumeln, schweben, steigen, sinken: dies
sind Vokabeln, mit denen die Schwärmer immer wieder ihre Gefühle beschreiben. Gleich in der ersten Szene des Stücks
spricht zum Beispiel Regine von ihrem Gefühl "So geheimnisvoll, dass man die Schuhe ausziehen muss und durch die Zimmer segeln wie eine Wolke" (305). Wolken "schwimmen" über
dem nach oben offenen Raum. An einer anderen Stelle spricht
Regine vom "Phantastischwerden von Stühlen... Vorhängen...
Bäumen... Mit einem Menschen als Mittelpunkt!" (315)
Halten wir zunächst fest: Die Szenenbemerkungen Musils, die
das Bild dieser ins Phantastische verwandelten Welt entwerfen,
weisen auf verschiedene Merkmale, die als charakteristisch
gelten für bildende Kunst und Kunstgewerbe des Jugendstils;
eines Stils, der zur Zeit von Musils eigener Jugend entstand,
bald zur Mode wurde, und in dem wir heute Ansätze späterer
Bewegungen wie Expressionismus, neue Sachlichkeit oder Bau-
hauskunst entdecken. Es stellt sich hier natürlich die Frage,
ob und inwieweit über die Affinität der Bühnenbilder zur Kunst
des Jugendstils hinaus bei den "Schwärmern" auch von "literarischem Jugendstil" gesprochen werden könne. Eine eindeutige
Klärung dieser Frage ist hier allerdings schon deshalb nicht
möglich, weil der Begriff des "literarischen Jugendstils" -
besonders, was die dramatische Literatur anbelangt, - in der
Forschung alles andre als eindeutig bestimmt ist. Eine Dis-

kussion dieser Problematik würde hier zu weit führen.[20]
Immerhin können wir in den "Schwärmern" manche Merkmale
feststellen, die in der Forschung immer wieder als typische
Kennzeichen für Jugendstil in der Literatur genannt werden.
Unter diesem Aspekt sei kurz an einige Punkte der bisherigen
Interpretation erinnert. Wir sprachen von der Situation des
Handlungsortes, dem von einem Park umgebenen Landhaus "in
der Nähe einer Grosstadt" (303). Villa und Garten sind be-
vorzugte Räume des Jugendstils. Als "Bezirke der Exklusivi-
tät" sind sie wie Elisabeth Klein schreibt,"die empfindlichen
Uebergangsstellen zwischen Realität und Irrealität, die Grenze,
wo die laute Welt der Technik, des Kapitals und der Industrie
aufhören und der Bereich des Seelischen beginnt."[21]
Auch die Vorliebe für Uebergangszeiten, den Grenzbereich von
Tag und Nacht, finden wir in den "Schwärmern" wieder. Der
zweite Akt spielt in der Abenddämmerung, der letzte beim
Morgengrauen.
In Anselm erkennen wir die in der Dichtung um die Jahrhundertwende so beliebte Figur des Abenteurers. Anselm gibt sich
selbst die entsprechende Weihe, wenn er angibt (im doppelten
Sinne), er habe als Mönch in Kleinasien gelebt (320). Der
Selbstüberhöhung Anselms zum romantischen Abenteurer steht
seine Demaskierung als Schwächling und Schauspieler grosser
Gefühle und Erlebnisse gegenüber. In der Gestalt Staders, der
stolz von seinem "Künstlerblut" und seinem bewegten Leben in
allen möglichen Berufen berichtet, wird das Abenteurermotiv
satirisch wiederholt.
Jean B. Neveux,[22] der als erster in einem essayistischen Vergleich Parallelen in Musils Werken zur Kunst des Jugendstils
und der Sezessionisten aufgezeigt hat und Musil in der Darstellung der Erotik zwischen Jugendstil und Sezession stellt,
weist auf die Gegenüberstellung der "weiblichen" Frauengestalten auf der einen Seite und der Kinderfrauen auf der
anderen Seite in Musils Dichtung hin. In den "Schwärmern"
erscheint diese Konfrontierung in den Gestalten der beiden

Schwestern. Auf der einen Seite die stattliche Maria - "gross, dunkel, schwer" (303)."Göttlich schön"und schrecklich in ihrer "Frauenhaftigkeit", wie Anselm sagt, der sie in einem für den Jugendstil typischen Vergleich "Engel mit einem Bocksfuss" nennt (366). Auf der anderen Seite Regine - "Knabe, Frau, Traumgaukelding, tückischer Zaubervogel" (303); nymphenhaft und nymphoman, kindliche "Heilige" und kindliche Dirne. Lebenshunger und Todessehnsucht sind bei Regine Ausdruck ein und derselben grossen "Erwartung" (399). "Die Sehnsucht des Lebens", so schreibt Elisabeth Klein in Bezug auf die Lyrik des Jugendstils und die lyrischen Dramen Hofmannsthals, wurde "zur Sehnsucht des Sterbens, eine Vertauschbarkeit, die trotz aller Emphase doch im ganzen Jugendstil vernehmbare melancholische Töne der Ausweglosigkeit hinterlassen hat."[23] Besonders hervorzuheben ist auch hier wieder die Schlusszene des Stücks, in der Realität, Traum und Vision ineinander übergehen. In dieser Szene gelangt die "coexistence effective" des Menschen und seines Raums, auf deren Beschreibung in Musils Prosa Jean B. Neveux hinweist, zur theatralischen Darstellung.[24] Bei diesem letzten Bild der "Schwärmer" - Thomas und Regine in "phantastischen" Gewändern auf der mit "seltsamen Arabesken" bedeckten Bodenfläche - drängt sich der Vergleich mit den Bildern des Jugendstils auf, in denen die Figuren von Ornamenten umrankt selbst ins Ornamentale aufgelöst werden.[25] Hier finden wir das zentrale Motiv des Jugendstils: die Darstellung des "Lebens" durch das Ornament. Das beliebte sprachliche Bild vom "Teppich des Lebens" ist ins Szenische übersetzt. An das Ornamente-Tanzen erinnernd geht Regine den Mustern des Teppichs nach. Das in den Ornamenten des Teppichs und der sich hochrankenden, gewundenen Treppe symbolisierte "Leben" deutend kommt in Thomas und Regines Worten jener Doppelaspekt zum Ausdruck, der dem Begriff des "Lebens" von der Lebensphilosophie her eignet. Als Bild des Phantastischen, gewächshaft Verschlungenen steht die Ornamentik

einerseits für den mythisch-mystischen Begriff des Lebens,
Leben als 'Natur'. Andrerseits erscheinen in der Deutung
von Thomas und Regine die verflochtenen Linien als Bahnen,
Schienen, die den Lebensweg festlegen, wie die gewundene
Treppe Muster des "Vorgezeichneten": Bilder der Kausalität
des Lebens, naturgesetzlicher, psychologischer oder gesellschaftlicher Determination. Diese Zweideutigkeit des Lebens-
und Naturbegriffs wird auch erkennbar in Staders Worten, in
denen das Bild der Welle, als Bild pulsierenden, ursprünglichen Lebens, aufgelöst wird durch die Gleichsetzung mit einer die unpersönliche Gesetzmässigkeit offenbarenden statistischen Kurve (388).

Die zentrale Stellung der von Nietzsche ererbten lebensphilosophischen Problematik, teilweise mit Pathos vorgetragen und
streckenweise auch in der Sprachgebung Nietzsche verwandt;
das gleichzeitige Bemühen um kausal-psychologische und
"seelische" Motivation; der Gegensatz der Ausnahmemenschen
und der gesellschaftlichen Realität, eine Tendenz zur Welt-
abkehr und Weltflucht; die Idealisierung und Stilisierung
der Figuren; die verflochtene Darstellung eines "Motiven-
zusammenhangs", die Wiederkehr bestimmter Motive, Bilder
und Sentenzen, die in abgewandelter Form von verschiedenen
Personen wiederholt werden, sowie die oben genannten Beispiele: all dies rückt die "Schwärmer" auch abgesehen von
der Beschreibung der Bühnenbilder in eine gewisse Nähe zum
literarischen Jugendstil. Bei aller gebotenen Vorsicht kann
man zumindest sagen, dass die "Schwärmer" dem Jugendstil
näher stehen als etwa dem Expressionismus, welchem man dieses Stück verschiedentlich zugerechnet hat.[26]
Aber - und das zu betonen ist nach dem Hinweis auf Jugend-
stilelemente besonders wichtig - es wäre sicherlich verfehlt,
in den "Schwärmern" einfach einen Spätling des literarischen
Jugendstils zu sehen: es ist vor allem ein Drama nicht _des_
Jugendstils, sondern _über_ die Zeit des Jugendstils. Die

Impulse dieser Umbruch- und Aufbruchbewegung sind kritisch
reflektiert, die Attituden des Jugendstils teilweise ironisiert. Schon der Titel des Stücks enthält auch ironische
Distanzierung. Die drei Gestalten, die man am ehesten Jugend-
stilfiguren nennen könnte, geraten ins Zwielicht. Regines
Verlangen nach Erlösung - Erlösung war eines der grossen
Stichworte der Zeit - ist im Grenzbereich zum Wahnsinn an-
gesiedelt. Marias Idealität erscheint als naiv und lächerlich. Anselms Abenteurertum und Romantizismus - vor allem
in den Reden Anselms findet man die Emphase des Jugendstils
und die Mystik eines ursprünglichen Lebens - werden als
falsche Pose entlarvt. Die Kritik an Anselms Unfähigkeit
zur wissenschaftlichen Arbeit und seiner Auflehnung gegen
die Rationalität beinhaltet Kritik an der ganzen neuromanti-
schen Bewegung, die wie der Jugendstil als Reaktion auf den
Positivismus (und den Naturalismus in der Kunst) entstand
und weitgehend die Wissenschaften ignorierte. Der Wissenschaftler ist keine Figur des Jugendstils. Dagegen wird bei
Musil der moderne Wissenschaftler zum neuen Abenteurer.
Wie Musils dichterisches Schaffen rückblickende Beschäftigung
mit dem Jugenderlebnis und der Zeit seiner Jugend war, so blik-
ken auch die Schwärmer zurück auf ihre Jugend. Jenes Lebensgefühl der Jugend zu Beginn eines neuen Jahrhunderts, das seinen Ausdruck in einem Stil der Jugend suchte, ist für die
Schwärmer Vergangenheit: das jugendliche Hochgefühl, Aufstand
gegen die Alten im Vertrauen auf die eigene "Kraft", Selbst-
genuss in einem jugendlich unkonventionellen Lebensstil und
der Glaube, "neue Menschen" zu sein.

Während in Musils Roman die Illusionen wie die Impulse der
Jugend aus grösserer Distanz ironisch und satirisch dargestellt
und in kulturgeschichtlichen und psychologischen Exkursen reflektiert werden, spiegelt sich in den "Schwärmern" undistanzier-
ter ein Kampf um und gegen die Jugend. Gegen das jugendliche
Pathos steht nicht sosehr Ironie als vielmehr ein Zynismus,

in dem sich schmerzliche Betroffenheit äussert.

Dieser Gegensatz von Pathos - als Ausdruck eines idealisti-
schen Illusionismus - und negativer Pathetik - als Ausdruck
der Desillusionierung - kennzeichnet die Sprache und die
Dialogführung der "Schwärmer", die im folgenden näher untersucht werden sollen.

5. 'Dialog'

In einem Essayabschnitt über die Durchdringung von Inhalt
und Form, die "Gestalt" des Kunstwerks als ein "Ganzes",
das einen "volleren geistigen Ausdruck vermittelt als die
Elemente, die es begründen", schreibt Musil:

> Auch ein Schauspiel aufzuführen, hat keinen
> anderen Sinn als dem Wort einen neuen Körper
> zu geben, damit es in ihm Bedeutung gewinne,
> die es allein nicht hat. (T 716)

Ganz selbstverständlich betrachtet Musil das Schauspiel als
'literarisches Kunstwerk', in dem die Bedeutung vor allem
durch das Wort vermittelt wird. Aber - und hier gehen die
Interpreten von Musils Forderung nach einem "Dichtertheater"
und die Interpreten seiner Stücke, die urteilen, Musils Bühnenwerke wollten allein durch das gesprochene Wort wirken,
oft zu weit - Musil war sich bewusst, dass die "Bedeutung"
des Wortes im Theaterstück wesentlich mitbestimmt wird durch
die anderen Elemente des Schauspiels wie Handlung, Stimmung,
optisches Bild oder die Gebärdensprache. Dies ist auch der
Grund für die ausführlichen Personen- und Szenenbeschrei-
bungen und für die auffallend zahlreichen Anmerkungen zu
Gestik, Mimik und Sprachton in den "Schwärmern". Dabei gelangen Mittel zur Anwendung, die man gewöhnlich symbolistisch,
impressionistisch und expressionistisch nennt. Musils Kritik
am impressionistischen und expressionistischen Theater - ähnlich am lyrischen Drama und barocken Schauspiel - wendet sich
nicht gegen die dort angewandten theatralischen Mittel an
sich, sondern gegen die Verabsolutierung der mehr irratio-
nalen Ausdrucksmittel auf Kosten einer Rationalisierung durch
die Sprache.
Musil glaubte gegen einen Rückschritt des Theaters ins Anal-
phabetentum kämpfen zu müssen. Die Forderung, im Drama müsse
alles Handlung sein, gilt ihm als Prinzip des Bilderbuchs
für Kinder. Das Streben nach einem totalen oder ekstatischen
Theater scheint ihm verdächtig, weil es sich allein an Sinne

und Gefühl wende: "an das Herz oder irgendein ähnliches
Organ, das ohne Verbindung mit dem menschlichen Grosshirn"
gedacht werde (Mth. 190). Gegen die Postulate, das Theater
vom "Bildungsballast" zu befreien und nach einem neuen Ausdrucksmittel zu suchen, fordert Musil, das "alte, alphabetische
(Ausdrucksmittel) zu neuem geistigem Gebrauch herzurichten".
Im Gegensatz zur "antiliterarischen Einstellung", die er in
der zeitgenössischen Diskussion von Theaterfragen findet,
postuliert Musil das "bewusst Ideographische" in der Dramatik (Mth. 193).

In dem eingangs erwähnten Essay schreibt Musil, im Roman, im
Drama und in den Mischformen zwischen Essay und Abhandlung
trete anders als in der Lyrik "der Gedanke, die diskursive
Ideenverbindung auch nackt hervor". Nur auf das Beispiel des
Romans eingehend erklärt Musil, an solchen Stellen hafte
"immer ein unangenehmer Eindruck des Extemporierens, des
Aus-der-Rolle-Fallens und der Verwechselung des Darstellungs-
raums mit dem privaten Lebensraum des Verfassers, wenn sie
nicht auch die Natur eines Formteils haben."(T 717) In Musils
Roman sind solche essayistische Abschweifungen und Exkurse,
in denen das Gedankliche "nackt" hervortritt, "Formteile",
integrale Bestandteile des Gesamtwerks. Die in den "Schwärmern"
gewählte Dramenform erlaubt keine offenen Exkurse durch Ein-
schaltung eines Erzählers oder direktes Zitieren. Es gibt keinen Prolog, keinen Epilog, kein Beiseitesprechen und kein Aus-
der-Rolle-Fallen. Einzelne Mittel, das Gedankliche unmittelbar hervortreten zu lassen, sind in den "Schwärmern" zum Beispiel Thomas' verkappter Monolog, die monologisch essayistischen Passagen, die variierende Wiederholung von Aussagen in
aphoristischer Form oder das Zitat aus Schriftstücken der
dramatis personae, so besonders aus Thomas' Brief an Josef
und Regines Tagebuch. Diesem Zweck dient insgesamt die Anlage des Schauspiels als Konversationsstück.[1]

Konversationsstück

"Konversationsstück" galt Musil nicht als Schimpfwort. Zwei

Dinge sind im Sinne Musils anzuführen. Erstens, dass in der
Konversation nicht nur das gesprochene Wort wirke, sondern
auch die Gesprächssituation und die sprechende Person, die
sich durch Gebärden und Mimik 'ausdrückt' und durch ihre
ganze Erscheinung, ihre 'Persönlichkeit', etwas ausstrahlt.
Zweitens, dass das Dramatische oder Undramatische in dem
liege, was gesprochen wird, also im Gegenstand oder Inhalt
des Gesprächs. An die Stelle des alten Widerspruchs eines
einzelnen zum Gesetz, so drückt Musil seine Grundüberzeugung
vom Gegenstand der Dramatik aus, müsse "der geoffenbarte
Widerspruch i n den Gesetzen irdischer Existenz treten",
der "oft unlösbar, aber immer zu überwinden" sei (Mth. 191).
Den Gegensatzcharakter des Daseins, die Widersprüchlichkeit
moralischer Normen zu offenbaren, das heisst bewusst zu machen, ist Aufgabe des dramatischen Dialogs.
Wir sahen, dass in den "Schwärmern" vor allem Thomas, in dessen Worten wir am deutlichsten Musils eigene Auffassung erkennen, diese "Antinomie auf dem Wertgebiet" (PD 719) seinen Gesprächspartnern (besonders im dritten Akt) aufzuzeigen versucht. Musils Hochschätzung des Konversationsstücks
lässt sich ablesen an der Art, wie Musil seinen pessimistischen
Essay über den "Untergang des Theaters" enden lässt. Er schreibt
dort:

> Auch auf dem niedrigen Niveau der gewöhnlichen
> Konversation spielt ein Romane einem anderen
> Menschen gegenüber mit seiner Person, wie eine
> Frau mit dem Fächer; er wirbt für sich und sei-
> ne Gedanken, indem er spricht; wir dagegen ha-
> ben das Ideal des Handelns auf der Bühne wie
> im Leben. Dieser Unterschied liegt also schon
> im Volk und ist nicht bloss einer der Bühne.
> Wie führt man deshalb ein Volk, dessen Ideal
> der starke Mann ohne viel Worte, der Reserve-
> leutnant, ist,(...) zu den Vorbedingungen der
> Dramatik zurück? (Mth. 194)

In einer der Notizen auf losen Zetteln (daher undatiert) spricht
Musil ebenfalls anerkennend vom "Aufmerkenkönnen der Franzosen
auf die Bühnenkonversation" (PD 710). In einer dieser Notizen

skizziert Musil das Idealbild des Dramas mit einer Konversation auf hohem Niveau von bedeutenden Menschen, die für
sich werben, indem sie sprechen. Er charakterisiert und verteidigt damit zugleich auch seine "Schwärmer" und deren
irritierende Wirkung auf die Zuschauer:

> Man muss (auch im Drama) den Ehrgeiz haben ei-
> ne Gesellschaft solcher Menschen zu schildern,
> dass es dem Leser geht, wie wenn man plötzlich
> in eine Unterhaltung eintritt, die verwirrend
> überlegen ist (selbst im kleinsten Nebenbei).
> Mit diesen Menschen möchte ich was immer sie
> tun miterleben. (PD 718)

In der Betrachtung der "Schwärmer" als Konversationsstück ist
im folgenden weiter zu präzisieren. Zu dem ersten Kennzeichen,
der Konversation auf einem für das normale Publikum eines
Theaterabends rücksichtslos hohen Niveau, gehört als zweites
die 'gehobene' dichterische Sprache. Dies unterscheidet unser
Drama vom gewöhnlichen Konversationsstück, in dem möglichst
'echt' die Konversation etwa einer Party- oder Teegesellschaft
oder ein Familiendisput über kleine und grosse Sorgen wiedergegeben wird. Dort spielt vielfach Gesellschafts- oder Fa-
milienklatsch eine beträchtliche Rolle; vermischt mit persönlichen Animositäten wird über die verschiedensten 'aktu-
ellen Fragen' gestritten oder elegant konversiert. Dem gesellschaftlichen Rahmen entsprechend steht im Konversationsstück
die Umgangssprache. Die Sprache der einzelnen Personen ist
meist je nach Stand und Eigenart typisiert oder idiomatisch
eingefärbt.
Individualisierende Züge in der Sprache der verschiedenen
Personen fehlen in den "Schwärmern" beinahe gänzlich. In der
Sprache besonders der vier Hauptpersonen finden wir einheit-
liche Stilhöhe und weitgehende Uebereinstimmung im Wortschatz.
Die Schwärmer sprechen in zugespitzt formulierten Aphorismen,
Aphorismenreihen, die sich manchmal zu zusammengedrängten
Essays auswachsen, und in erlesen dichterischen Bildern. Das
Plaudern über alltägliche Belanglosigkeiten bleibt ausgespart.

Das Drama stellt, wie Wijkmark treffend sagt, eine alltägliche Situation dar, gereinigt vom Abfall des alltäglichen
Gesprächs.[2] Auch die Sprache der Wut und Verzweiflung gerät
in den "Schwärmern" nicht zum Stammeln. Ein typisches Beispiel für die Stilisierung und Steigerung der natürlichen
Sprache, für die pathetische Ausdrucksform und abstrakte
Bildlichkeit ist jene Stelle, wo Thomas von Wut "überwältigt"
die Diwankissen auf den Boden schleudert:

> Legt euch doch auf die Erde...da!...da!...Tut es ab,
> bevor wir weiterreden! Blut durchqualmt euch den
> Kopf! Das noch nicht vereinigte Mark steht in der
> Tiefsee der Körper wie Korallenwald! Vorstellungen
> rinnen hindurch wie die wandernden Wiesen blumen-
> häutiger Fischscharen! Du und Ich pressen sich
> geheimnisvoll vergrössert ans Kugelglas der Augen!
> Und das Herz rauscht dazu! (364)

Dem pathetischen letzten Aufruf folgt in analoger Konstruktion
eine Erinnerung an die konkrete Lage: "Und Josef wartet dazu!!"
Auf derartige Wechsel von emphatischen oder eher problembezogenen Aussagen zu mehr konkret handlungsbezogenen Aussagen wird noch zurückzukommen sein. Zuvor muss auf ein weiteres wesentliches Merkmal des Dialogs in den "Schwärmern"
eingegangen werden, das angedeutet ist in Thomas' Worten: "Tut
es ab, bevor wir weiterreden!"

Kampf um den Dialog
Die Krise der dramatischen Form ist wesentlich dadurch bestimmt,
dass die Voraussetzung des Dramas, die Möglichkeit des Dialogs,
in Frage gestellt wurde. Sprachskepsis und Kommunikationsver-
lust sind zentrale Themen der neueren Dramatik. Diese Problematik noch gekoppelt mit dem Thema der Skepsis gegenüber dem
Handeln ist meisterhaft in einem Konversationsstück gestaltet,
das wie Musils "Schwärmer" 1921 erschien: in Hofmannsthals
Lustspiel "Der Schwierige", das ursprünglich den musilisch
klingenden Titel "Der Mann ohne Absichten" tragen sollte.
Während im "Schwierigen" die gesellschaftliche und gesellige
Konversation einerseits die Missverständlichkeit und Hohl-

heit der Sprache offenbart, andrerseits aber mit der
locker-saloppen Konversationssprache der Skepsis gegenüber
den grossen, anspruchsvollen und belasteten Worten Rechnung
trägt, erfährt die Sprachthematik in den "Schwärmern" eine
überwiegend dramatisch-pathetische Behandlung.
Die Problematik ist grundgelegt in der dramatischen Handlung.
Thomas' Kampf gegen Anselm ist in erster Linie ein Kampf um
einen Dialog mit Anselm. Anselm weigert sich, sowohl mit Josef wie auch mit Thomas zu sprechen. Weil Anselm eine Aussprache, das heisst eine geistige Auseinandersetzung unmöglich macht, verlagert sich der Kampf auf eine andere Ebene.
Thomas wird - wie Musil in der Notiz von 1902 andeutete - gezwungen, zu "banalsten und geistig unfairsten Mitteln" zu
greifen. Unter der Ueberschrift "Zur Apologie der 'Schwärmer'"
(um 1939) spricht Musil von dem Vorwurf gegen Anselm, "dass
er nicht ehrlich den Wettbewerb bestreite". Die Unehrlichkeit,
so erläutert Musil, "besteht aber darin, dass er die Eindrücklichkeit der Affekte benutzt (nur nebenbei, dass er zu diesem
Zwecke lügt), und letzten Endes der den vieren fühlbaren Problematik ausweicht." (T 467)
Im ganzen Stück stehen sich die beiden Rivalen nie allein gegenüber. Anselms 'Antworten' auf Thomas' Herausforderungen
oder Angebote sind immer mehr an Maria als an Thomas gerichtet. Da Anselm sich nicht freiwillig zum Wettkampf stellt,
kommt es zu jenen Szenen, in denen versucht wird, ihn mit
Gewalt zu stellen. So in der Entlarvungsszene und nach dem
Gespräch Anselms und Marias, wenn Thomas - angeblich mit einer Pistole in der Hand - Anselm ein Ultimatum stellt.
Während in den Entwürfen noch ein wirkliches Duell geplant war
(PD 639), ist in den "Schwärmern" nur noch die Farce eines
Kampfes übrig geblieben. Thomas gibt nur vor, er habe seine
Pistole genommen. Sein Kontrahent ist längst durch das Fen-
ster geflohen. Ein Duell - Volker Klotz hat im Duell ein
"wesentliches Grundmuster des geschlossenen Dramas" erkannt -

findet nicht statt; ebensowenig kommt es zu einem wirklichen
Rededuell der beiden Rivalen.[3)]

Anselm wirft Thomas vor, das "Gefährliche" an ihm sei, "dass
er alle überredet" (326). Anselm selbst aber erscheint als
ein Meister der Ueberredungskunst. Mit beschwörenden Worten
spricht er von einem tieferen Leben, das durch Begriffe, Worte
und Ueberlegungen nicht erfasst werden könne. Nicht nur Anselm spricht wortgewandt von dem, was man "nicht sagen, nicht
denken, nicht einmal begreifen kann" (344). Die Schwärmer
analysieren sich so scharfsinnig, sie diagnostizieren so differenziert und formulieren so brillant, dass es scheinen könnte,
nichts bleibe in diesem Stück unausgesprochen, nichts sei für
diese Menschen unsagbar. Aber bei aller Beredsamkeit und For-
mulierungskunst, durch die die Dialoge der "Schwärmer" gekennzeichnet sind, klingen immer wieder Zweifel mit an der
Möglichkeit, Gefühle, Wünsche und Ahnungen in Worten ausdrücken zu können, sich selbst durch Sprache verständlich
machen und sich untereinander durch Sprache verständigen zu
können.

Unaussprechlichkeit

Die Möglichkeit eines adäquaten sprachlichen Ausdrucks für
die inneren Erlebnisse und die Möglichkeit sprachlicher Kom-
munikation werden auf verschiedene Weise in Frage gestellt.
Die Skepsis und Kritik erfährt zumeist eine mehr oder weniger irrationale Begründung.
Anselm hält Maria entgegen: "Sie glauben, es müsse immer alles,
was man tut, aussprechbar und benennbar sein; das ist das Ver-
hängnis Thomas'!" (344) Für ihn gilt ein "namenloser Annäherungszustand" als Bedingung des Erkennens und der Kommu-
nikation. Er vertraut einem ursprünglich unmittelbaren Verstehen ohne Umweg über "Begriffe und Ueberlegungen" (328).
Er feiert eine sprachlos sympathetische Verständigung in einem gemeinsamen "Aufschwingen" (346).

Maria erklärt halb beschämt, halb trotzig Thomas gegenüber:
"Man hat soviel mehr Kräfte als Worte in sich!" (378)
Eine extreme Position nimmt Regine ein, die mit ihrer eigenartigen Logik die Idee von der Subjektivität der Wahrheit
bis zur Absurdität zuspitzt und die Mitteilbarkeit persönlicher Erlebnisse total negiert: "Bei mir ist etwas nur so
lange wahr, als ich schweige." (309) Das Gegenstück zu dieser Aussage bildet Marias Forderung: "dass man mir Worte sagt,
die nur wahr sind, weil ich sie höre" (363).
Die Diskrepanz von innerem Erleben und äusserem Ausdruck, sei
es im Handeln oder Sprechen, wird vor allem an der Gestalt
Regines verdeutlicht und ist zusammengefasst im Motiv von
Regines hässlicher Stimme, mit der sie "innen" schön singt.
Allerdings scheint Musil nicht sehr viel Wert darauf gelegt
zu haben, dieses Motiv - ausser an einer Stelle (369) - auch
theatralisch wirksam werden zu lassen. Seinen Bühnenanweisungen nach zu schliessen, soll Regines hysterisches Schreien im
zweiten Akt für die Zuschauer nicht hörbar sein. Anselm deutet Regines Schreien und ihre Sprachnot mitfühlend:

> Sie singt ja. Es war nicht Lüge, Schmutz singt
> sie! Nicht Erniedrigung vor Schweinen, Manns-
> tollheit. Nicht Schwäche, gekünstelte Ausrede,
> Aberglaube; Kranksein, Schlechtsein. Das kann
> man nur singen. In gewöhnlicher Sprache i s t
> es das gewesen! (348)

Und etwas später:

> Sie konnte mit dem Käfer nicht sprechen und
> steckte ihn in den Mund; sie vermochte mit
> sich selbst nicht zu sprechen und ass sich.
> Sie konnte auch mit den Menschen nie spre-
> chen und fühlte doch - dieses entsetzliche
> Verlangen, sich mit ihnen allen zu vereinen! (350)

Eine ähnliche Deutung findet sich auch in Thomas' Aeusserungen, in denen darüber hinaus eine eher rational begründete
Skepsis gegenüber der Sprache erkennbar wird. In ihnen deutet
sich die Auffassung an, dass Wahrheitswert und Bedeutung einer

Aussage bestimmt sind durch Sprachsystem und Terminologie
(und das dahinter stehende Denksystem), in welchen die Aussage gemacht wird. Die absolute Gültigkeit einer Aussage
wird aufgehoben durch die Sicht ihrer Relativität auf ein
begrenztes Bezugssystem. Von hier her werden die einfachen
und absolut genommenen Gegensätze von wahr und falsch, die
in der dramatischen Auseinandersetzung vor allem in der
Form von Rechthaben und Unrechthaben erscheinen, aufgelöst.
Den Hintergrund bildet das bei Musil oft angeschnittene
Problem von der Möglichkeit verschiedener Wahrheiten.[4]
Als Josef weiterhin hofft, sich durch eine Aussprache mit Regine verständigen zu können, entgegnet ihm Thomas, Regine würde zu Recht gar nicht erst anfangen zu sprechen, da sie ihm
doch nichts erzählen könne als "dumme Abenteuer". Vom Standpunkt und in der Sprache der Moralisten könne man Regine moralische Mängel nachweisen. Ein Arzt würde dasselbe als Ero-
tomanie "oder dergleichen" beschreiben. Beide hätten gleich
recht, aber über die Bedeutung von Regines Abenteuern sei
damit noch gar nichts gesagt.[5]
Thomas selbst gebraucht zwar die Sprache der traditionellen
Seelenlehre, aber er distanziert sich doch ab und zu von ihr,
so wenn er zum Beispiel seinen Worten vom "Wunder der Oeffnung
und Vereinigung" den Nachsatz folgen lässt "Oder wie immer
diese Terminologie es ausdrückt." (317)
In seinem Brief an Josef fordert Thomas programmatisch:
"Wer kein Integral auflösen kann oder keine Experimentaltechnik
beherrscht, sollte heute überhaupt nicht über seelische Fragen
reden dürfen." (386)
Diese Auffassung, die auch diejenige des Autors Musil ist,
scheint jedoch für die Sprachgebung des Stücks, für die Art
wie die Schwärmer - Thomas eingeschlossen - über seelische
Fragen reden, ohne besondere Konsequenzen geblieben zu sein.[6]
Die weitgehende Uebereinstimmung in Wortschatz und Diktion bei
Thomas und Anselm ist dafür charakteristisch. Trotz der mehr-

fach geäusserten Zweifel an der Möglichkeit einer adäquaten
sprachlichen Selbstdarstellung als Voraussetzung einer Verständigung untereinander, trotz des aufbrechenden Bewusstseins von der Unzulänglichkeit, Missverständlichkeit und
Mehrdeutigkeit der Sprache, zeugen die Dialoge der Schwärmer
letztlich doch von einem Vertrauen in die Brauchbarkeit und
Leistungsfähigkeit der klassischen Bildungssprache, der 'gehobenen' Umgangssprache, des 'poetischen' Ausdrucks.[7]
Im folgenden soll versucht werden, die wichtigsten Stilmerkmale der Sprache in den "Schwärmern" kurz darzustellen.
Einige für Musils epische wie auch für seine dramatischen Werke
in gleicher Weise charakteristische Stilmerkmale sind in der
Forschung schon eingehender behandelt worden. So der häufige
und verschiedenartige Gebrauch des Konjunktivs, die Gleichnisrede und poetische Bildsprache sowie die paradoxale und
aphoristische Aussageform.[8] Wir können uns daher hierzu auf
einige Beispiele und kurze Anmerkungen beschränken.

Möglichkeitsform

In grammatischer Entsprechung zur zentralen inhaltlichen Gegensätzlichkeit von Wirklichkeit-Unwirklichkeit und Wirklich-
keit-Möglichkeit tritt auch in unserem Drama zur indikativi-
schen Aussageform ein auffallend häufiger Gebrauch des Konjunktivs als Irrealis oder Potentialis.
Wünsche, Vorstellungen, Hypothesen, Ahnungen und zögernd ausgesprochene Annahmen sind immer wieder konjunktivisch formuliert.
"Es gibt Menschen, die immer nur wissen werden, was sein
könnte": Die grammatische Signatur dieses Möglichkeitssinns
ist, wie Albrecht Schöne schreibt, der Conjunctivus potentialis,
experimentalis und der Conjunctivus utopicus.[9]
Die Form des experimentellen Konjunktivs, die Schöne in Musils
Roman hervorhebt, ist (wie auch die Idee eines methodisch-
experimentellen Lebens) im Drama noch nicht so ausgeprägt.

Schöne zeigt an Beispielen aus den Gesprächen der Geschwister
auf, wie Experimente, die man auch wirklich durchführen könnte,
im Denken und in der Vorstellung durchgespielt werden.
Am Schluss der "Schwärmer" steht eine der typischen konjunkti-
vischen Wenn-dann-Ueberlegungen, die, allein in der Phantasie
möglich, nicht vom Konjunktiv in die indikativische Wirklichkeit übersetzt werden kann: "Wenn man nachher an seiner eigenen Leiche stehn könnte, würde man sich der Voreiligkeit schämen. Denn die Gelsen würden (...)." (401)
Ein Beispiel für die konjunktivische Formulierung irrationa-
ler Alternativen zum tatsächlichen Geschehen sind Anselms
Worte nach seiner Demaskierung: "Warum sind Sie nicht fort ...!
Es wäre zu alldem nicht gekommen. Ich wäre ein guter Mensch
gewesen." (371)
Gefühle und Stimmungen, die nicht der gegenwärtigen Wirklichkeit 'entsprechen', werden immer wieder konjunktivisch umschrieben: Thomas: "Wenn ich dich so ansehe, ist mir, als ob
ich schon einem andren von dir erzählen würde (...) Eine Dreh-
orgel könnte unten spielen. Es könnte Sonntag sein." (383)
    Bemerkenswert ist, dass gleich zu Beginn des Stücks die
konjunktivische Redeweise zweimal verdächtig gemacht und verspottet wird: Thomas: "Aber er (Anselm) sagt gar nicht: es
ist, nur (eine empfindsame Ausdrucksweise nachäffend): Es
könnte ja sein ... Für ein Uebermass von Gefühl." (31o)
    Als die Mertens Anselm verteidigt: "Er hätte sich beinahe
getötet", fragt Thomas dekuvrierend zurück: "In der Tat? Hätte
sich? Und beinahe?" (313)
Schon in der nächsten Szene gebraucht Thomas jedoch, um seine Empfindungen auszudrücken, genau dieselbe Redeform: "Weil
ich mich beinahe aufgekniet hätte wie ein Einsiedler!" Er
fügt dann aber bald darauf in der Wirklichkeitsform hinzu:
"(Man) Kniet sich nicht einmal wirklich auf." (316)

Wirklichkeit als Gleichnis und Gleichnisse der Wirklichkeit

In Musils Roman und in seinen Essays spielt bei der Reflexion
über Kunst und die Bedeutung der Kunst für das rechte Leben
der vieldeutige Begriff des Gleichnisses eine besondere Rolle.
In den "Schwärmern" sagt Thomas an einer Stelle:

> Alles, was sie (die Wissenschaftler) seit Jahr-
> hunderten machen, ist kühn als Gleichnis einer
> ungeheuren, abenteuerlichen neuen Menschlich-
> keit. Die niemals kommt. (394)

In diesem Beispiel steht Wirkliches als Gleichnis utopischer
Möglichkeiten. Indem Wirklichkeit als Gleichnis verstanden
wird, ist Auslegung, Deutung postuliert. Hierher gehört das
Suchen der Schwärmer nach 'Bedeutung' über die Frage nach dem,
was "wirklich" und "wahr" ist, hinaus.[10] Hinter der Auffassung
des Wirklichen als Gleichnis steckt nicht zuletzt Geringschätzung
der Realität. Die romantisch-unpragmatische Betrachtung der For-
schertätigkeit ist dafür ein einigermassen bestürzendes Beispiel.

Ueber die positive Seite dieser Anschauungsweise schreibt Renate Heydebrand: "Wirklichkeit in dieser Art als Gleichnis zu
begreifen, ist eine Form des Möglichkeitssinns."[11]
Wird einerseits die Wirklichkeit als Gleichnis dessen verstanden, was sein könnte, so kann andrerseits das Gleichnis - dies
ist der zweite Aspekt von Musils Gleichnisbegriff - das, was
ist, einen Wirklichkeitszusammenhang, der begrifflich nicht
adäquat erfassbar ist, lebendig veranschaulichen.
Gleichnis steht in diesem Sinn bei Musil oft in der Bedeutung
von 'Bild' als Ueberbegriff für Symbol, Vergleich oder Metapher. So gesehen steht, wie Renate Heydebrand schreibt, das
Gleichnis "der Eindeutigkeit gegenüber und ist mehr als diese,
der Wirklichkeit angemessener. In diesem Sinne dient es als
ausgezeichnetes Mittel der Kunst, Wirkliches in seiner Komplexität wenigstens verhüllt darzustellen."[12]
Auch die Darstellung des Wirklichen durch Gleichnisse liesse

sich vom Möglichkeitssinn her begründen, so wie Thomas ihn
beschreibt: "Alles war wieder allem verwandt und darein ver-
wandelbar". Der romantische Aspekt einer natürlichen Verwandtschaft alles Geschaffenen wird bei Anselm noch stärker
betont.

Ueber die Bedeutung des Gleichnisses schreibt Musil in seinem Roman: "(die) vielfältigen Beziehungen des Menschen zu
sich und der Natur, die noch nicht rein sachlich sind und
es vielleicht auch nie sein werden, lassen sich nicht anders
begreifen als in Gleichnissen." (MoE 593) Die Gleichnisrede
entspricht nach Musil dem ursprünglicheren Zustand des Menschen und der Sprache. Aus Gleichnissen wurden eingeschliffene Metaphern, und die Begriffe schliesslich sind "nichts als
erstarren gelassene Gleichnisse" (MoE 574).

Das Verhältnis von Gleichnis, Wirklichkeit und Wahrheit ist
an der folgenden Stelle reflektiert, die indirekt auch die
Problematik einer 'Interpretation', einer Auflösung der
Gleichnisse benennt:

> Ein Gleichnis enthält eine Wahrheit und eine
> Unwahrheit, für das Gefühl unlöslich mitei-
> nander verbunden. Nimmt man es, wie es ist,
> und gestaltet es mit den Sinnen nach Art der
> Wirklichkeit aus, so entstehen Traum und
> Kunst, aber zwischen diesen und dem wirk-
> lichen, vollen Leben steht eine Glaswand.
> Nimmt man es mit dem Verstand und trennt das
> nicht Stimmende vom genau Uebereinstimmenden
> ab, so entsteht Wahrheit und Wissen, aber
> man zerstört das Gefühl." (MoE 581f.)

Wie in den "Schwärmern" Fühlenwollen und Wissenwollen gegen-
einanderstehen, so ist die Sprache gekennzeichnet durch ein
hartes Nebeneinander wuchernder, oft dunkler Bildlichkeit und
begrifflich-abstrakter Rede: durch Wechsel und Verflechtung
metaphorischen und eigentlichen Sprechens.

In ihrer Bildlichkeit sind die "Schwärmer" Musils bilderreich-
stem Werk, den "Vereinigungen", verwandt.[13)]

Die meisten Bilder sind dem Bereich der Natur entnommen.
Manche Vergleiche und Metaphern werden - nicht gebunden an
eine bestimmte Person - wie Motive eines Ornaments mehrfach
wiederholt. So zum Beispiel 'Fisch' für das widerwärtig Feind-
liche und den Bereich des Sexuellen; 'Pflanzen' für die natürliche Verbundenheit und das Willen- und Kampflose, das
zum "anderen Zustand" gehört; 'Sterne' (und die Lichtsymbolik
überhaupt) für das, was lockend oder richtungsweisend uner-
reichbar ist.
Einzelne Vergleiche sind breiter ausgestaltet und nähern
sich der Gleichniserzählung, so Anselms Bericht über sein
Erlebnis mit dem 'Lebensbaum' (319f.) oder Thomas' Beispiel
vom verlorenen Stopfholz (362).
Bei der Beschreibung unbestimmter Gefühle wird häufig die
relative Eindeutigkeit eines Einzelbildes aufgehoben durch
assoziative Reihung verschiedener Vergleiche und Verflechtung
verschiedener Bildbereiche.
Zahlreich sind die Beispiele für eine Verbindung von ausdruck-
starker Bildlichkeit und aphoristischer Form wie: "Jeder
Mensch kommt grausig zu seinem Bruder wie ein Fisch zur
Leiche. Und jeder trägt ein Meer um sich!" (342)

Aphorismen: Zitat und Variation

Im zweiten Akt zitiert Josef einige Stellen aus Regines Tage-
buch und erklärt dazu: "Ich sage dir: solche Aphorismen hätte
Regine aus eigenem nie in ihrem Leben gemacht." (359)
Aehnlich wie die klassischen Dramen durch ihre Maximen und
Sentenzen werden die "Schwärmer" durch die Vielzahl der apho-
ristischen Formulierungen zu einem reichen Zitatenschatz. Die
Aphorismen muten teilweise - und zwar schon beim ersten Lesen -
'zitathaft' an. Jörg Jesch fragt sich wohl deshalb in seinem
Aufsatz, ob sich darin, dass fast jede Dialogphase in einen
Aphorismus mündet oder sich aus ihm entwickelt, Musils "er-
klärte Absicht" zeige, "in den 'Schwärmern' Menschen ganz
aus Zitaten zusammenzusetzen." In dieser Form ist die Frage,

weil falsch gestellt, sicherlich zu verneinen.[14] Musil
stellte sich die Aufgabe, einen Menschen ganz aus Zitaten
zusammenzusetzen nicht im Zusammenhang mit den "Schwärmern".
Die betreffende Notiz entstand um 1920 im Rahmen der Vorarbeiten zum Roman (T 226). Was Musils Bühnenwerke anbelangt,
so ist das Verfahren, die Aussagen einer Person weitgehend
auf nichtpersönliche Aeusserungen, Phrasen, Schlagworte,
Allgemeinplätze, Zitate zu reduzieren, viel eher in Musils
Posse bei den "bedeutenden Männern" und teilweise auch bei
ihrer Freundin Alpha angewandt worden. Solcher Montage
liegt satirische Absicht zugrunde. Etwas von dieser Methode
und der satirischen Intention erkennt man in den "Schwärmern"
an den Redensarten der Nebenfiguren, in manchen Allgemeinplätzen Marias wie "Frauen lieben tiefer" (384) und auch in
den Reden Anselms, dessen 'aussergewöhnliche' Gefühle und
Ideen als Allerweltsgefühle und -ideen entlarvt werden
sollen.

Aber auch Anselm spricht nicht nur in Klischees und Phrasen
der erbaulichen Literatur. Wesentlich ist in den "Schwärmern"
gerade der Gegensatz von persönlichen, nicht-nur-persönlichen
und unpersönlichen Aussagen.

Mit der Abkürzung 'unpersönlich' sollen Gemeinplätze und gängige
Meinungen bezeichnet sein wie: "Ein Kutscher der bei seinen
Pferden schläft, weiss von der Welt mehr" (als der Wissenschaftler). (340) Unter 'nicht-nur-persönlich' sollen hier diejenigen Aussagen mit verallgemeinernder Form verstanden werden,
deren Bedeutung von den Personen (neu) erlebt, aber nicht an
das momentane Erleben und auch nicht an eine einzelne Person
gebunden ist, und deren Aussagegehalt ausserdem nicht gerade
zum Allgemein- und Durchschnittsgut gehört, aber, da es sich
um menschliche Grundfragen handelt, auch nicht unbedingt
völlig neu sein kann. Wir haben hier einige Bestimmungen dessen gegeben, was Musil unter "Ideen" (nur bedeutende verdienen für ihn diesen Namen) versteht. In seinem Aufsatz "Symptomentheater I" definiert Musil Ideen als Vorstellungen aus

Geist, wobei Geist als eine Mischung aus viel Verstand und viel Gefühl beschrieben wird. Die Ideen als Vorstellungen aus Geist sind zwar danach "aus der Mutterlauge des Gefühls niemals ganz auszukristallisieren", aber sind doch so weit objektiviert, dass sie ein quasi überpersönliches Eigenleben gewinnen.[15]

Musil forderte ein "Ideendrama, das nicht diffuses Licht auffängt, sondern Menschen durch bestimmte geistige Strahlen bewegt, die, nebenbei bemerkt, von ihnen selbst ausgehen müssen" (Mth. 178).

Solche bestimmte geistige Ideen, von denen die Personen geleitet werden und die zugleich von ihnen ausgehen, sichtbar zu machen, dies ist die erste und wichtigste Funktion der Aphorismen im Drama. Gerade die Form des Aphorismus - kurzer, prägnanter sprachlicher Ausdruck eines isolierten Gedankens mit betonter Subjektivität des Urteils im Verein mit einem (scheinbaren) Anspruch auf allgemeine Geltung - ist geeignet, das wechselseitige Bestimmungsverhältnis von Person und Idee zum Ausdruck zu bringen.

Zunächst stehen den rein persönlichen Aussagen echte Aphorismen gegenüber; die Ich-, Du-Sätze heben sich ab von den allgemeinen Formulierungen, zum Beispiel den mit "Jeder Mensch" und "Man" eingeleiteten Aphorismen.[16] Daneben gibt es die verschiedensten Uebergänge aphoristischer oder aphorismusähnlicher Ausdrucksformen zwischen persönlicher Selbstaussage ("Ich muss mich damit begnügen, mich zwischen die beiden Stühle Wissen und Nichtwissen auf die Erde zu setzen." 388) und allgemeinen Platitüden ("Die Wahrheit festzustellen, erhebt über niedrige Begleitumstände." 381).

In der variierenden (nicht-zitierenden) Wiederholung mancher Aphorismen zum Beispiel Thomas' und Anselms über Tugend und Laster zeigt sich, dass die Ideen nicht fest an eine bestimmte Person des Stücks gebunden sind. Wieweit die Personen zu Sprechern von Ideen werden, lassen Stellen wie die folgende erkennen, wo ganze Aphorismenreihen mit verteilten Stimmen aufgesagt werden:

Thomas: (...) wahres Gefühl und falsches sind wohl
        am Ende beinahe das gleiche.
Regine: Es gibt Menschen, die wahr sind hinter Lügen
        und unaufrichtig vor der Wahrheit.
Thomas: Man findet einen Gefährten und es ist ein Be-
        trüger! Man entlarvt einen Betrüger und es
        ist ein Gefährte!   (373)

Dort, wo im Drama das Wort "Aphorismen" fällt, werden Ideen
Regines, von denen Josef vermutet, sie stammten von Anselm,
als Zitate aus dem gelben Tagebuch eingeführt. Die Farbe des
Tagebuchs könnte eine Anspielung auf die Lieblingsfarbe
Nietzsches sein. Ob der Leser diese und andre Aphorismen als
'Zitate' empfindet, hängt natürlich davon ab, inwieweit er
sich an in Inhalt und Klang ähnliche Stellen etwa bei Emerson
oder Nietzsche erinnert fühlt. Man muss dabei bedenken, dass
die "Schwärmer" in einer Zeit und für eine Zeit geschrieben
wurden, in der es zum guten Ton gehörte, Emerson und Maeterlinck zu lesen; Nietzsches Wirkung erreichte damals einen
Höhepunkt, und in den Kulturzeitschriften wurden die Themen
'Lebenserneuerung' und 'Lebenssteigerung' ausgiebig diskutiert. Anders als in Musils Roman gibt es in den "Schwärmern"
anscheinend keine direkten und wörtlichen Zitate. Die Väter
der Ideen werden auch nicht wie im Roman genannt.[17] Die
dramatische Wirklichkeit bleibt auch in dieser Hinsicht,
zumindest äusserlich, in sich abgeschlossen ohne ein direktes
Sich-Beziehen auf historische Wirklichkeiten.[18]
Das Zitieren innerhalb des Dramas erfüllt verschiedene Funktionen. Sowohl das Zitieren aus Schriftstücken (Tagebuch, Mappe,
Briefe) als auch die Wiederholung von Aphorismen ermöglichen
es, mit der Aussage beziehungsweise ihrer Repetition zugleich
auch die Reaktion des Zitierenden zu zeigen.
Dort, wo Josef aus Regines gelbem Buch zitiert, heisst es in
einer Anmerkung: "er nimmt diese Worte förmlich in die Hand
wie einen unverständlichen Mechanismus" (359).
Thomas wiederholt im dritten Akt "nachspottend" dieselben
Worte, die Anselm im ersten Akt "wie bedroht" ausspricht (321
und 378). An anderen Stellen werden Aphorismen nicht wörtlich,

sondern leicht abgewandelt zustimmend oder ablehnend wiederholt oder in Form persönlicher Aussagen angegriffen. So sagt
Thomas zum Beispiel: "Das menschlichste Geheimnis der Musik
ist ja nicht, dass sie Musik ist, sondern dass es mit Hilfe
eines getrockneten Schafdarms gelingt, uns Gott nahe zu
bringen." (375)
Maria dagegen: "(ich habe ein Recht darauf) Dass mich Musik
führt, nicht dass man mir sagt: vergiss nicht, hier wird ein
Stück getrockneten Darms gekratzt!" (363)[19]
Eine ganze Reihe verschiedener teils widersprüchlicher Aphorismen hat die Themen Lüge, Wahrheit, Grösse zum Gegenstand.
Dreimal wird leicht abgewandelt wiederholt: "Man ist nie so
sehr bei sich, als wenn man sich verliert." (359, 364 und 373)
Der Gedanke, der hier "das gewissermassen verantwortungslose
Leben des Aphorismus" führt,[20] wird durch zahlreiche andere
Aussagen verschiedener Personen etwa über Identität und Ver-
einigung relativiert, interpretiert und in immer neue Zusammenhänge gestellt. Aehnlich der Ornamentik der Bilder
entsteht so durch Zitat und Variation der Aphorismen zusammen mit den korrespondierenden Stellungnahmen ein reiches
Geflecht von Gedanken. Im "dichterischen Ideenmosaik" sind
die Aphorismen gleichsam die besonders leuchtenden Steine.
Die Bezeichnung "Ideenmosaik", die Musil in den Theaterkritiken manchmal verwendet, scheint besser geeignet, die
"Schwärmer" zu charakterisieren als der Begriff "Ideendrama",
an den sich doch recht bestimmte Vorstellungen knüpfen.
Musil selbst nennt Hebbel als letzten bedeutenden Vertreter
des Ideendramas. Im Ideendrama ist eine grosse Idee oder
zumindest ein einheitlicher Ideenkomplex bestimmend. Bei
Hebbel etwa die Tragik der Individuation. Der geschlossenen
Weltanschauung des Ideendramas entspricht philosophisches
Systemdenken. Das Aphoristische ist die Ausdrucksform jener Denker, denen eine geschlossene Weltanschauung und jedes System fragwürdig geworden sind.[21] Im Aphorismus ist

die Idee subjektiv formuliert; er zeigt eine Ansicht, einen
Aspekt der Idee, vielleicht einen neuen. Das Fragmentarische
des Aphorismus und die (scheinbare) Widersprüchlichkeit in
Aphorismensammlungen - und so auch der Aphorismen im Drama -
sind Ausdruck perspektivischen Denkens. Auch der prägnante-
ste Aphorismus des Dramas gibt nicht das, was Maria sucht:
das Leben in einen Gedanken gepresst (384), sondern immer
nur einen der widersprüchlichen Aspekte des widerspruchsvollen
Lebens.

Auch ausserhalb der eigentlichen Aphorismen ist die Sprache
des Stücks durch zahlreiche paradoxale Ausdrucksformen geprägt wie "fade Klarheit", "mittendrin Ausgeschlossene",
"schweigen hören", "Heimweh,aber ohne Heimat", "Liebe ist
gar nie Liebe", oder "So ausserordentlich körperlich zwischen
uns allen ist es, wie du Maria geistig beherrschst."
Gerade durch die Pointierung eines Gedankens erhalten die
Aussagen oft etwas rätselhaft Ungreifbares.

Am Ende des zweiten Aktes, wenn Thomas und Regine ihre paradoxen Aphorismen über Wahrheit und Lüge aufsagen, entgegnet
Maria zweimal: "Ich verstehe kein Wort." Und auf Anselms
Worte "Wenn ein Mensch einen andren verleitet, ihm Böses zu
tun, ist er schuld ", reagiert Thomas: "Das ist zwar natürlich wieder nur so gesagt, aber - " (373).

Auf das hypothetische Sprechen in der Möglichkeitsform, auf
die verschlüsselte Gleichnisrede wie auf die aphoristisch-
paradoxen Aussagen trifft vielfach zu, was Maria einmal Anselm entgegnet:

> Ich kann mir sehr gut denken, was Sie meinen.
> Aber in dem, was Sie sagen, steckt doch auch
> etwas, das sich sofort verflüchtigt, wenn man
> es beim Wort nehmen wollte. Etwas Unwirkliches. Etwas
> Unglaubwürdiges.   (328)

Pathetischer Stil

In den Reden der Schwärmer vom Unaussprechlichen schwingt neben Misstrauen und Scheu deutliche Begeisterung mit. Man könnte

es kurz Unsagbarkeitspathos nennen.[22] Als unsagbar gelten
vor allem zwei Bereiche: die Innenwelt, der "tiefste Grund"
des Menschen, und der Bereich des Utopischen. Typische Umschreibungen dafür sind: "es ist etwas in dir" und "etwas
kommt noch". Die Schwärmer beschwören das "Unvorhergesehe-
ne", das "Unbekannte", das "Unbegreifliche" und immer wieder
das "Geheimnis". Das Verhältnis des Menschen zu diesem Unbekannten ist bestimmt durch "Ahnung", "Erwartung" aber auch
"Angst".
Der pathetische Stil manifestiert sich in der Häufigkeit und
Häufung attributiver Beiworte wie: unsagbar, unausdrückbar,
unbeschreiblich, unbenannt, namenlos. Zu dieser Gruppe gehören auch die teils mehrmals verwandten Bestimmungen: unerklärlich, unbegreiflich, unbekannt, unbestimmt, unermesslich, übergross, jenseitig, wunderbar, unsichtbar, dunkel,
geheimnisvoll. Zwölfmal findet man zum Beispiel Verbindungen
mit "ungeheuer". So im folgenden Ausspruch Thomas':"Das
Menschliche lag in seiner ganzen, ungeheuren, unausgenützten,
ewigen Erschaffungsmöglichkeit in uns!" (309)
Neben solcher steigernden Adjektivhäufung sind viele super-
lativische Wendungen anzutreffen wie: innerste Kräfte, un-
erhörteste Erlebnisse, im wesenlosesten Dunkel, das
menschlichste Geheimnis.
Ein weiteres Merkmal des pathetischen Stils neben dem Unsagbarkeitspathos ist der häufige und emphatische Gebrauch
'grosser Worte'. Gemeint ist besonders der Einsatz von Ab-
strakta, die aufgrund ihrer Geschichte, ihres Gewichts und
ihrer Bedeutungsweite bald in ihrem Sinn unauslotbar und
erhaben, bald abgenutzt und nichtsmehrsagend wirken können.
Schon an einer kleinen Auswahl solcher Signalwörter lässt
sich ablesen, wie anspruchsvoll und weitgespannt der Themen-
kreis des Dramas ist: Liebe, Freundschaft, Menschlichkeit,
Leben, Glaube, Wahrheit, Seele, Tugend, Grösse. Auffallend
häufig sind "Wirklichkeit" - "wirklich" und dazugehörende

Gegenbegriffe und Zusammensetzungen wie "Nochnichtwirklichkeit"; dann "Kraft" und "Kräfte" (knapp dreissigmal) und
- ebenso wie "Glaube" - "Gefühl". Stellvertretend sei das
letzte Beispiel etwas weiter ausgeführt.[23] "Gefühl" und
"fühlen" kommen je rund vierzigmal vor. Teilweise stehen
dabei "ich habe das Gefühl" oder "ich fühle" im abgeschwäch-
ten Sinn von 'vermuten'. Häufiger liegt auf den Worten besondere Betonung wie bei "ich muss fühlen" oder "du fühlst
das!!". Relativ selten sind die Adjektivformen: zweimal
"fühllos", viermal "gefühllos" und einmal "gefühlsundurch-
lässig". Charakteristisch ist die Wendung "Lieber scheinbar gefühllos".
Hinzu kommen zahlreiche teils ungewöhnliche Zusammensetzungen, mit denen die Gefühle genauer bestimmt oder umschrieben werden: Ferngefühl, Brudergefühl, Zartgefühl, Schamgefühl, Sympathiegefühl, Heimatgefühl, Mädchengefühl, Morgen-
gefühl. (Ausserdem findet man noch: Gefühlsbezeugung und
Gefühlsschüttler.) Eine breite Skala adjektivischer Bestimmungen zeigt das Bestreben, zu differenzieren, zu variieren
oder grössere Nachdrücklichkeit zu erreichen. So werden
Gefühle charakterisiert als: papierdünn, kurz, lockersitzend,
richtungslos, fertig, übertrieben, hässlich, falsch, wahr,
wirklich, echt, menschlich, unerklärlich, geheimnisvoll,
herrlich und gross.
Wie Musil in einer Tagebuchnotiz mitteilt, stimmte er
schon früh der "Verdammung der Substantivierungen" zu und
machte sich die "Bedeutung des Zeitworts für den Stil" bewusst. Er fügt hinzu, es habe ihm aber immer Schwierigkeiten bereitet, sich nach dieser Einsicht zu richten, und die
nötigen Umstellungen habe er oft gar nicht zuwege gebracht
(T 450).
In den "Schwärmern" haben wir einen ausgeprägten Nominal-
stil vor uns, der die Tendenz zu rationalisierend abstrakter
sowie zu pathetischer Ausdrucksweise anzeigt.

Die 'nominale Raffung'[24] schwieriger Sachverhalte durch
Substantivgruppen und mehrgliedrige Zusammensetzungen lässt
den Eindruck einer für gesprochene Rede stellenweise etwas
kompliziert schwerfälligen, im Ganzen sehr geballten Sprache
entstehen. Bei den Substantivgruppen treffen wir vor allem
Reihung und Genitivkonstruktionen. Zum Beispiel: "kein Gefühl, kein Gesetz, keine Grösse", "Eine Ahnung von Anders-
seinkönnen" oder "Wirrsal von Wahrheiten, Wünschen, Gefühlen". Der Hang zu Substantivierungen führt zu einer Menge
von Bildungen wie "Totsein", "Fremdsein", "Beschleimtwer-
den"; auch zu so gestelzten Ausdrücken wie "unter dem Atem-
anhalten" (Regine) oder "Wiederverehelichung" (Thomas!) und
zu umständlichen Formulierungen wie: "Ich erscheine mir
manchmal wie ein Entsprungener, ohne Halt abwärts Gehetzter".
Nähe zur Philosophensprache bekundet sich beispielsweise
in Formen wie "Gutseinwollen", "Nichtverstehenkönnen" oder
"Nichtalleinbleiben" und den getrennt und ohne Bindestrich
geschriebenen Satzinfinitiven wie "Mit seiner Weisheit am
Ende sein" oder "dieses traumhaft einfache einen Menschen
hineinziehen". Unter den Zusammensetzungen begegnet man Bildungen wie "Menschenerlebnisse", "Menschenantlitz", die allerdings nicht immer die Sprache einer bestimmten Person,
in diesem Falle Anselms charakterisieren. Neben Kompositio-
nen wie "Mit-Nichtmensch" oder "Sozusagen-Verzweiflungsszene" liessen sich zahlreiche aussage- und bildkräftige Zusammensetzungen, darunter manche kühne Neubildungen, aufzählen. Einige Beispiele sind: Tragtierverständigkeit, Ver-
dauungsfreude, Tatzenmensch, Fleischtürme, Ekelbilder, Urin-
rausch, Weltmagen, Seelengeruch.
In der erwähnten Tagebuchstelle über seinen Kampf gegen die
'Substantivitis' spricht Musil selbst von den "verführerischen
Schwächen" der Sprache Nietzsches (T 450). Von allen Werken
Musils stehen die "Schwärmer" nicht nur inhaltlich - besonders
in Bezug auf den Aspekt von Kraft und Stärke - sondern auch

sprachlich Nietzsche am nächsten. Die verschiedenen Merkmale findet man selbstverständlich auch in anderen Werken
Musils, doch kaum jemals mit soviel von Nietzsches Pathos.
Nur die "Schwärmer" entsprechen weitgehend der Forderung, die
Nietzsche in seiner Vorrede des "Willen zur Macht" formuliert: "Grosse Dinge verlangen, dass man von ihnen schweigt
oder gross redet: gross, das heisst zynisch und mit Unschuld."[25]
Der gewaltige Einfluss Nietzsches, leicht abzulesen an der
Formulierung mancher Aphorismen, ist selbst im Detail zu erkennen. So sind, um nur ein kleines Beispiel zu nennen, die
Wendungen wie "Schüchterner, du, Gescheuchter" (342) oder
"Du Beschädigter! Schäbiger" (372) deutlich den besonders
im Zarathustra gehäuften Formeln nachgebildet wie "Zer-
brechlicher, Zerbrochener", "Sucher, Versucher" oder
"Schweifender, Schwärmender". Direkte Uebernahmen findet man
jedoch in den "Schwärmern" nicht, und man kann gewiss auch
nicht von epigonaler Nachahmung sprechen.

Expressionismus?
Man hat die Sprache der "Schwärmer" verschiedentlich "expressionistisch" genannt. Karl Otten nahm das Stück in seine Anthologie expressionistischer Dramatik "Schrei und Bekenntnis" auf. (Seltsamerweise ist dort gerade nicht wie
man vermuten würde der zweite, sondern der sicherlich am
wenigsten 'expressionistische' dritte Akt abgedruckt. Im
dritten Akt tritt ja auch Anselm, der mit messianischem Pathos
Menschenliebe verkündet und der, wie Thomas sagt, "Bruderge-
fühle für alle Welt" zeigt, nicht mehr auf.) Man kann zwar
gewisse Aehnlichkeiten mit der Sprache sogenannter expressionistischer Dramen feststellen; Musil stand trotz
seines erklärten Konservatismus in Form- und Stilfragen nicht
völlig ausserhalb der literarischen Strömungen seiner Zeit.
Aber die Klassifizierung der "Schwärmer" als expressionistisch

trägt weder viel dazu bei,dieses Stück zu charakterisieren,
noch dazu,den Expressionismusbegriff zu klären, der gerade
in der Expressionismusforschung immer fragwürdiger wird.
Armin Arnold beispielsweise erklärt sehr deutlich: "Auch
im Drama ist kein expressionistischer Einheitsstil zu finden" und:"Hier sprachlich mehr Gemeinsames als den Willen
zur Aenderung finden zu wollen, wäre verlorene Mühe."[26]
Einige hervorstechende Merkmale, an die man bei expressionistischer Dramatik normalerweise zuerst denkt, sind Sprach-
verzerrung, Stammeln, Ueberwiegen parataktischer Fügungen,
Telegrammstil, Reihung von Ausrufen. Für die "Schwärmer"
haben wir die stark stilisierte Sprache hervorgehoben.
Auch in den "Schwärmern" fällt die grosse Anzahl von Ausrufezeichen auf. Sie markieren jedoch seltener echte Aus-
rufe. Meist unterstreichen sie die Gewichtigkeit einer
Aussage und sind so Anweisungen für die Sprechweise der
Schauspieler. Dasselbe gilt auch für ein anderes Satz-
zeichen, den Punkt,der nicht immer das Satzende angibt
und oft nur scheinbar elliptische Sätze voneinander trennt.
Was vom optischen Bild her zunächst wie eine Reihung von
Kurzsätzen aussieht, ist in Wirklichkeit häufig ein länge-
res Satzgefüge, in dem Punkte (oder Ausrufezeichen) anstelle
des Kommas stehen. Diese Zeichensetzung signalisiert, dass
die Aussage eines Nebensatzes keineswegs nebensächlich erscheinen darf. Indem grammatisch untergeordnete Gliedsätze
in ihrem Gewicht dem Hauptsatz gleichgestellt sind und durch
Pausen von ihm abgehoben werden, entsteht wie bei der Ellipsen-
und Kurzsatztechnik lebendige Rede; es entsteht der Eindruck
eines erregten, nach Worten ringenden Sprechens. Durch die
hypotaktische Fügung bleibt dabei die Durchsichtigkeit auf
die verschiedenartigen logischen Relationen zwischen den
Einzelaussagen gewahrt.
Neben diesen Sonderformen und neben echter Parataxe, ellipti-
schen und kurzen Sätzen stehen gewöhnliche hypotaktische

Gefüge mit der üblichen Zeichensetzung. Oft sind dabei
gleichartige und parallel gebaute Nebensätze gereiht, zum
Beispiel dass-Sätze, in denen gleichsam nachstossend eine
Aussage mehrmals umformuliert oder erweitert wird.
Hypotaxe wie auch die nominale Raffung erlauben es, komplexe
Sachverhalte zu fassen und Zusammenhänge darzulegen, wozu
sich Telegrammstil und Exklamation schlecht eignen würden.[27]
In Ergänzung zur Form aphoristischer Verkürzung treten
längere Satzperioden vor allem dort auf, wo Entferntes in
Beziehung gesetzt und zwischen Gegensätzen vermittelt wird,
wie zum Beispiel in den mit "ob" eingeleiteten Perioden.
In solchen ausschweifenden Perioden in Verbindung mit apho-
ristisch knappen Formulierungen - besonders in längeren Re-
deteilen einzelner Personen etwa im dritten Akt - erkennt
man den Stil des Essayisten Musil. Manche der längeren (durch-
schnittlich halbseitigen) Reden Thomas' sind komprimierte in
sich abgerundete Kurzessays. Es folgt darauf jeweils eine
sehr kurze Replique des Gesprächspartners meist mit emotionaler Ablehnung oder Ausflucht, jedenfalls nie ein Gegen-
essay oder eine Diskussion. Auch in Bezug auf den Wortschatz
der "Schwärmer", den relativ unbefangenen Gebrauch komplexer
Begriffe, im Spiel mit der Mehrdeutigkeit und dem Vermeiden
einer Terminologie könnte man vielleicht Kennzeichen für die
Sprache des Essayisten sehen. Der wesentliche Unterschied
liegt auch hier im Pathos des Dramas.
Wir gingen bei unserer Darstellung des pathetischen Stils aus
von der Häufigkeit und Häufung der 'grossen Worte'. Zur Ver-
anschaulichung sollen zum Schluss zwei sehr deutliche Beispiele stehen, an denen sich auch mehrere der beschriebenen
Merkmale wie Akkumulation, Substantivierungen und eigenwilli-
ge Zeichensetzung beobachten lassen.
Beim ersten Beispiel handelt es sich um eine Verflechtung
hypostasierter Begriffe. Auf Marias Vorwurf, er habe wahrscheinlich alle seine vielen Freunde und Geliebten gehasst,
antwortet Anselm:

Dann wissen Sie: aus Ungeduld. Aus Schwäche,
die nicht länger warten will. Aber die Enttäuschung schon in sich trägt. Den Hass schon
in sich trägt; der nur aus Angst versucht,
Liebe zu werden! (365)

Die folgende Stelle stammt aus Thomas' kurzem Monolog. In
pathetischer Frage sind Signalwörter gereiht, von denen jedes für eines der an verschiedenen Stellen des Stücks aufge-
worfenen Probleme steht:

Wo ist Seele, Ordnung, geistiges Gesetz? Zu-
sammengehören, Begriffenwerden, Ergreifen?
Wahrheit, wirkliches Gefühl? Der Abgrund des
stummen Alleinseins schluckt sie wieder ein! (362)

In der Antwort -Abgrund schluckt- zeigt sich der Uebergang
von begrifflicher zur bildlichen Sprache.

Es ging hier darum, anhand von Einzelbeobachtungen Merkmale
des pathetischen Stils aufzuzeigen, der das Drama von allen
übrigen Werken Musils wesentlich unterscheidet. Bezeichnet
man die "Schwärmer" als Musils "pathetischstes Werk",[28] so
ist jedoch unbedingt hinzuzufügen, dass es sich dabei keineswegs um ein einschichtiges, ungebrochenes Pathos handelt und
dass die pathetische Rede in den "Schwärmern" unterschiedliche Funktionen erfüllt.

Funktionen des Pathetischen

Das Pathos wird auf verschiedene Weise in Frage gestellt,
zurückgenommen, und es wird eigentlich fragwürdig. Das gilt
sowohl für das Pathos der Verkündigung als auch für das
Pathos als Ausdruck des Leidens, es gilt für das edel-idealist-
ische Pathos wie für dessen Gegenstück, den Zynismus.
Musil selbst und die Kritiker seiner "Schwärmer" betonen übereinstimmend, das Stück stelle ausserordentlich hohe Anforderungen an die Schauspieler, weil alles auf die "Zwischentöne"
ankomme. Was den pathetischen Stil anbelangt, ist es von entscheidender Wichtigkeit, dass die Nuancen und fliessenden
Uebergänge etwa von echtem, falschem, hohlem oder komischem
Pathos hörbar werden.

Anders als etwa bei der Mertens, die auch an das Gute im
Menschen glaubt, dürfen Marias Worte nicht einfach zum Lachen
komisch wirken, aber es muss deutlich werden, dass oft die
Grenze des Peinlichen und Lächerlichen berührt ist.
Die pathetische Ausdrucksweise der Nebenfiguren ist weitgehend auf komische Wirkung hin angelegt. Eine echt komische
Rolle ist die des Detektivs. In den langen Ansprachen Staders
(keine andere Person redet so lange an einem Stück wie er)
wird zunächst die Sprache eines kleinen Geistes, eines kleinen Schwärmers karikiert, der es den Grossen gleichtun möchte.
Dabei entsteht zugleich Parodie auf die Sprache der vier
Schwärmer. Das geschieht mit sehr feinen Mitteln. So wird
zum Beispiel bei der von den Schwärmern oft gebrauchten Ein-
leitungsformel "Es ist etwas in" der Nachsatz weggelassen
und noch ein Ausrufezeichen hinzugefügt. "Es ist etwas in
einem!": muss im Munde Staders komisch wirken (387).
Musil verwendet einen geschickten Kunstgriff, indem er wichtige Grundgedanken Thomas' durch den Detektiv aussprechen lässt
und so zugleich deren Verformung durch unbedeutende Menschen
mit naivem Wissenschaftsenthusiasmus lächerlich macht. Die
Figur des Thomas wird so gleichsam von der Aufgabe entlastet,
das Problem 'Wissenschaft und Seele' differenziert und mit
Nachdruck zu verdeutlichen. Die Berufung auf wissenschaftliche Ergebnisse würde bei Thomas leicht insistierend pro-
fessoral wirken. Musil lässt Stader eine Menge Forschungs-
ergebnisse aufzählen, um die Problematik mit Beispielen klar
zu machen. So wird Staders Wissensprotzerei verspottet, und
doch sind die notwendigen Beispiele ausgesprochen. Hier zeigt
Musil sich schon als Meister der Satire und des ironischen
Sagens. Im Roman wird später Ulrich fordern, "Im Namen seiner
Majestät" müsse ein "Generalsekretariat für Genauigkeit und
Seele" gegründet werden. Der Erzähler erklärt dazu mehrmals,
das sei halb ernst halb ironisch gesagt. In den "Schwärmern"
wird die entsprechende Idee einer komischen Figur in den
Mund gelegt und verkündet als die grosse Hoffnung auf eine

statistische und methodische Erfassung der menschlichen Zustände (387). Thomas nimmt eine ähnliche Haltung ein wie der
Erzähler im Roman, wenn er "interessiert" und "belustigt"
Stader anhört.
Nicht nur Stader selbst, sondern auch das Pathos der anderen
Wahrheitssucher, der Schwärmer, die sich gegenseitig bloss-
stellen und demütigen, um aufzudecken, was wahr und wirk-
lich sei, wird ironisiert und fragwürdig gemacht, wenn der
Detektiv auf Diebspfaden durchs Haus schleichend lauthals
"philosophiert": "Die Wahrheit festzustellen, erhebt über
niedrige Begleitumstände." (381) [29]
Auch Thomas' Bild für das ersehnte unbestimmte Leben, das
oft wiederholte Bild des Marsches ins Unbestimmte, wird im
Munde Staders karikiert: "Man möchte immerzu auf der Strasse
gehn, einfach gradaus." (387)
Anselms Pathos ist bald Ausdruck echter Ergriffenheit oder
Verzweiflung, bald ein Deckmantel seiner Schwäche, bald
entspringt es kühler Berechnung auf Effekt und Vorteil. Die
Vorwürfe seiner Freunde gegen ihn lauten, sein Reden sei:
übertrieben, verlogen, unnatürlich, theatralisch. Indem
Musil in Anselms Reden das Pathos übersteigert und sowohl
die schwärmerisch religiöse Pathetik des Seelenlehrers als
auch das moderne Pathos der Zerrissenheit - das Schwelgen
in "Ekelbildern" - als hochstaplerischen Ausdruck von
Schwäche und Gewöhnlichkeit erkennen lässt, demonstriert er
in seinem Theaterstück, was er in seinen Theaterkritiken als
pathologischen Zustand des Schauspielertheaters diagnostiziert.
Hier erhält der pathetische Stil die Funktion, pathetisches
Theater zu entlarven. Das "vehemente Scheinleben" des Schauspielers auf der Bühne wird am Beispiel Anselms konsequent
vorgeführt bis zum Schein-Tod.
Musil wirft dem Schauspielertheater vor, dass "Kettenauffassun-
gen und Effekttraditionen" gespielt würden. Das Theater zeige nicht Leben, sondern konventionelle Ideale und von niemand ernsthaft angestrebte Wunschvorstellungen vom Leben.

Es spiegle einen "träg kreisenden Zustand der Tradition".
Denn der Schauspieler spielt, so schreibt Musil, "weder sich
selbst, noch irgend etwas, das er je frei herumlaufen gesehn
hat, sondern eben Rollen, das heisst, etwas, das ein Dichter
geschrieben hat, weil unzählige Schauspieler Aehnliches gespielt haben, die es gespielt haben, weil andre Dichter es
geschrieben hatten, die es geschrieben hatten, weil es
andre Schauspieler gespielt gehabt hatten." (Mth. 143)
Diese Kettenaffirmationen bestehenden Bewusstseins versucht
Musil zu durchbrechen, indem er am Beispiel Anselms in dessen Rolle des leidenschaftlichen Liebhabers das Rollenhafte
bewusst macht. Dies geschieht sprachlich durch überzeichnende
Imitation fanatisch pathetischer Redeformen und durch die
gezielte Verwendung von Klischees.
Anselms Sprache ist praktisch immer pathetisch-zeremoniös.
Selbst dann, wenn man normalerweise 'Guten Morgen' sagt,
greift er zu erhabenen Worten und Bildern (318). Diese Un-
verhältnismässigkeit von gehobener Sprache und alltäglicher
Situation wirkt so offensichtlich peinlich und unnatürlich,
dass daneben die idealisierte Sprache der anderen Personen
beinahe umgangssprachlich erscheint.
Typisch sind bei Anselm eingeschliffene hyperbolische Wendungen wie: Augen ausglühen, ins Feuer springen, sich auf die
Knie werfen (319f.). Die Uebertreibung wird jeweils durch den
Gesprächspartner noch eigens aufgedeckt.
Anselm will "helfen", "leben lehren", "erwecken" (329). Er
spricht die Sprache religiöser Eiferer, aber mit schablonen-
haften Predigtfloskeln wie "der Gnade Ihres Seins teilhaftig
werden" (351). Deutlich paulinisch klingt die folgende rheto-
rische Stelle: "Sie haben Rücksicht auf ihn zu nehmen? Ich
auch! Sie wissen nicht, ob Sie ihn nicht lieben? Ich auch
nicht!!" (366) Die angeblich ausserordentliche Erregung, das
Sprechen in Rausch und Ekstase, wird durch die Form der Rede,
die maniert literarische Rhetorik und die Konventionalität
der Bilder, als Künstlichkeit entlarvt. Ursprüngliches Leben
wird in klischeehaften Wendungen beschworen. Als Parodie

auf den Kitsch der Liebesliteratur dürften von Musil wohl
Stellen gemeint sein wie: "Noch einmal ich, bist du an meinem Weg gestanden" (341) oder "Ich verlange nichts für
mich... Als die Erlaubnis, Ihre Schuhe vor die Tür tragen
zu dürfen. Ihre Röcke auszubürsten. Die Luft zu atmen, die
in Ihrer Brust war. Das Bett zu sein, das Ihren Abdruck
bewahren darf. Mich für Sie hingeben zu dürfen!" (351)
Entgegengesetzte Tendenzen kann man in Thomas' Sprache feststellen. Im Gegensatz zu Anselms Pathos bei jeder Gelegenheit steht Thomas' small talk über grosse Dinge und in
aussergewöhnlichen Situationen. Von Anselms "verkleinernder
Uebertreibung" hebt sich Thomas' Art der übertreibenden Ver-
kleinerung ab. Seine Worte in der Abschiedsszene von Maria
und in der Anti-Liebesszene widersprechen gänzlich dem, was
man bei einer Abschieds- und Liebesszene, besonders auf dem
Theater, erwartet.
Seine Behauptungen sind oft durch ein "vielleicht", "scheinbar", "wahrscheinlich" in ihrem Anspruch relativiert. Wendungen wie "Wunder der Oeffnung und Vereinigung" oder "schön
wie die Himmelswölbung" schwächt Thomas "den ergriffenen
Ton verbessernd" ab. Nicht Klischees sondern ungewohnte,
oft witzig pointierte Wendungen sind für Thomas charakteristisch. Zumindest an einigen Stellen ist die Sprache des
Wissenschaftlers erkennbar: elliptisches Integral, be-
schleunigter Fall, plastische Karte, pathogene Hemmungslosigkeit, Voraussetzungen akzeptieren, struggle of life
und so weiter.
Auch in der poetischen Bildsprache zeigt sich manchmal ein
Zug zur Versachlichung, so wenn Thomas überraschend statt
von goldenen von "vergoldeten Nüssen" spricht (396).
Allerdings handelt es sich bei solchen Unterschieden nicht
um klar abgegrenzte Eigenarten in der Sprache Anselms und
Thomas' - und ähnliches gilt für Maria und Regine - sondern
um unterschiedliche Tendenzen bei grosser Aehnlichkeit.
Beinahe völlige Uebereinstimmung von Anselms und Thomas'

Sprache findet man in den bissigen und zynischen Reden und
in der an Büchner erinnernden drastischen Bildsprache, wenn
sie zum Beispiel ein Schock-Fest für Josef ausmalen (314
und 343).

Die Aehnlichkeit, auf die der dramatische Konflikt - Liebe
und Hass - zurückgeführt wird, spiegelt sich auch in der
Sprache der verwandten Schwärmer.

Im Verhältnis von Thomas zu Anselm und in der Aehnlichkeit
und Verschiedenheit ihrer Sprache ist das eigenartige
Freund-Feindverhältnis Musils zu den Romantikern, Irrationalisten und auch Salonmystikern erkennbar, die er zeitlebens bekämpfte, aus deren Schriften er aber zahlreiche
Texte meist bruchlos in seine Werke einfügen konnte - und
so den Musilforschern Gelegenheit gab, ihren ganzen Spür-
sinn zu beweisen.[30)]
Anselm spricht nicht _nur_ im Predigtton, in Phrasen, Klischees
und kitschigen Vergleichen. Und nicht nur Anselms Reden sind
oft maniert, gestelzt, an der Grenze erträglicher Sentimentalität und Pathetik.

Wortstellung und Wortwahl sind nicht selten ungewollt 'literarisch' (Habt auch ihr nicht schlafen können; Ich habe,
nachdem Regine von mir gegangen war; Warum in Wahrheit).
Maniert mögen Stellen klingen wie:"Du bist ungeleitet
und unbehütet ein dunkles Unberührtes in dir" (Regine) oder
"Das Weinen steht in mir von den Füssen bis zu den Augen wie
eine Säule" (Maria). Danach heisst es dann noch:"Sie lässt
den Tee stehen und läuft zur Tür hinaus." Das könnte leicht
zu einem unfreiwillig komischen Abgang werden.
Nicht Anselm, sondern Thomas sagt in komplizierter Erbau-
ungssprache: "Alles, was dir ein Mensch geben kann, liegt in
dem Bewusstsein, dass du seine Neigung nicht verdienst. Dass
er dich gut findet, für den in alle Ewigkeit kein Grund zu
finden ist, der ihn als gut beweist. Dass er dich, der sich
nicht sprechen, nicht denken, nicht beweisen kann, nimmt als
Ganzes. Dass er da ist; hergeweht; zur Wärme, zur Aufrichtung

für dich!" (363)

Derartige Stellen und auch die eigentlichen 'Fehler' lassen
vermuten, dass Musil anders als beim "Törless" und "Mann ohne
Eigenschaften" bei der Schlusskorrektur des Dramas ein ver-
ständnisvoller und hilfreicher Lektor fehlte.[31]

Jeder dramatische Dialog ist in irgendeiner Form 'idealisier-
tes Gespräch'.[32] Die moderne Dramatik ist gekennzeichnet
durch Misstrauen gegenüber der 'gehobenen', stilisierten
Sprache, kunstvoller Rhetorik, vor lyrischem Schwelgen in Bildern und vor jeglichem Pathos, Skepsis gegenüber der 'literarischen' Sprache und der Sprache überhaupt. Auch bei Musil
und auch in den "Schwärmern" ist, wie wir sahen, solche Skepsis spürbar. Aber Musil wählte einen anderen und einen sehr
schwierigen Weg: nicht den Verzicht auf 'Rhetorik', 'Pathos',
'Poesie', sondern ihren differenzierten Gebrauch in unter-
schiedlicher Funktion. Er stattet seine Schwärmer mit der Eloquenz klassischer Dramenhelden aus und setzt diese Eloquenz
ab von der Geschwätzigkeit eines Stader. Zum Reichtum der
Bildsprache gibt Musil auch "Lyrik, geradezu mit der Butter-
spritze" (339). Das allgemeine Pathos wird abgehoben von
Anselms exzessiver Pathetik.

Aus solchem Verfahren der Differenzierung und Spiegelung ergibt sich der Reichtum - auch der sprachliche Reichtum - des
Dramas, aber auch seine Gefahr: Kunstvolle Rede und Künstlichkeit der Rede liegen nahe beieinander. Damit ist auf
der Ebene der Sprache (für den Zuhörer, Leser, Interpreten)
die inhaltliche Problematik (der Personen des Stücks) wiederholt: dass Ueberhöhung und Grösse sich zum Verwechseln
ähnlich sind und dass keine eindeutigen Kriterien zu ihrer
Unterscheidung und Bewertung zur Verfügung stehen.

Für eine Inszenierung stellt sich die Aufgabe, soweit möglich
die Nuancen und die verschiedenen Funktionen etwa des lyrischen und pathetischen Sprechens herauszuarbeiten. Liest
oder spielt man die "Schwärmer" als 'expressionistisch',
so besteht zumindest die grosse Gefahr, dass die Feinheiten

und die verschiedenen Funktionen des Pathetischen nivelliert
werden. Liest oder spielt man sie als psychologisch-realisti-
sches Stück, so wird der pathetische Stil als unangemessen
bis schwulstig erscheinen. Von dieser realistischen Erwartung
her käme man zu einer Einschätzung des Pathetischen, wie sie
zum Beispiel bei Kaiser/Wilkins angedeutet ist: "(Die Handlung) bietet vor allem nicht genügend Veranlassung für das
ausserordentliche, leidenschaftliche Gehaben der Gestalten."[33)]
Musils eigene Idealvorstellung war die nuanciert stilisierte
Sprechweise - "die Musik der Stimmen" - bei den Truppen
Stanislawskis.[34)] Musils erste bekannte Theaterkritik, eine
Besprechung von Sorges "Der Bettler", von 1913 lässt erkennen, dass für Musil auch das Theatralische und die Theatralik
der Bühnensprache auf den "anderen Zustand" des Erlebens und
des Lebens hindeutet. Diese Kritik enthält gleichsam einen
Kommentar des Dichters zur Theatralik und Pathetik seines
eigenen dramatischen Werks, der damals noch unvollendeten
"Schwärmer":

> Lächerliche Worttrunkenheit, gewiss; aber weiss
> man, was Bühnenrausch ist, wie weit, wie nahe
> davon? Man hat sich noch wenig um diese paradoxen
> Verwandtschaften, um Grenzen und Uebergänge ge-
> kümmert.
> Etwas von dieser Theatralik und rasenden Unnatür-
> lichkeit, die im Dilettanten zur Manie wird, steckt
> in der keuschesten Bühnendichtung. Strecken, wo der
> Umweg, aus den Gestalten selbst herauszusprechen zu
> lassen, was man doch heimlich in sie eingelegt
> hat, nur noch ganz lässig gewahrt wird; wo die
> Ungeduld des Dichters plötzlich seine Menschen
> entfleischt und als Sprachrohr für Worte gebraucht,
> die ihren Sinn kaum noch in irgendeiner vorgetäusch-
> ten psychologischen Kausalität finden, sondern in
> einem frenetischen Gefühl des Ganzen. Es ist, als
> ob um die Logik der Absicht herum die erschaffe-
> nen Leidenschaften zu einer allgemeinen Erregt-
> heit würden, die weder dem Dichter noch den Ge-
> stalten des Spiels mehr angehört, sondern einer
> seltsamen Zwischenwelt, voll eines bewegsameren,
> symbolischeren, etwas an die kaum mehr verständ-
> lichen Kurzschlüsse zwischen Gefühl und Ausdruck
> bei manisch Entrückten erinnernden Zustands des
> Denkens und Fühlens; dessen Erlaubtheit, dessen

Bemessung - eine der Pillendreherfragen des Künstlers bleibt. (Mth. 12)

Nachdem in diesen Abschnitten versucht wurde, die Sprache der Dialoge zu charakterisieren, soll im folgenden die Bewegung des Dialogs, die Art der Wechselrede untersucht werden.

Wechselrede

'Ich will, ich muss mit dir (ihm/ihr) sprechen': diesen ständigen Beteuerungen stehen in den Gesprächen dann immer wieder Aussagen gegenüber wie "Ich will nicht" oder "Ich kann dich nicht reden hören". Im ersten Gespräch mit Regine sagt Thomas zum Beispiel: "Du bist der einzige Mensch hier, mit dem ich sprechen kann, ohne dass er es mir missdeutet." (308) Regine entgegnet ihm wenig später: "Ihr alle könnt sprechen und euch damit helfen. Ich will nicht." (309)

Meist verweigert einer der Gesprächspartner in irgendeiner Art die Antworten, geht nicht auf den anderen ein, oder verdreht ihm seine Worte, zuckt nur mit den Achseln, lenkt ab auf andere Fragen oder reagiert mit einem emotionalen Ausbruch, höhnisch oder entrüstet, oder läuft davon, wenn das Gespräch nicht, wie so oft, von einer dritten Person unterbrochen wird.

Einsam, nach Aussprache und Verständigung dürstend, reden die Schwärmer aufeinander ein, reden aneinander vorbei - monologisierend, ohne zu einem wirklichen Dialog zu finden. Auch dieser eigenartig monologische Charakter der Gespräche wird im Stück selbst reflektiert. In dem schon mehrmals erwähnten Monolog etwa in der Mitte des Stücks, in dem Thomas' Worte noch in einem sehr konkreten Sinn zutreffen, da sein Gesprächspartner Josef unbemerkt das Zimmer verlassen hat, sagt Thomas: "Deine Worte (...) fallen dir unbeachtet vom Mund." Er fragt: "Wo ist (...) Begriffenwerden, Ergreifen" und gibt sich selbst als Antwort: "Der Abgrund des stummen Alleinseins schluckt sie wieder ein." (362) Wir hatten gesehen, dass die 'Ideen' des Stücks wenig persongebunden sind, dass abwechselnd verschiedene Personen als Sprecher derselben Gedanken und

gleichartiger Empfindungen fungieren. In einem Streitge-
spräch mit Maria sagt Thomas - und er charakterisiert damit
weite Strecken des Dialogs in den "Schwärmern": "Wir reden
aneinander vorbei. Wir sagen das gleiche, aber bei mir heisst
es Thomas und bei dir Anselm." (363) Der Dialog scheitert
letztlich aufgrund einer Entfremdung der Freunde und Liebenden, die entscheidender ist als die Differenzen in ihren
Anschauungen.

Das Aneinandervorbeireden, das Nebeneinander von Monologen
ist kontrastiert durch einige Passagen in den Gesprächen, in
denen auch das eigentlich Dialogische aufgehoben wird, aber
nicht um Entfremdung, sondern um Gemeinsamkeit, eine Art
sympathetischen Gleichklang der Seelen, zum Ausdruck zu
bringen. Burton Pike hat so treffend den Schluss-'Dialog'
von Thomas und Regine einen 'Monolog mit zwei Stimmen' genannt.[35] Zum Monolog mit zwei Stimmen wird manchmal auch
das Gespräch des zweiten Paares, Anselms und Marias; so bei
ihrer ersten Unterredung oder im zweiten Akt bei der gemeinsamen Erinnerung an die Gefühle und die Zuneigung in der
Jugend. Diese Augenblicke der Harmonie sind immer nur kurz.
Sehr bald bricht einer der Partner mit einer skeptischen
Bemerkung oder Frage ab - oder die Stimmung wird von aussen
durch einen Dritten unterbrochen.

Man hat die "Schwärmer" oft eine dramatisierte Philosophie
genannt. Das lässt sich mit einem gewissen Recht von einem
Grossteil der dramatischen Dichtung sagen. Vom Modell des
philosophischen Dialogs jedenfalls sind die Dialoge in den
"Schwärmern" weit entfernt. Sie entsprechen nicht dem Muster
des philosophischen Dialogs, in dem von Gedanke zu Gedanke
weitergefragt wird, sondern viel eher der lebendigen und
sprunghaften Konversation, in der viele Probleme berührt
und wieder fallengelassen werden und deren Fortgang nicht
sosehr durch die Logik des Gedankenzusammenhangs als vielmehr durch die äussere Situation der Sprechenden und durch
emotionale Reaktionen bestimmt wird.

Die Gespräche bewegen sich sprunghaft immer in drei Ebenen.
Schematisierend kann man unterscheiden: das Sprechen über
Fakten und die Hinweise auf die konkrete Situation und
Handlung; Gefühlsäusserungen und emotionale Stellungnahmen;
eher rationale Argumentation und Interpretation. Charakteristisch für die Dialogführung ist nun, dass Thesen,
Theorien, mehr rationale Argumente nicht eigentlich diskutiert werden, dass in den Repliquen nicht Analyse, Ge-
genthese, rationale Kritik folgt, sondern in den aller-
meisten Fällen eine betont persönliche, emotionale Stellungnahme.
Der Gegensatz von Verstand und Gefühl ist nicht so sehr Ob-
jekt einer intellektuellen Diskussion, sondern bestimmt den
Dialog in der Weise, dass eher sachlich rationale und subjektiv emotionale Argumentation in der Wechselrede gegen-
einanderstehen. So entgegnet, um zwei bezeichnende Beispiele zu nennen, Maria auf Thomas' Ueberlegungen: "Ich
kann nicht widerlegen. Aber ich kann das auch nicht ertragen." (379) oder Thomas auf Marias Einwände: "Fühlst du
nicht, dass jeder Einwand von dir mir eine Qual ist?!" (356)
Durch solche Aeusserungen oder auch durch qualifizierende Bemerkungen wie "das ist übertrieben" oder "unpassende Geist-
reicheleien" wird der Gedankengang unterbrochen oder meist
abgebrochen; die Berechtigung und Richtigkeit der Gedanken
bleibt dahingestellt. Das Gespräch setzt neu an und erhält
eine andere Richtung.
Ganz ähnlich wird die Entwicklung des Gesprächs immer wieder
für einen Moment unterbrochen, umgebogen oder abgebrochen
durch Hinweise auf die konkrete Situation. Nach Thomas' grossem Appell an Anselm fragt etwa Maria dazwischen: "Habt ihr
ein Wort von Josef gesprochen?" (326) Oder, nachdem gerade
das Problem von gutem Zweck und schlechten Mitteln angesprochen worden ist, heisst es: "Anselm, wir müssen darüber
noch sprechen. Auch über Regine. Sie versprechen mir aber,
danach mit Thomas zu reden? O ja, Sie versprechen es! Kom-

men Sie, dann gehen wir jetzt noch in den Park." (330f.)
Das Auf- und Abtreten der Personen ist in den "Schwärmern"
meistens nur dürftig motiviert. Es sind dramaturgische Not-
lösungen, bei Wahrung der Einheit des Ortes in ständigem
Wechsel neue Personengruppierungen zu ermöglichen, durch
Hinzutreten einer anderen Person dem Gespräch neue Impulse
zu geben und es in andere Richtung zu lenken. Besonders
häufig wird das Mittel angewandt, die Aussprache zweier
Personen abzubrechen durch den plötzlichen Auftritt eines
Dritten. "Sie werden unterbrochen" (366): Diese Szenenbe-
merkung könnte immer wieder stehen. Die Mertens platzt in
die Gespräche von Anselm und Maria sowie von Thomas und Regine
jeweils in einem äusserst unerwünschten Moment herein. Das
Austragen eines Konflikts im Dialog wird so immer wieder von
aussen gestört. Dass der Gedanken- oder Meinungsaustausch in
den einzelnen Szenen fragmentarisch bleibt, wird gleichsam
äusseren Faktoren,dem Gang der Handlung, angelastet: "Aber
ich kann dir jetzt nicht antworten. Seine Heiligkeit ist
da!" (318); "Jetzt haben wir nicht mehr Zeit, ich höre schon
Josef." (357) oder "Horch, es kommt jemand. Ich kann dir das
nur allein sagen." (381)[36]
Die erwähnten Techniken des Unterbrechens und Abbrechens im
Dialog zweier Personen oder einer Dialogpartie haben sicherlich zunächst einmal die Funktion, Abwechslung, 'Leben', 'Bewegung' ins Spiel zu bringen. Das, was hier negativ als Abbrechen - Abbrechen eines Gedankens, einer Auseinandersetzung -
bezeichnet wurde, bedeutet positiv, dass 'Handlung', emotionale Auseinandersetzung und gedankliche Erörterung immer wieder
verbunden, aufeinander bezogen und ineinander verwoben werden.
"Anekdote, seelische Beziehung und der Begriff" müssten auf
dem "gleichen Plane spielen", lässt Franz Blei Goethe in den
"Neuen Gesprächen mit Eckermann" sagen. Der neue Eckermann
Blei lässt Goethe wohlwollend fortfahren: "Solches nun hat,
wie mir scheinen will, dieser Robert Musil versucht mit

gutem Gelingen, in einem Stücke 'Die Schwärmer'."[37)]
Eine besondere Art der Ueberleitung von handlungsbezogenen
zu eher problembezogenen Aussagen besteht in der Wiederholung eines gegebenen Stichworts in anderer Bedeutung. Die
Variationen dieses Verfahrens einer gleitenden Ueberleitung
durch ein Spiel mit der Mehrdeutigkeit sollen an einigen Beispielen illustriert werden.
Am Anfang des ersten Aktes informiert Regine Thomas, dass Josef kommen werde. Die Mertens fragt überrascht dazwischen:
"Was sagen Sie?! Wirklich?" Darauf entgegnet Regine: "Bei
Josef ist alles wirklich." Damit wird nicht nur die rheto-
rische Frage der Mertens beantwortet, sondern zugleich der
thematische Gegensatz von Wirklichkeits- und Möglichkeitsmenschen - von ihnen war vor der Information über Josefs Ankunft die Rede - angesprochen (306).[38)]
Ebenso wie hier das beiläufig gesprochene "wirklich" zu einem bedeutsamen Stichwort wird, markiert "natürlich" am Anfang des dritten Aktes eine Wendung des Gesprächs. Als Regine
Thomas entgegenhält, man hätte doch den Detektiv nicht im
Park schlafen lassen können, antwortet Thomas: "Natürlich
nicht!" Er nimmt selbst das Stichwort auf und fährt fort:
"Dieses verdammte menschliche 'natürlich' ist es, unter das
man sich am Eingang jeder Niedrigkeit bückt." Vom Detektiv
ist nicht weiter die Rede. Durch das Stichwort "natürlich"
assoziiert, geht das Gespräch auf Anselm über: "Regine: (ergänzt) Und Anselm ist schon unnatürlich!" (374)
Im zweiten Akt bittet Anselm Maria: "Vertrauen Sie mir die
Schlüssel an." Marias Antwort ist mehr als ein Nein auf diese konkrete Bitte, wenn sie sagt: "Ich kann Ihnen nicht ver-
traun !" (351) Am Ende dieses Aktes wird sie erklären: "das
Vertrauen ist verloren, Anselm." (372) Im dritten Akt be-
reut sie dann: "Hätte ich ihm vertraut!" und wiederholt Anselms These, Vertrauen sei "eine Kraft, welche gut macht!"
(377)
Zweimal wird "allein" zum Stichwort für einen Szenenwechsel.

Nach Thomas' Monolog, der mit den Worten vom "Abgrund des
stummen Alleinseins" endet, tritt Maria auf und fragt: "Ich
wusste nicht recht, bist du schon wieder allein?" (362) Am
Ende dieses Gesprächs fleht Maria verzweifelt: "Lass mich
doch nicht so allein!" Von dieser Stelle her werden Thomas'
folgende Worte wiederum doppeldeutig. Anselm stürzt in diesem Moment herein und erklärt, er müsse Maria sprechen. Wenn
Thomas darauf antwortet "Ich werde euch allein lassen", so
entspricht er einerseits der Bitte Anselms, gibt aber zugleich
auf Marias Bitte eine abschlägige Antwort. In Thomas' Schluss-
worten wird die Abwendung von Maria und Anselm noch verdeutlicht: "Was scherst du mich! Was will Maria von mir!" (364f.)
    Die sprunghafte Gesprächsführung, Wechsel von rationaler
und emotionaler 'Argumentation', Aneinandervorbeireden, ständi-
ges Unterbrechen und Abbrechen der Aussprachen und die gleitenden Uebergänge von gewöhnlichen Informations- zu bedeutenden Interpretationsaussagen: all dies bewirkt auch, dass die
"nackten" Gedanken und die "diskursive Ideenverbindung" immer nur bruchstückhaft erkennbar werden.

Reflexionen

Die beschriebene Art der Dialogführung und ein meist recht
willkürlich anmutender Wechsel der Gesprächspartner sind auch
für den dritten Akt kennzeichnend. Doch nimmt dieser eigenartige letzte Akt eine besondere Stellung ein. Was es an
'Dramatischem' in der Handlung der "Schwärmer" gibt, ist mit
dem Ende des zweiten Aktes erschöpft. Anselm, Anlass der Konflikte, tritt im dritten Akt nicht mehr auf. Die Entscheidungen, die im letzten Akt noch fallen, erscheinen als notwendige Schlussfolgerungen und bringen keine überraschenden
Wendungen mehr. Der letzte Akt dient vor allem der Rückbesinnung, der Reflexion. Die Dialoge sind noch weniger Gespräche in einem dramatischen Geschehen, sondern primär Gespräche über die dramatischen Konflikte, die interpretiert
und letztlich zurückgeführt werden auf den Konflikt, die

Antinomie in den Ideen.

Für diese Rückbesinnung und Reflexion wird zunächst die
Atmosphäre einer ruhigeren und gelasseneren Konversation
geschaffen. Man kämpft nicht mehr. Man ist müde, sitzt in
Polstersesseln zusammen, bereitet Tee. Das Tempo ist ge-
mässigter, das Gespräch weniger leidenschaftlich. Man versucht einander zu verstehen, sucht nach Deutungen. Zu Beginn des Aktes berichtet Thomas zum Beispiel, er habe noch
einmal Regines Aufzeichnungen nachgelesen (374). Maria und
Regine scheinen sich "ausgesprochen" zu haben (377). In
deutlichem Gegensatz zum heftigen Aneinandervorbeireden im
zweiten Akt beginnt jetzt die Aussprache Thomas' und Marias:
"Hast du jetzt eingesehen?" - "ich habe es eingesehen." -
"Erklär dich." (378) Josef berichtet: "Ich habe begonnen,
mich gedanklich mit den Tatsachen noch einmal auseinanderzu-
setzen." (382) Stader wird aufgefordert: "Nein, nein, erzählen Sie" (387), und er erzählt dann sehr weitschweifig.
Thomas plaudert "hartnäckig beschaulich" und bittet Josef:
"Setz dich lieber zu mir. Ich bin so froh, mit dir zu sprechen;" (391).

Es gibt im dritten Akt etwa gleich viel Auftritte wie in
den beiden anderen Akten. Im ersten Akt sind in einer Szene
vier Personen, im zweiten einmal vier und einmal sechs Personen zugleich auf der Bühne. Im letzten Akt wird das Gespräch
immer nur zwischen zwei und in Ueberleitungsszenen zwischen
drei Personen geführt. Ein wichtiger Unterschied zu den beiden ersten Akten besteht darin, dass im letzten Akt eine
Person, nämlich Thomas, in allen Szenen Gesprächspartner
bleibt. Damit wird die Gelegenheit geschaffen, in Thomas'
Kommentaren, die gerade hier verschiedentlich die Form von
Kurzessays annehmen, die Hauptprobleme noch einmal zusammenfassend zu benennen und in ihrem Zusammenhang zu reflektieren.

Die Reaktionen der Gesprächspartner auf Thomas' Reflexionen
sind: "Das mag alles richtig sein. Aber ich habe Angst." (Maria),
"Du sprichst unverantwortlich." (Josef) und "Für mich haben Gedanken wenig Reiz." (Regine). Ein eigentlicher Kontrahent,

der mit ihm die Ideen diskutieren oder im Dialog entwickeln würde, fehlt Thomas auch hier. So bleiben die Reflexionen weitgehend monologisch.
Im dritten Akt tritt auch der Detektiv Stader noch einmal
auf. Dieser Auftritt ist von der Handlung des Stücks her
unbegründet und überflüssig, da die Funktion   des Detektivs,
zur Entlarvung Anselms beizutragen, mit dem Ende des zweiten
Aktes erfüllt ist. 'Notwendig' scheint dieser Auftritt im
dritten Akt einmal, um den Verstandesmenschen Thomas abzu-
setzen vom Typ des Pseudowissenschaftlers, zum andern aber,
um überhaupt, wenn auch in ironischer und satirischer Form,
auf die wissenschaftliche Betrachtung des Gefühlslebens näher
eingehen zu können. Diese Szene bereitet ausserdem den Schluss-
dialog von Thomas und Regine mit seiner eigentümlichen Mischung von Reflexion und lyrischer Erinnerung vor.
Der Szene mit Stader haftet der Charakter eines Intermezzos
an. Wie auch bei Thomas' essayistischen Ausführungen wird
hier erkennbar, dass wissenschaftliche Ueberlegungen, dass
die Reflexionen monologische Abschweifungen darstellen; Exkurse, in denen eigentlich der Autor spricht; Abschweifungen,
die innerhalb des absoluten Dramas ermöglicht werden durch
die Umformung des dramatischen Dialogs zur Konversation. In
den zwei Gesprächen mit Josef bemüht Thomas sich, im Plauder-
ton zu sprechen. Die Staderszene ist noch weniger als eine
bedeutsame Plauderei, sie gibt ein 'Schwätzchen'. Dass gerade
die Szene, in der auf ganz direkte Weise Bezug genommen wird
auf den Stand und die Ergebnisse der Wissenschaft, die Form
einer Konversation in der Komödie hat, scheint symptomatisch
für die Krise des Dramas im wissenschaftlichen Zeitalter.
Musil hat versucht, mit seinen "Schwärmern" und deren 'Helden'
Thomas   das Drama des modernen Wissenschaftlers, das Drama
des bewussten Menschen zu schreiben. Doch scheinen auch die
"Schwärmer" noch die These von Aldous Huxley zu bestätigen,
dass die dramatische Dichtung (und Huxley hat dabei die Form
des traditionellen Dramas im Auge) wenig geeignet sei, das

von den Wissenschaften und nicht nur das von privaten Er-
lebnissen geprägte Weltbild und Menschenbild zu vermitteln.
Huxley schreibt in "Literatur und Wissenschaft": "Wenn da
(im Drama) überhaupt von Vernunft und selbstlosem Gewahrsein
die Rede sein soll, irgendein Bezugnehmen auf Naturwissen-
schaft als Information, als Theorie und als Basis einer allgemeinen Philosophie erfolgen soll, muss das im Lauf von Abschweifungen vom Hauptthema, dem Gefühle erregenden Konflikt,
geschehen."[39] Die theoretischen und wissenschaftsbezogenen
Ausführungen in den "Schwärmern" sind jedoch noch sehr eng
mit dem "Hauptthema" verbunden, da es in ihnen um ein rational empirisches Verständnis eben der Gefühle und Leidenschaften geht. In diesem relativen Sinn ist für die "Schwärmer" die Bezeichnung "Abschweifung" zu verstehen.

Mit einem Hinweis auf Shaw bemerkt Huxley, die Komödie er-
laube eher Abschweifungen, in der Komödie würden Exkurse
nicht nur mit Geduld, sondern geradezu mit Vergnügen angehört.

Huxley stimmt recht genau mit Auffassungen Musils überein,
wenn er in "Literatur und Wissenschaft" zusammenfasst:

> Der Roman und der Essay sind, was Abschweifungen
> betrifft, viel duldsamer als die Komödie, auch
> wenn diese noch so sehr Konversationsstück ist.
> Vorausgesetzt, dass ein Essay gut genug geschrie-
> ben ist, lassen sich die meisten Dinge darin sagen,
> und so gut wie alles, vom äusserst Privaten sub-
> jektiver Erlebnisse bis zu den öffentlichsten Be-
> obachtungen und Beweisführungen, kann seinen Platz
> in einem Roman finden. Wir sehen also, dass in
> Gedichten und Tragödien nur sehr schwache wissen-
> schaftliche Bezugnahmen möglich sind. Es gibt mehr
> Spielraum für sie in der Komödie, aber nicht an-
> nähernd so viel wie im Essay oder der dreihundert
> Seiten langen Erzählung.[40]

Musils Tagebuchnotizen während der Arbeit an den Entwürfen
der "Schwärmer" (1911 - 1912) zeugen von dem Kampf des Dichters, aber auch seiner Unsicherheit, wie Reflexion und Fiktion
zu verbinden seien und ob die Reflexion oder das "Leben" die

Form des Dramas und die Form der Dialoge bestimmen müsse.
Am 4. März 1912 fordert Musil sich mit Goethes Wort auf:
"Greift nur hinein ins volle Menschenleben, und wo ihrs anpackt,
ist es interessant: Diese Warnungstafel ist eigens für mich
aufgestellt worden! Immer vom Konkreten ausgehen! Vom zwang-
losen sich Einfallenlassen! Nie von der Idee!" Drei Tage
später heisst es dann: "Die Situationen, die Aeusserungen
der Personen durchdenken wie einen Essay. (...) Nicht an
kunstvolle Verteilungen des Dialogs denken; rücksichtslos
dem Gedanken folgen, wirkt immer am stärksten!" (T 146)
Schon in einer Eintragung vom September 1911 hatte Musil sich
mit derselben Problematik beschäftigt und gefolgert, man müsse eine gewisse "Unheiligkeit" in Kauf nehmen und "lieber von
der Idee und ihren Folgerungen und Eventualitäten etwas ab-
zwicken als die Lebendigkeit und praktische Situationsmög-
lichkeit zu opfern". Als Arbeitsmethode setzt sich Musil
dort: 1. Philosophisch durchdenken (und nüchtern)
       2. In Szenen denken (wobei man das theoretisch Ge-
          dachte nur ringsherum unter der Schwelle hat.)
       3. Das Gedankliche hineinredigieren. (T 136)
Dass das Gedankliche 'hineinredigiert' wurde, ist auch in der
Endfassung - vielleicht allzu oft - noch spürbar.
Musil bezeichnete später einmal als die den vier Schwärmern
"fühlbare Problematik": "die Schwierigkeit, der geistigen Entwicklung verbunden zu sein und der Gefahr zu begegnen, die
sich etwa als Affektverlust des Lebens bezeichnen lässt."
(T 467) Man könnte sagen, dass diese Problematik der dramatischen Personen ebenso die Problematik des Dramatikers Musil war: Der pathetische Stil, die belanglosen aber leidenschaftlichen Als-Ob-Handlungen der dramatis personae, der
rasche Wechsel der Personengruppierungen oder die Technik
des Ab- und Unterbrechens erscheinen so als Versuche, ein
'lebendiges' Ideenmosaik zu schaffen, gleichsam einem "Affektverlust" des Ideendramas entgegenzuwirken.[41]

Zynismus-Idealismus

Wahrscheinlich im Jahre 1918 schrieb Musil bei der Lektüre
von Balzac die folgenden Aufzeichnungen nieder:

> Seine Typen gewinnen nur dadurch Bedeutung, dass
> er an die Bedeutung der Atmosphäre glaubt, in der
> sie leben. (...) Von und für Paris schreiben:
> gleiche Sicherheit wie der besten Gesellschaft an-
> zugehören. Diese Sicherheit ist das gute Gewissen
> des Abschilderers.
> Ein solches Lebenswerk fände diesen Motor heute
> nicht mehr. An seine Statt gehört die subjektive
> philosophische Formel des Lebens. z.B. Zynismus-
> Idealismus wie bei den 'Schwärmern'. In sie ist
> jede Figur zu tauchen. Dann entsteht eine Atmo-
> sphäre um die Figuren, als ob sie aus einem cha-
> rakteristischen Leben herausgegriffene Typen
> wären. (T 187)

Zynismus-Idealismus: diese Formel kennzeichnet zunächst einmal das Verhältnis des Autors zu seinen "Schwärmern". Schon
im Titel klingt diese ambivalente Haltung an.

Dass keine der Figuren des Stücks eindeutig als Idealgestalt
erscheint, dass keine eindeutig sympathisch und ebenso keine
nur unsympathisch wirkt, wurde von den Kritikern verschiedentlich bemerkt und teilweise auch als unbefriedigend und
'undramatisch' getadelt.

Die Formel Zynismus-Idealismus scheint uns ausserdem geeignet, die Bewegung von Rede und Gegenrede, die Konstanten in
den Dialogen der "Schwärmer" zu charakterisieren.

Wir nehmen dabei Idealismus und Zynismus als formale Bestimmungen; man könnte für Idealismus auch Illusionismus oder
Schwärmertum setzen. Die Personen des Stücks vertreten, wie
aus den bisherigen Interpretationen hervorgeht, inhaltlich
sehr verschieden bestimmte Arten des Idealismus. Die Skala
reicht vom Glauben der Philosophiestudentin Mertens an absolute, ewige Werte bis hin zu Regines Utopie, "ihre von Wirklichkeit befreite Illusion von sich" zu sein. Josef verteidigt
die gesellschaftlichen Ideale, Stader träumt von einer praktisch und finanziell verwertbaren Wissenschaftsutopie, Anselm

preist das Ideal des einfachen, ursprünglichen Lebens,
Maria sucht nach dem Notwendigen und Grossen im Leben.
Am wenigsten inhaltlich bestimmbar ist neben Regines Illusionismus der Idealismus Thomas'. Wenn er erklärt, Ideale
seien die ärgsten Feinde des Idealismus, so wird deutlich,
dass er Idealismus oder Utopismus als Haltung ohne inhaltliche Festlegungen, ohne Dogmen vertritt: einen Idealismus
ohne Ideologie. Das, was man am ehesten den 'Inhalt', die
'Idee' nennen könnte: die Utopie des Schöpfungszustands als
Zustand des Lebens und Denkens, ist selbst ein dauerndes
Unbestimmtsein.
Ideale können auch die verschiedenen Personen füreinander
sein. Maria wurde in Thomas' Jugend zu seinem Idealbild,
für Regine ist der tote Johannes "zum Ideal vorgerückt"
oder für die Mertens wurde die "Heilige", Regine, zum
Idol.
Eine erste Form der Kritik an den verschiedenen idealisti-
schen Haltungen, an den Idealisten, ist die <u>Kritik der
Ideale</u>. Solche Kritik hat für den Idealisten immer etwas
Beleidigendes und wird gleichsam als Sakrileg empfunden.
Thomas zeigt zum Beispiel durch eine innere Kritik des
Systems gesellschaftlicher Idealvorstellungen, dass die-
ses System widersprüchlich ist und in Wirklichkeit ein
Kompromissleben erzwingt.
Die 'ewigen Werte' werden als "Verwesungsrückstände" be-
zeichnet (308); "Tugend" wird als lasterhaftes Handeln im
Guten gesehen (392), oder am Ideal eines "unbestimmten"
Verhältnisses wird der negative Aspekt einer leeren Un-
verbindlichkeit hervorgehoben (363).
Ein häufig angewandtes Mittel ist, wie wir sahen, die nach-
spottende Wiederholung idealistischer Leitsätze, das
zynische Zitat.
Zur entheiligenden Kritik der Idealvorstellungen kommt die
bissige <u>Kritik der Idealfiguren</u>: die für die Verehrer des-
illusionierende Entlarvung der Personen. So wird der "bedeutende Mensch" als Schwindler oder die "Heilige" als

"St. Potiphar" angeklagt.

Gegenüber dem gutgläubigen Idealisten wirkt auch der gut-
gemeinte Hinweis auf die Wirklichkeit leicht zynisch, ebenso wie für den 'Realisten' die Erinnerung an Ideale zum
Vorwurf wird. Der Idealist verachtet und attackiert den Realisten im Namen der Ideale, wie der Realist ("Detektiv-
mensch" 326) den Idealisten mit Berufung auf die Wirklichkeit angreift und verspottet. Aufgrund dieses Verhältnisses
werden die Gespräche über Ideal und Wirklichkeit zu Streit-
gesprächen, in denen jeder Angreifer und Angegriffener ist.

Aehnlich der verschiedenartigen Auffassung von Idealen
hat in der 'realistischen' Argumentation "Wirklichkeit"
verschiedene Bedeutungen. Wirklichkeit ist einmal der 'normale' Zustand des individuellen und gesellschaftlichen Lebens. Von daher erscheint jede Abweichung, auch die idealisti-
sche, als "übertrieben" und "krankhaft". Zum andern bedeutet "Wirklichkeit" das faktisch gelebte Leben: das Erreichte
im Gegensatz zu den Plänen und Versprechungen etwa der Jugend.
Die nachweisbare Leistung wird so zum Argument gegen das Programm, die Praxis desavouiert die Theorie. "Die Tatsachen
geben gern den Seelen unrecht" wie Thomas einmal sagt (322).
Dagegen will der Idealist oder Illusionist die Tatsachen
ins Unrecht setzen: "Man tut etwas und es bedeutet innen
etwas ganz andres als aussen." (337) Das Zynische in der
Argumentation mit der Wirklichkeit zeigt sich am deutlichsten
dort, wo das Leben mit dem lieblosen Blick des Wissenschaftlers betrachtet wird. Dass eine Art Boshaftigkeit in der
empirisch-wissenschaftlichen, der detektivischen Einstellung
liegt, darauf hat Musil immer mit Nachdruck hingewiesen. Das
wird sehr krass sichtbar bei der medizinischen, physiologi-
schen oder psychologischen Beschreibung und Analyse des menschlichen Lebens. In diesem Blickwinkel erscheint zum Beispiel
"Liebe" als ein Bedürfnis wie Schlafen und Essen, das Leben bestimmt durch die Gesetze des Stoffwechsels: dem
"Rhythmus der Verdauung" folgend (399). Die asketischen
Ideale werden mit Nietzsche zurückgeführt auf Ressentiment-
gefühle der Schwachen und Schlechtweggekommenen ("Demut, das

ist der Letzte sein wollen, das ist, der Erste von hinten!"
325).

In der Sprache der Schwärmer fanden wir Gegensatz, Wechsel
und Vermischung von 'schönen' und drastischen Bildern und
Vergleichen ("Du bist schön wie die Himmelswölbung" - "unsre vier Lippen sind vier Würmer"). In den "blumigen Gesprächen" erscheinen "Ekelbilder". Den idealistisch pathetischen Aussagen stehen als Negation zynische Repliquen gegenüber.

Charakteristisch für Musils Stück ist nun, dass die idea-
listische Position und die zynische Antiposition nicht als
feste Rollen auf die verschiedenen Personen verteilt sind.
Alle Personen übernehmen in ständigem Wechsel bald den Part
des Idealisten, bald den des Realisten. In der ersten Szene
hält die Mertens zum Beispiel Regine die Wirklichkeit entgegen, in der folgenden appelliert sie Thomas gegenüber an
Ideale. Oder: vor der Mertens spricht Anselm "mit Roheit"
über Regine, im nächsten Moment verteidigt er Regine mit
begeisterter Rede gegen Maria. Ausschlaggebend für die Art
der Rede -idealistisch oder zynisch- ist dabei nicht der
'Charakter' der Personen, sondern ihre Funktion in der je-
weiligen Dialogpassage in Abhängigkeit von der Position des
Gesprächspartners. Selbst die Mertens äussert sich in zynischen Bemerkungen über die Schwärmer, und sogar die züchtige
und massvolle Maria spricht so zynisch, dass es selbst dem
Zyniker Thomas zur Qual wird. Die Personengruppierungen wechseln von Szene zu Szene. Die inhaltlichen Bestimmungen von
'Ideal' und 'Wirklichkeit' sind in den einzelnen Szenen und
von Person zu Person jeweils verschieden. In allen Szenen,
gleichgültig mit welcher Personengruppierung, bleibt der
Dialog gekennzeichnet durch die Konstanten idealistischer
Rede und zynischer Gegenrede. So entsteht eine Art Gleich-
gewicht von Idealismus und Zynismus, die Atmosphäre Zynismus-Idealismus, von der Musil sprach. Wie wesentlich diese
Balance zwischen den beiden Extremen für das Stück ist,

lässt sich ex negativo bestätigen am Beispiel einer Bearbeitung der "Schwärmer".

Ingeborg Bachmann hat eine Hörspielfassung der "Schwärmer"
geschrieben. Musils Stück würde ungekürzt beinahe fünf
Stunden dauern. Streichungen sind also unumgänglich. Ingeborg Bachmann hat nun mit Vorzug die harten, makabren,
'obszönen', die zynischen Passagen herausgestrichen. Dadurch geraten die "Schwärmer" in die Nähe eines idealistisch-
sentimentalen Rührstücks. Ungeeignet scheint auf jeden Fall
der Weg zu kürzen, indem man alle 'Wiederholungen' weg-
streicht. Damit wird ein wesentliches Stilmerkmal des Stücks,
das relativierende, meist nachspottend zynische Zitieren be-
seitigt. Entgegen der Tendenz Musils zur Funktionalisierung
der Figuren, scheint die Bearbeiterin mehr von dem Konzept
ausgegangen zu sein, den 'Charakter' der Personen klarer herauszuarbeiten. (Durch den Versuch, die 'Charaktere' stimmi-
ger zu machen, verlieren die Figuren ihre wesentliche Widersprüchlichkeit und Vielgestaltigkeit.) Von diesem Konzept
her wäre zum Beispiel verständlich, dass aus dem Part Marias
Stellen weggestrichen wurden wie "in diesen schändlich 'schwachen' Stunden, wo die Eingeweide heraustreten. Was hast du
aus uns gemacht! 'Du du' und 'da da', 'Mausi und Katz',
'kitzi kitzi, kleiner Mann und Mädi'!" (363)
Die Dialoge werden in der Bearbeitung der Lyrikerin entschärft
und lyrisiert. Dadurch geht nicht nur die gespannte Atmosphäre
in den einzelnen Szenen verloren, sondern auch die Spannung
unter den aufeinander verweisenden Aussagen. Dazu noch ein
Beispiel: In der Abschiedsszene sagt Maria: "Mir fällt es so
schwer, von dir fortzugehn; ich weiss nicht warum. Wir Frauen
lieben tiefer!" (384) In der Bearbeitung Ingeborg Bachmanns
bleibt dieser Allgemeinplatz der Liebesliteratur unbeantwor-
tet stehen, es bleibt ein Allgemeinplatz ohne Interpretation.
In der Hörspielfassung entgegnet Thomas darauf: "Ich bin ja
auch traurig". Nach dem Text der "Schwärmer" aber schlägt
Thomas an dieser Stelle zurück: "Weil ihr Männer liebt."

Nach dieser Aufhebung einer sentimentalen Trivialaussage
durch die Umformung zum Bonmot heisst es weiter: "Ueber
euch bricht mit dem Mann die Welt herein." Damit wird der
Zusammenhang mit einem zentralen Thema der "Schwärmer" er-
stellt, nämlich der Interpretation, dass Liebe nicht nur
eine Angelegenheit zwischen zwei Menschen sei, sondern zugleich ein anderes Verhältnis zur Welt bedeute. Die Stelle
weist zurück auf das erste Gespräch mit Maria, in dem Thomas über das Verhältnis des Mannes zur Frau ganz ähnlich
spricht und über seine eigene jugendliche Liebe zu Maria
sagt: "da erschienst du mir so übergross und unermesslich
wie die Welt." (317) Diese Erfahrung, die romantische Philosophie der Liebe: im Geliebten die Welt finden[42], wird
in den "Schwärmern" nicht nur in schönen romantischen Lie-
besgesprächen, sondern sehr oft in einer desillusionieren-
den Sprache mit zynischen Untertönen zum Ausdruck gebracht.
Der Mann, die Welt, "bricht" über die Frau herein. Liebe
ist ein "körperlich Antreffen von Phantasien", ein Phantastischwerden der Welt "Mit einem Menschen als Mittelpunkt"
(315). Auch ein "Tatzenmensch" kann ins Ungeheure wachsen,
die 'grosse Liebe' auslösen. Nicht nur in der 'tiefen' Liebe, sondern auch auf der Ebene der Sexualität wird das Streben nach Vereinigung mit Mensch und All gezeigt: Käfer, Erde,
die Ausscheidungen von Ohren und Nase in den Mund nehmen,
Männer 'in den Leib nehmen', das ist: "Einen Teil der Welt
verschlucken", um sie zu verzaubern (348-350).
Auch hier setzte Ingeborg Bachmann den Rotstift an. Aus
Musils Versuch eines zynisch-idealistischen Liebesdramas,
eines romantischen Liebesdramas nach Freud, wird dabei einfach ein nachromantisches Stück.
Die "subjektive philosophische Formel des Lebens" Zynismus-
Idealismus, von der her Musil die Atmosphäre, die Gestalten
und die Dialoge der "Schwärmer" schuf, charakterisiert in
besonderer Weise die Lebenshaltung des Musilschen Helden
Thomas. Der Idealist und Empiriker Thomas spricht ebenso

zynisch über Ideale wie über die Realität. Seine Einstellung ist gleich ambivalent den Illusionen, Träumen, Utopien
wie auch der Wirklichkeit gegenüber. Zu dieser Ambivalenz
gehört allerdings auch in zynischer Konsequenz: "Widerwille
gegen das Bestehende wie das Verbessern" (T 228).
Umgesetzt in dramatisches Geschehen erscheint die Formel
Zynismus-Idealismus als ein gegenläufiger Prozess von Illu-
sionsbildung und Desillusionierung, der ebenso lösungslos
ist wie Thomas' ambivalente Haltung.
Die Desillusionierung erreicht ihren Höhepunkt bei der Entlarvung Anselms. In dieser relativ kurzen Szene gelingt es
Musil, mit bewundernswerter Eindrücklichkeit und Dichte zu
zeigen, wie alle bei der Demaskierung anwesenden Personen -
Thomas, Maria, Regine, Josef und die Mertens - in ihrem Glauben, ihren Illusionen erschüttert werden. Anselm rettet sich
in einer Art Uebersprungverhalten durch Illusionismus: in
den eingebildeten Tod. Der dritte Akt stellt dann verschiedene Versuche dar,den desillusionierten Zustand zu überwinden durch Flucht zurück oder Flucht nach vorne. Die Entscheidung der 'gläubigen' Idealisten Anselm und Maria, so
wird angedeutet, ist der Weg der Schwächeren und könnte
letztlich zur "Flucht in die Wirklichkeit" werden. Das des-
illusionierte Paar dagegen, das die statistischen Gesetze der
Wirklichkeit zitiert, die Welt und die Menschen sieht, wie
sie sind -Man kann sie nicht lieben, aber man muss sie lie-
ben- bleibt ausgerichtet auf eine Aufhebung der Wirklichkeit.
Die Alternativen dieser Aufhebung heissen Schöpfungszustand
(Thomas) oder Tod (Regine). In Musils Roman wird dieses
'oder' am Ende, die scheinbar einzige Möglichkeit einer
tätigen Aufhebung der Wirklichkeit, der Krieg sein.
Musils ideen- und ideologiekritischen Diagnosen privaten und
gesellschaftlichen Bewusstseins enden zynisch, ohne eine
praktikable Lösung zu bieten. Aber sie enden nicht in selbst-
zufriedenem Zynismus, sondern als Warnung eines skeptischen
Idealisten: 'keinen Unsinn zu tun' (401).

III. Ueberblick

> Man kann, wenn man nicht töricht ist,
> das Wesen von Dichtungen nur umschrei-
> ben wollen, allerdings in immer enger
> sich darum legenden Kreisen.(Mth. 58)

Bei der Interpretation der "Schwärmer" gingen wir aus von den
Elementen des Dramas, die mit den Stichworten 'Handlung',
'Charaktere', 'Zeit', 'Raum' und 'Dialog' bezeichnet sind.
Dieser weite Rahmen ermöglichte es, die Vielschichtigkeit und
Komplexität dieses nicht nur an Seiten umfangreichen Werks
darzustellen, die Vielzahl der miteinander verflochtenen
Themen und Probleme zu erörtern, auf stilistische Besonderheiten und auf die Abweichungen und neuen Formtendenzen innerhalb des Rahmens der traditionellen Dramenform hinzuweisen.
Musil hat mitgeteilt, er sei während der Arbeit an seinen "Schwärmern" bewusst nicht ins Theater gegangen, um unbeeinflusst sein
eigenes Theater zu machen; im Rückblick erscheint ihm sein Theater - "das der 'Schwärmer'" - als "utopisch", gegen die allgemeine Entwicklung gerichtet oder "abseits" von ihr. Seine Theaterschriften und auch Tagebucheintragungen zeigen neben einer
tiefgehenden Kritik des zeitgenössischen Theaters und Theater-
betriebs auch, dass Musil über die Entwicklung des Theaters
und die Probleme moderner Dramatik nicht immer gerade gut informiert war, den zeitgenössischen Produktionen nicht ohne
Vorurteile und Ressentiments recht global ablehnend gegenüber-
stand und zukunftsträchtige Versuche anderer nicht in ihrer Bedeutung erkannte. Bezeichnende Beispiele sind die Theaterkritik, in der Musil Pirandellos schon damals vieldiskutiertes
Stück "Sechs Personen suchen einen Autor" mit einigen brillanten Sätzen beiseite schiebt oder eine Notiz über den 'substanz-
losen Menschen' Brecht, der die Leute 'ergreife', indem er ihnen ihr eigenes Erlebnis vormache.[1]
Wo immer man heute die 'Krise des Romans' behandelt, wird Musil
genannt und sein Roman diskutiert. An Musils essayistischem Werk

wurde die 'Krise des Essays' aufgezeigt.[2] Musils dramatisches Werk lag "abseits" der Entwicklung sicherlich in dem
Sinn, dass es kaum beachtet und wirkungslos blieb. Musil be-
mühte sich wie wenige Dichter sonst, der sich in Wissenschaft
und Philosophie vollziehenden "geistigen Entwicklung" verbunden zu bleiben, war andrerseits aber eher formkonservativ
eingestellt und schätzte besonders Dichter und Dichtungen
vergangener Generationen.[3] Wohl deshalb wird die durch einen allgemeinen Bewusstseinswandel bedingte Divergenz von
Inhalt und Form, welche schon die Dramen des ausgehenden
neunzehnten Jahrhunderts kennzeichnet, wird die sogenannte
'Krise des Dramas' in Musils dramatischem Werk so modellhaft
sichtbar.
Im Blick auf die Formgeschichte der modernen Dramatik erscheinen die "Schwärmer" als ein typisches Drama des Uebergangs,
in dem das tradierte Formschema übernommen ist und traditionelle Formelemente mit neuen, den veränderten inhaltlichen
Intentionen erwachsenen Formtendenzen verbunden sind. Die inhaltliche Komplexität sowie die Ueberlagerung verschiedenartiger Stil- und Formtendenzen erklären, dass die "Schwärmer" in
Analysen und Kritiken vom Erscheinen des Werks bis heute so
unterschiedlich charakterisiert oder klassifiziert und mit so
verschiedenartigen älteren und neueren Dramen verglichen werden konnten. Versuche formelhafter Klassifizierung treffen
hier immer zu kurz, da dabei jeweils ein Aspekt überbewertet
oder verabsolutiert wird, so wenn man etwa von Denkspielen
oder psychologischem Drama spricht oder auch, wenn man zu
Formeln wie essayistisch-aphoristisches Drama oder gehoben
poetisches Konversationsstück greifen wollte. Der inhaltliche
Reichtum und die Ueberlagerung verschiedenartiger mehr oder
weniger klar ausgeprägter Formtendenzen sind einerseits Grund
für Missverständnisse und vereinseitigende Deutungen, andrerseits ergeben sich aus dieser Vielgestaltigkeit positive Anhaltspunkte für verschieden ausgerichtete Bühnenbearbeitungen
und Inszenierungen des Werks. Die inhaltliche und formale

Komplexität ist nur in differenzierender Deskription erfassbar und zu sehen im Zusammenhang mit den geistigen
Strömungen und dem Formwandel der Dramatik um die Jahrhundertwende.
Musils "Schwärmern" wurde der Vorwurf der Konventionalität
gemacht und - oft unreflektiert im selben Atemzug - der
Vorwurf, das Stück sei ohne Rücksicht auf dramaturgische
Regeln und Konventionen des Theaters geschrieben. Betont
wird gewöhnlich das 'Undramatische' des Stücks, woraus
dann vielfach die Einstufung als Lesedrama folgt. Aufgrund
einer genaueren Untersuchung und unter Berücksichtigung
der Formgeschichte moderner Dramatik scheint es zutreffender, von Antidramatik oder antidramatischen Tendenzen zu
sprechen: 'antidramatisch' im Sinne einer Auflösung der
Form des absoluten Dramas und Illusionstheaters, die teilweise in einer Veräusserlichung der Formkonventionen und
in dekuvrierender Kopie konventioneller Ereignisse der Dramatik besteht und die teilweise bedingt ist durch die für
das moderne Drama charakteristische Einführung der 'inneren Sicht' und das Dominantwerden der Reflexion, wobei die
der Form des absoluten Dramas immanenten Aussagen thematisiert und in Frage gestellt werden. Antidramatisch kann man
die "Schwärmer" auch in dem Sinn nennen, dass den Publikums-
erwartungen, den Forderungen nach spannend-dramatischen Verwicklungen, nur parodierend entsprochen wird und der Versuch
unternommen ist, komplizierte geistige Verwicklungen darzustellen und die Begrenzung des Dramas und der Bühne, die im
Zwang zu deutlicher und möglichst eindeutiger Veranschau-
lichung und klarer Antithetik besteht, aufzuheben.
Musil selbst hat in den Theaterschriften seine antidramatische
und antitheatralische Einstellung immer wieder zusammengefasst
in der Forderung nach einer "dichterischen" Dramatik. Dem folgend schrieb Karl Otten, Musil habe - wie später erfolgreicher
Garcia Lorca - dem auf naturalistischer Basis stehenden europäischen Drama den "Ausweg in das Dichterische" gewiesen.[4]

In dieser Hinsicht ist Musils Schauspiel vergleichbar etwa
den (von Musil geschätzten) Bühnenwerken Paul Claudels oder
dem poetischen Theater Christopher Frys.
Zusammen mit der inhaltlichen Interpretation wurden in den
vorangegangenen Abschnitten verschiedene Aspekte der Verbindung von Elementen traditioneller Dramenmuster mit antidramatischen Elementen ausführlicher behandelt. Einige wichtige Punkte sollen hier kurz zusammengefasst werden.

Die Handlung gibt - die Verwicklungen und personellen
Verquickungen verwirrend multiplizierend - einen typischen
Geschehnisablauf von Ehebruch- und Eifersuchtsdramen wieder.
Die im gewohnten Sinn 'dramatischen' Ereignisse erscheinen
als Zitat konventioneller Vorgänge der Dramatik und so als
kritisch parodierende Kopie der Theatralik konventioneller
Verhaltensmuster im Leben. Beispiele sind der belanglose,
breit ausgespielte Kampf um die Mappe im Schreibtisch, die
scheinbare Morddrohung oder der Schein-Selbstmord. Besonders
auch durch die Einführung des Privatdetektivs erhält die Handlung einen Zug zum Kolportagehaften. Eine Parallele im gegenwärtigen Theater- und Filmschaffen ist der häufige, meist
ironisch zitierende Rekurs auf die Handlungsschemata der
Comics. Wie die oft vorgebrachten Vorwürfe bestätigen, ist
die Konventionalität der Handlung in den "Schwärmern" jedoch
nicht deutlich genug als beabsichtigte und kritisch gemeinte
kenntlich gemacht. Die mit der Konzeption 'gewöhnliche Handlung - bedeutende Menschen' intendierte Kritik nach beiden
Seiten - Kritik der fixen, konservativen Verhaltensmuster
und Kritik eines erweiterten, aber ohnmächtigen Bewusst-
seinszustands - wird wohl vor allem deshalb verwischt, weil
die 'bedeutenden Menschen' Träger der Handlung sind, in der
Handlung stehen, und für das Auseinander von Verwirklichung
und Bewusstsein keine adäquate Form gefunden wurde. (Man
könnte vielleicht auch sagen, dass es sowohl bei der Hand-
lungsdarstellung als auch bei der Darstellung der bedeutenden Menschen an Satire fehlt.)

Deutlich ist das Abrücken von den Mustern des psychologischen
Dramas und der Charakterdramatik. Die Nebenfiguren sind typi-
sierte Charakterchargen der Komödie. Bei den Hauptfiguren
werden die individuellen Charakterzüge durch die Unbestimmtheit und Aehnlichkeit relativiert. Die Schwärmer erscheinen
als Varianten des sich suchenden und sich reflektierenden
Menschen, als Ich-gestalten, aus denen der Dichter spricht,
in deren Gesprächen der Monolog des Bewusstseins in Dialog
umgesetzt ist. Besonders in der expressionistischen Dramatik
finden sich zahlreiche Parallelen für diesen Vorgang, dass
personifizierte Ichabspaltungen an die Stelle der Antagonisten
treten, wobei eine die traditionelle Struktur des Dramas zwi-
schenmenschlicher Bezüge zerbrechende Tendenz zur Bewusst-
seinsdramatik, zum Ichdrama oder Monodrama erkennbar wird.[5]

Innerhalb der absoluten Gegenwartsfolge werden Vergangenheit und Utopie gegenständlich. Der erinnerte Zustand in
Kindheit und Jugend ist thematisiert als Gleichnis des gesuchten utopischen Zustands. Ansätze zur szenischen Vergegenwärtigung des Erinnerten sind sichtbar in den als Wiederholung
von Vergangenem gedeuteten Vorgängen. Beispielhaft für diese
Technik und die Verbindung von szenischem Vorgang und deuten-
dem Wort ist die Darstellung des Ineinanders von Kindheits-,
Traum- und Gegenwartszustand in der Kindheitsszene mit Thomas und Regine gegen Ende des letzten Aktes.

Der Handlungsort ist der Ort der erinnerten Vergangenheit.
Durch die Art der Darstellung wird eine "andere Wirklichkeit"
optisch vergegenwärtigt. Die Szenerie der bürgerlichen Wohn-
zimmerdramatik ist zwar übernommen, aber konsequent verwandelt.
Das gesellschaftliche Milieu bleibt durch die Verwandlung hindurch noch sichtbar, wesentlich ist jedoch die Darstellung
der in die Bühnenszenerie hineinprojizierten subjektiven Erlebniswelt der Hauptfiguren. Die dargestellte Raum- und
Dingwelt ist beseelte Welt und steht in Relation zum Realitätsbewusstsein und der Stimmung der Hauptgestalten. Die
verschiedenen Bühnenbilder vermitteln jeweils die Grundstimmung eines Aktes. (Durch die Beschränkung auf einen Raum,

ein Bild pro Akt könnte die Aussagewirkung jedoch mögli-
cherweise geschwächt werden. So ist das dritte Bild deut-
lich für eine bestimmte Szene, die Kindheitsszene, die
erst am Schluss des Aktes steht, entworfen. Durch das
Gleichbleiben der Bühnenbilder in verschiedenartigen
Szenen wird gleichsam die labile, vom schöpferischen
Erleben abhängige "andere Wirklichkeit" zur statischen
Vorgegebenheit.)

Im Dialog des Stücks, der die Form einer vom Nebensächlichen abstrahierenden, poetisch erhöhten Konversation
annimmt, wird das Dialogische in Frage gestellt. Charakteristisch für die Verhinderung des dramatischen Streitge-
sprächs ist die Farce auf das Rededuell der 'Helden' in
der Mitte des Stücks: Wenn die Szene hell wird,erweist
sich Thomas' Appell als Monolog ins Leere. Die Aufhebung
des Dialogischen zeigt sich im Aneinandervorbeireden der
Figuren, in der monologisch-lyrischen Erinnerung und den
monologisch-essayistischen Reflexionen. Der fragmentarische
Charakter der Aussprachen in den einzelnen Szenen wird vielfach von aussen motiviert durch Handlungsereignisse. Zur
Verknüpfung der Dialogpartien sind die konventionellen Techniken wie Anmelden, Horchen, Dazwischentreten angewandt. Im
Unterschied zum äusserlich tektonischen Bau des Stücks, dem
kausal-zeitlichen Zusammenhang der Akte und der Handlungsführung sind die Gespräche bestimmt vom Prinzip assoziativer
Reihung und differenzierender Variation. Signale dafür sind
die Ueberleitungen durch bedeutsames Wortspiel und die (oft
zitierende) Variation von Aphorismen.
In einzelnen Tagebuchnotizen Musils, die meist den Charakter
von Augenblickseinfällen haben, fanden wir Hinweise auf Lösungsmöglichkeiten der Form-Inhalt-Problematik, wie sie sich
in den "Schwärmern" zeigt. Gemeinsam ist den verschiedenartigen Notizen die Suche nach neuen Formen, die an die
Stelle der an die 'Einheiten' gebundenen Dramenform und
der Wirklichkeitsdramaturgie treten könnten.
1923 erwägt Musil die Möglichkeit einer "Ichform des

Dramas", die Einführung eines Kommentators der in und
über dem Bühnengeschehen steht (T 269).

1918 notierte Musil sich, man könne den kausal-zeitlichen Zusammenhang aufheben, die Zeit vor-und zurückspringen
lassen und Verschiedenzeitiges gleichzeitig geben. Auf das
Ideal des "dichterischen Ideenmosaiks" weist die Bemerkung,
dass der Kausalzusammenhang ersetzt werden könnte durch
einen "Motivenzusammenhang" (T 200f.).

In einer späteren Notiz ist die Möglichkeit einer Ent-
flechtung der in den "Schwärmern" ineinandergeschichteten
Ebenen von dramatischer Handlung (Faktizität), Drama der
Leidenschaften (psychologische Motivation) und Drama der
Ideen (geistige Motivation) angedeutet. Hier geht Musil von
einer anderen Bühnenform, dem Modell der Shakespearebühne,
aus. Musils Ueberlegungen zielen auf eine Umfunktionierung
der Spielebenen in Stil- und Bedeutungsebenen. Musil merkt
bei dieser Gelegenheit an, er habe sich wohl im engen Rahmen der 'Einheiten' nicht recht bewegen können (PD 699f.).

Im pathetischen Stil der "Schwärmer" kann man einerseits
eine Fortsetzung der Stiltradition klassischer Dramatik
sehen, er ist andrerseits Ausdrucksform jenes Lebenspathos,
das für die Literatur um und nach 1900 charakteristisch ist
(ohne dass eine eindeutige Zuordnung der "Schwärmer" zu bestimmten antinaturalistischen Strömungen, sei es Impressionismus, Jugendstil oder Expressionismus, möglich scheint).[6]
Charakteristisch für die "Schwärmer" sind der Einsatz des
Pathetischen in verschiedener Funktion und der Gegensatz
von idealistischer Pathetik und skeptisch-aggressivem Zynismus. Durch die pathetische Sprache und eine Tendenz zu nüch-
terner Kritik im Konversationston entsteht eine eigentümliche
Stilmischung (in Einzelfällen kann man auch von Stilbruch
sprechen). In den "Schwärmern" findet das Lebenspathos der
jugendlichen Erneuerungsbewegungen zu Beginn des Jahrhunderts
Ausdruck, und es wird zugleich - zumindest ansatzweise - parodiert, analysiert und rückblickend kritisiert.[7] Nur scheinbar

ein "Gipfelbeispiel" des individualistischen Dramas, geben
die "Schwärmer" in der Beschränkung auf den kleinen Privat-
bereich der Familie Gesellschaftskritik im Sinne einer zeitkritischen Darstellung geistiger Haltungen und Strömungen.
Konkrete Lösungsmöglichkeiten über die Zeitkritik hinaus
werden erst in Musils Roman essayistisch - auf Versuch -
diskutiert.

Ein Werk des Uebergangs sind die "Schwärmer" auch im Gesamtwerk Musils.[8] Sie stehen zwischen dem dunklen, metaphorischen Stil der "Vereinigungen" und dem brillanten
satirischen Stil, wie er in der Posse "Vinzenz" und besonders in Musils Roman ausgeprägt ist. Das Schauspiel
ist weitgehend unironisch. Das Satirische bleibt mit stel-
lenweisem Einbezug der Gestalten Anselm und Maria hauptsächlich auf die Darstellung der Nebenfiguren beschränkt.
Der Detektiv Stader ist die erste der komischen Figuren im
Werk Musils, in deren Reihe etwa Apulejus-Halm im "Vinzenz"
und Stumm von Bordwehr im Roman zu nennen sind. Auf offen-
sichtliche Aehnlichkeiten der Figuren in Musils Schauspiel
und Roman ist oft hingewiesen worden. So ist Thomas in mancher Hinsicht vergleichbar mit Ulrich, Anselm mit Walter,
aber auch dem schauspielernden Arnheim, Regine mit Clarisse
und Agathe, Maria teilweise mit Diotima oder Josef mit
Hagauer. Diese Aehnlichkeiten gehen teilweise darauf zurück,
dass Musil die selben wirklichen Personen und Vorgänge aus
seinem Erfahrungsbereich als Vorbilder und Anregungen für
die dichterische Erfindung verwertete. Wie die Tagebücher
und biographische Arbeiten zeigen, tragen die fiktiven Gestalten oft Züge des Dichters selbst, seiner Frau, seiner
Jugendfreunde und von Vertretern des literarischen und
öffentlichen Lebens. Die Aehnlichkeit der Gestalten im
Schauspiel und Roman zeigt aber auch die gleichbleibende
Beschäftigung mit bestimmten Problemen und bestimmten Zeit-
strömungen. Musil sah die Gegenwart bestimmt durch die Polarität von "Rationalität und Mystik" (T 237). Diese viel-

zitierte Formel könnte man, um Thematik und Handlung der
"Schwärmer" mit einer Abbreviatur zu kennzeichnen, abwan-
deln in:'Detektivik und Liebe'. Der Widerstreit von Denken
und Gefühl, Wissen und Glaube, pragmatischer und idealistischer Einstellung als Grundkonflikt dramatischer Literatur
ist in den "Schwärmern" aufs äusserste zugespitzt und
'aktualisiert' (im Sinne von: als Problem der Gegenwart
dargestellt) durch den Bezug auf den modernen Wissenschaftsgeist einerseits und die Lebensphilosophie beziehungsweise
Lebensmystik andererseits. In der poetischen Sprache von
Musils Schauspiel lautet die entscheidende Frage an die
rationalistischen und irrationalistischen Schwärmer:

> Und der Asket schlingt ein Seil um sein Herz
> und das andre Ende um den grössten Stern, den
> er nachts erblickt, und fesselt sich so. Und
> der Detektivmensch hat sein Gesicht an seinen
> Fährten und braucht es nicht aufwärts zu he-
> ben. Aber ich? Und du? (326)

Angesichts der Reaktionen mancher Kritiker bei späteren Aufführungen der "Schwärmer" hätte Musil sich mit denselben
Worten verteidigen können, die er 1921, im Erscheinungsjahr
der "Schwärmer", nach einer Aufführung von Claudels "Der
Tausch" an die Adresse der Theaterkritiker richtete:

> Auf der Bühne war eine ungeheure Lebensaus-
> einandersetzung und sie meinten, der Reportage
> einer sexuellen Angelegenheit beizuwohnen, mit
> überschüssiger Lyrik. Sie erinnerten sich nicht,
> dass die Schaubühne eine moralische Anstalt sei.
> (Mth. 20)

IV. Die Aufführungen der "Schwärmer" im Spiegel der Kritik

Anders als manche Musil-Interpreten und Kritiker waren Thea-
terpraktiker offensichtlich nicht der Ansicht, es handle sich
bei den "Schwärmern" um ein reines Lesedrama, ein bühnenfrem-
des Stück. Das Schauspiel wurde bisher mit unterschiedlichem
Erfolg an fünf Bühnen aufgeführt, ausserdem zweimal als Hör-
spiel bearbeitet und einmal als Anregung für einen Film verwertet.

Es scheint nicht ganz zufällig zu sein, dass sowohl bei den
"Schwärmern" als auch bei der Posse "Vinzenz" die jüngsten
Aufführungen - beide Male in Paris - das positivste Echo fan-
den.

Ein Hauptproblem für eine Aufführung der "Schwärmer" bleibt
die von den Theatergepflogenheiten her notwendige kürzende
Bearbeitung. Dabei wurde teilweise der Weg beschritten, auf
'Handlung' hin zu kürzen, zu 'straffen', also das Stück dem
konventionellen Dramenmuster anzugleichen, statt die essayistischen 'Längen' und die antidramatischen Tendenzen sichtbar werden zu lassen.

Was Musil, der Verfechter des Dichter-Theaters, einmal in einer Kritik zu einem Stück Barlachs schrieb, dürfte auch für
die "Schwärmer" empfehlenswert sein: "Es muss ein Regisseur-
drama nebenher gehen."

Im folgenden sollen Informationen über die Aufführungen, beziehungsweise Bearbeitungen und eine Zusammenfassung des Echos
der Kritik gegeben werden. Verschiedene Kritiken stützen die
Ergebnisse unserer Textanalyse und lassen erkennen, dass diese Dichtung auch auf der Bühne faszinierend zu wirken vermag.[1]

1920-1929: Anerkennung und vergebliche Hoffnungen

Musil hatte zunächst Mühe, einen Verleger für seine "Schwärmer zu finden. Er bot das Stück 1920 dem Fischer Verlag in
Berlin an, doch blieb auch die Vermittlung Johannes von

Alleschs ohne Erfolg. Franz Blei gelang es schliesslich den
Drei-Masken-Verlag (Sibyllen Verlag, Dresden) zu interessieren, in dem "Die Schwärmer" 1921 in einer 243 Seiten umfassen-
den Ausgabe erschienen.

Die Buchrezensionen sind ausnahmslos positiv. Ernst Blass,
Otto Ernst Hesse, Walther Michalitschke und Robert Müller
plädierten trotz einiger Bedenken wegen der Länge und Schwierigkeit des Stücks für eine Aufführung. "Die Schwärmer" könnten zum Auftakt einer neuen Epoche des Theaters werden, doch
müsste, so Robert Müller, das Theater dafür "im Personal um-
geschaffen" werden. Allgemein wird betont, nur sensible, geistige Schauspieler dürften die Hauptrollen verkörpern.

1923 wurde Musil (zusammen mit Wilhelm Lehmann) für seine
"Schwärmer" von Alfred Döblin mit dem Kleist-Preis ausgezeichnet. Aber auch die offizielle Anerkennung verhalf dem Stück
nicht zu einer Aufführung. Wie Berghahn mitteilt, hoffte Musil
auf eine Inszenierung durch Jessner oder Kortner.[2] Fontana
berichtet, Rudolf Forster habe für die Rolle des Thomas Interesse gezeigt und Elisabeth Bergner für die Rolle der Regine
gewinnen können. Der Wiener Regisseur Berthold Viertel war
bereit, das Stück in Berlin zu inszenieren. Für die Rolle
des Anselm dachte man an Alexander Moissi oder Ernst Deutsch.
Doch die Hoffnungen auf diese Traumaufführung zerschlugen sich,
und Fontana meint, das Missgeschick der "Schwärmer" habe wesentlich zur wachsenden Verbitterung Musils beigetragen. Franz
Blei, damals als Schauspieler tätig, setzte sich in Berlin
vergebens für eine Aufführung ein und berichtet 1923 in einem Brief an Gütersloh, er sei deshalb mit seinem Regisseur
Eugen Robert "ins Verkrachte gekommen".[3] Anlässlich der
Aufführungen von Musils "Vinzenz" äusserten verschiedene Kritiker den Wunsch, dass nun endlich auch Musils ernstes Schauspiel aufgeführt werde.

Wie aus einigen Vorbesprechungen zur Uraufführung der "Schwärmer" hervorgeht, hatte Max Reinhardt das Stück zunächst an-
genommen, dann aber wieder fallen lassen.

3.4.1929: Uraufführung im "Theater in der Stadt", Berlin

Thomas: Paul Günther / Maria: Martha Maria Newes / Regine:
Sonja Bogs / Anselm: Gillis van Rappard / Josef: Hans Halden /
Stader: Hans Carl Müller / Mertens: Sidonie Lorm
Bühnenbild: Emil Pirchan
Regie   : Jo Lherman

1929 bereitete der Regisseur Jo Lherman , der auch sonst im
Berliner Theaterleben eine unrühmliche Rolle spielte, ohne
Wissen Musils eine Aufführung der "Schwärmer" vor.[4] Anfang
März 1929 wurde Musil in einem Brief gebeten, schnell eine
gekürzte Theaterfassung der "Schwärmer" nach Berlin zu sen-
den. Musil antwortete, er besässe keine kürzere Fassung und
wandte sich gegen die geplante Rollenbesetzung. Als Lherman
trotzdem die Proben fortsetzte, protestierte Musil öffentlich - aber ohne Erfolg - gegen die geplante Aufführung.
Die Aufführung wurde zu einem kleinen Theaterskandal. Dass
die Kürzungen, die Regie, die Schauspieler, das Bühnenbild
dilettantisch waren, darüber sind sich beinahe alle Kritiker
einig. In der Bewertung des Stücks selbst gehen die Meinungen auseinander. Den meisten Artikeln ist anzumerken, dass
die Autoren den Originaltext nicht gelesen hatten. Zur Kurz-
fassung Lhermans bemerkte Kerr bissig: "Riesenarbeit: Musils
Werk auf den fünfzehnten Teil zusammenzuhauen." Zwei erhal-
tene Exemplare mit unterschiedlichen Kürzungsvorschlägen
für diese Aufführung lassen erkennen, dass der Text wahrscheinlich wirklich hemmungslos und sinnlos zusammengestri-
chen wurde.[5]
Auch abgesehen von der schlechten Aufführung urteilt die
Mehrzahl der Kritiker, das Stück sei für die Bühne - einige
fügen hinzu "die zeitgenössische" - ungeeignet. Die Schlagworte Lesedrama, Buchdrama, undramatisch oder Roman in Dia-
logform kehren immer wieder. Ausserdem findet man als Gründe
für eine Ablehnung,das Stück sei "hoffnungslos veraltet"
(Kienzl; ähnlich Elster, Nürnberg, Lustig, Feld, Fss.) und
es sei ein "überintellektuelles Machwerk" (ck; ähnlich Junghans, Kek., J.Kn.). Von den dreissig ausführlicheren Besprechungen sind knapp die Hälfte eindeutige Verrisse, die Be-

wertung der übrigen deckt sich weitgehend mit Kerrs Urteil:
"technisch unmöglich, innerlich wesensvoll."
Besonders häufig sind Hinweise auf Maeterlinck, Ibsen,
Strindberg, Schnitzler und Wedekind. Zum Beispiel so:
"Ein verworrenes Gemisch von unverdauten Ibsen-, Strind-
berg-, Schnitzler-, Wedekind-Resten." (J.Kn.). Bab schreibt:
"aufs äusserste gesteigerter Schnitzler." Weltmann sieht in
den "Schwärmern" einen "vorgeahnten Bruckner". Wiegler bemerkt, Musil versuche wie Rilke, die Bühne transparent zu
machen. Für Ihering sind die"Schwärmer" eine "transparente,
eine durchlässige Dichtung", "expressionistische Bühnen-
dichtung".
1929 wurde die deutsche Bühne hauptsächlich vom expressionistischen Theater, einer Welle von Kriegsstücken und dem
Beginn des politischen Theaters bestimmt. Während demgegen-
über vielen Musils Stück als überholtes Theater erschien,
sahen besonders die Starkritiker darin eine Art Endpunkt
und Wendepunkt. So spricht Ihering von einem endgültigen
Abschied vom 19. Jahrhundert und der "Selbstaufhebung der
Privatkunst", Pinthus vom "Höhepunkt seelenentschälender
Dramatik" und Kerr von einem "Gipfelbeispiel des individualistischen Dramas". Ein Kritiker (E.K.) merkt dazu vorsich-
tig an: "Wer will mit Bestimmtheit behaupten, dass dieses
individualistische Stück der Vergangenheit näher sei als
der Zukunft?"

17.6.1955: Erste Nachkriegsaufführung im "Landestheater
          Darmstadt"

Thomas: Alwin Michael Rueffers / Maria: Brigitte König /
Regine: Charlotte Jares / Anselm: Claus Hofer / Josef:
Gerhard Mittelhaus / Stader: Klaus Steiger / Mertens:
Ingrid Reinmann
Bühnenbild : Franz Merz
Bearbeitung: Gustav Rudolf Sellner und Egon Vietta
Regie   : Gustav Rudolf Sellner

Das Publikum spendete nur mässig Beifall, die Kritik reagier-
te etwas ratlos und orientierte sich weitgehend an den Bei-

trägen von Karl Otten und Paul Fechter im Programmheft.
(Auf Otten gehen übrigens die allgemein übernommenen falschen Angaben zurück, von Musil sei nur ein einziges Theaterstück erhalten und die Uraufführung der "Schwärmer" habe
in Wien stattgefunden.) Korn und Schuit weisen Fechter folgend auf gedankliche Aehnlichkeiten bei Max Scheler hin und
erinnern an die ähnliche Figurenkonstellation in Goethes
"Wahlverwandtschaften".
Musil war 1955 schon durch den "Mann ohne Eigenschaften" zu
Berühmtheit gelangt. Wohl deshalb auch die Scheu und Unsicherheit in der Kritik. Die dramatischen Werke waren noch nicht
wieder erschienen. Zaghaft werden Vergleiche zum Roman gezogen. Man weist besonders auf die Eigenschaftslosigkeit der
vier Schwärmer hin; auch das Drama bleibe "dem Schlussvorhang
zum Trotz" (Sch.) ein Torso. Korn sieht unverständlicherweise
in Anselm den "eigentlichen Repräsentanten" des "Mann ohne
Eigenschaften", Beckmann erkennt dagegen in Thomas eine deutliche Vorstudie zu Ulrich. "Das Individuum und individuelle
Schicksale sind nur Anlässe, eine gnadenlose Bilanz des Zeit-
klimas und Zeitcharakters zu ziehen." (Sch.): Nur selten werden die zeitkritischen Aspekte so betont. Neben der Beteuerung,
das Stück tauge nicht für die Bühne, finden sich auch Ansätze,
das 'Undramatische' zu reflektieren. Otten schreibt im Programmheft, Musil habe mit den "Schwärmern" dem auf naturalistischer Basis aufgebauten europäischen Theater den "Ausweg
in das Dichterische" gewiesen, den später Lorca mit mehr Erfolg beschritt. Otten zitiert Franz Bleis Bewertung der "Schwärmer" als "reines Theater". Fechter interpretiert (gegen den
Existenzialismus polemisierend, aber in krudem Heidegger-Nach-
folger-Jargon) das Spiel von der Suche nach "Essenz, Sein,
Wesen" brauche den Rückhalt am Theatermässigen; die psychologische Phase der Dramatik werde hier "bis zu den letzten auf
der Szene noch möglichen Verwirklichungen" vorangetrieben,
das Theater hebe sich auf: "die Wissenschaft auf der Szene
endet beim Nihilismus der Romantik: das Spiel aber erweist

sich auch hier als das Stärkere und der eigentliche Sieger."
Diese Anregungen werden von den Kritikern teilweise aufgegriffen. Zur Aufhebung des psychologischen Theaters schreibt
Beckmann, Musil habe augenscheinlich die Ausforschung (Stader) zunichte machen wollen, indem er sie übertrumpfte. Korn
hebt die "Ueberwindung der Person als Charaktercharge" hervor. Friedrich schreibt, die Szene werde "unter Verabschie-
dung aller realistischen Reiz- und Wirkungselemente in ein
geistiges Spannungsfeld" verwandelt, der Zuschauer müsse
"gleichsam auf das Theater verzichten, Zuhörer werden"; hier
erhalte der antitheatralische Begriff des "théâtre pur" einen Sinn. In einer Kritik wird zusammengefasst, das Stück sei
gleichzeitig "Vernichtung" und "Bestätigung" des Theaters
(Sch.). Die Inszenierung Sellners findet allgemein Lob. Sellner habe auf Ungewöhnliches und Regiegags verzichtet und die
Inszenierung ganz auf die "Wort-Choreographie" ausgerichtet.
Auch 1955 wurde wieder darauf hingewiesen, man werde wohl
erst in späterer Zukunft über die Bedeutung der "Schwärmer"
für die "Gestaltungsentwicklung szenischer Gebilde und Figuren" (Fechter) entscheiden können.
Die Reaktion   des Publikums auf das schwierige und pathetische
Schauspiel war offensichtlich zwiespältig. Beckmann berichtet,
Musil habe es immerhin fertig gebracht, mit einer "banal symbolisierten Bühnenhandlung", mit "lauter unfassbaren Dialogen,
absichtsvoll unprofilierten Rollen ein Publikum drei Stunden
lang einigermassen zu fesseln". Friedrich: "Musils Stück ist
ein leiser, aber energischer Aufruf, sich zum wesentlichen
Dasein zu bekennen, und die Seele, den Geist aus der Knecht-
schaft alltäglicher Verzweckung und Verlogenheit zu befreien.
Es ist kaum zu fassen, dass dieser Aufruf in Darmstadt zum
Teil mit Pfiffen und Gelächter quittiert wurde."

23.5.1956: Aufführung im "Zimmertheater" Bremen

Damen : Ingeborg Minoux, Luise Wilte, Christa Weitendorf
Herren: Joachim Peters, Udo Ludwig Rechter, Joachim Unmarsch
Regie : Wilhelm Berners

Diese Aufführung fand weiter keine Beachtung. Goebel berichtet im "Weser-Kurier", das Stück sei auf drei Stunden Spiel-
dauer gekürzt worden. Er betont, das Drama bewähre sich nicht
auf der Bühne, es sei "Literatur" mit der Sprache eines "sehr
erhobenen Feuilletons". In dieser "Ehekomödie" würden Intuition und Gefühl durch die Frauengestalten, Denken und Experiment durch die Männer vertreten. Die Inszenierung war nach
Goebel auf einen "überzeitlichen Expressionismus" ausgerichtet.

29.5.1958: Oesterreichische Erstaufführung an der "Tribüne",
           Wien

Thomas: Norbert Kammil / Maria: Susanne Polsterer / Regine:
Kitty Stengel / Anselm: Wolfgang Gasser / Josef: Walter
Simmerl / Stader: Francis Kristian / Mertens: Zora Zrinjski
Bühnenbild: Josef Brun
Regie   : Norbert Kammil

Zwei Monate nach einer Aufführung von Musils Posse im "Kleinen Theater an der Josefstadt" folgte die Wiener Kleinbühne
"Tribüne" mit den "Schwärmern". Die Kritiker (die ihr Metier
teilweise schon damals ausübten) erkannten in dem Stück vor
allem das Theater und die Atmosphäre der zwanziger Jahre
wieder (nicht jedoch die Kritik und Parodie dieser Zeit).
Sie vermissten in Musils Drama und der Wiener Inszenierung
die Ironie und setzten sich mit Musils Werk meist ironisch
auseinander. Torberg: "Was waren die zwanziger Jahre doch
für eine schöne, problemfrohe, dialogreiche Zeit!" In einer
zweiten, im allgemeinen positiveren Besprechung (Forum)
meint Torberg: "Ob Musil all diese Nichtigkeiten, um die
es da geht, tatsächlich für Wichtigkeiten gehalten hat,
bleibt im Grunde unerheblich." Anders als bei der Darmstädter
Aufführung wird diesmal wieder häufig auf die Vorläufer dieser "damaligen Dramatik" (R.) verwiesen. "Ein Stück form-

loser Wildnis, wie wenn man Strindberg und Ibsen, Schnitzler
und als Zugabe Georg Kaiser unter einen Hut bringt", schreibt
beispielsweise Blaha unter der Ueberschrift "Musils zerrisse-
ne Schwärmer von Anno dazumal". Für Torberg erschienen die
"Schwärmer" in der Wiener Aufführung als "Neo-Gartenlaubismo",
für Karl dagegen als "kalter Expressionismus", eine "Ausdrucks-
kunst des Intellekts". Man wertete die "Ausgrabung" (Grimme)
von Musils Drama als "literarisches Verdienst auf Kosten des
Theaters" (Blaha). Torberg merkt jedoch an, diese "Tragödie
des Intellekts" sei dort am besten, wo sie sich am weitesten
vom Theater entferne. Hagen sieht in den "Schwärmern" eine
"zeitlose Untersuchung seelischer Vorgänge". Man müsse das
Stück zweimal lesen und dann anschauen, um zu erkennen, dass
Musil nicht nur Epiker war. Unter den Kritiken ragt die Besprechung Fontanas heraus, der mit Musil befreundet war und
das Drama aus der Kenntnis von Musils Gesamtwerk interpretiert.
Fontana weist besonders auf die antiillusionistischen Aspekte
des Schauspiels hin, die der Darstellung "gesteigerter Natur"
dienten. Wie auch die meisten anderen Kritiker lobt Fontana
das Bühnenbild von Brun, kritisiert jedoch die Regie und die
für die Rollen der Schwärmer nicht ausreichenden Leistungen
der Schauspieler.

4.3.1961: Französische Erstaufführung: "Les Exaltés" im
         "Théâtre Moderne", Paris

Thomas: Marc Cassot / Maria: Luce Garcia Ville / Regine:
Delphine Seyrig / Anselm: Sacha Pitoëff / Josef: Yves Brain-
ville / Stader: Pierre Leproux / Mertens: Madeleine Cheminat
Bühnenbild: Sacha Pitoëff und André Lacombe
Regie   : Sacha Pitoëff

Zu dieser Aufführung erschien nur ein Verriss - im "Figaro".
Doch selbst an dieser Glosse kann man ablesen, dass in Paris
eine musiltreue Inszenierung gelang. So empört sich Gautier
beispielsweise - im Namen der "santé de gout" argumentierend -,
immer wenn etwas klar werde, solle es anscheinend noch eine

andere Möglichkeit geben. (Im "Figaro Littéraire" folgte
eine positive Würdigung des "Möglichkeitssinns" und der
"Schwärmer" durch Lemarchand.) Von dieser Ausnahme abgesehen zeichnen sich alle Kritiken zu dieser Aufführung
durch ein hohes Niveau der Auseinandersetzung aus. Bei den
meisten Verfassern kann man eine profunde Kenntnis von Musils Roman vermuten. Thomas wird verglichen mit Ulrich,
Anselm mit Walter, Josef mit Hagauer und Regine mit Agathe
und Clarisse. Auch die französischen Kritiker beginnen meist
mit dem Hinweis, es handle sich um formal konventionelles
Theater, das Stück sei gegen die dramatischen Regeln geschrieben, übersteige die Aufnahmefähigkeit des Zuschauers,
auf der Bühne gehe das Beste verloren. Die Handlung (die
übrigens einer Darstellung im Programmheft folgend meist
sehr klar wiedergegeben wird) entspreche dem Schema der
Boulevardstücke. Dennoch aber, so schreibt beispielsweise
Poirot-Delpech, müsse man die "Schwärmer" den meisten gutgemachten Stücken vorziehen. Betont werden die faszinie-
rende Stimmung und die Bedeutung der Reflexionen. Neben
dem Vergleich mit Ibsen und Tschechow werden zeitgenössische Dramatiker genannt, in deren Werken wie bei Musil eine Weltsicht, eine Philosophie dramatisiert sei. ('Dramatisierte Philosophie' hat bei den Franzosen nicht unbedingt
einen negativen Beigeschmack.) Erwähnt werden Dürrenmatt,
Sartre, Marcel. Gabriel Marcel, der in mehreren gehobenen
Konversationsstücken seine Ich-Du-Philosophie ebenfalls
formal konventionell dramatisiert hat, schreibt in seiner
Kritik, der Zuschauer habe es bei Musils "Schwärmern" nicht
mit einem fertigen Drama zu tun, sondern erlebe den Ent-
stehungsprozess eines Dramas. Ausgehend von der Aehnlichkeit der Figuren vermutet Marcel, Musil habe sein Drama abgeschlossen, ehe die Gestalten sich in der dichterischen
Phantasie zu selbständigen Personen herauskristallisiert
hätten. Marcel spricht von einer Art 'Frühgeburt'. Andere

Kritiker dagegen sehen gerade im Entwurfcharakter der
Figuren eine Besonderheit des Dramas, dessen Helden nach
ihrer Identität suchten und sich zu entwerfen trachteten.
Paget weist zu Recht darauf hin, dass die Ideen nicht an
bestimmte Personen gebunden sind. In einigen Kritiken finden sich Ansätze, den meist unreflektierten Widerspruch,
es handle sich um konventionelles Theater und das Stück
sei gegen alle dramatischen Konventionen geschrieben, zu
deuten. Alter vermutet eine List Musils. Musil habe vielleicht die Form des alten psychologischen Theaters übernommen, um es durch die innere Handlung als ungenügend
zu übersteigen und so aufzulösen. Kanters bewertet Musils
Drama als originellen Versuch, eine psychologische Welt
mit 'n Dimensionen' in den Grenzen der Bühne darzustellen.
Die Konzeption des Stücks verrate mehr vom 'Anti-Theater'
als die Werke, die man jetzt mit diesem Titel versehe.

Auffallend ist, dass in allen Kritiken die Rolle der
Vergangenheit und besonders die Suche der Schwärmer nach
der Kindheit betont wird. (In Kritiken anderer Aufführungen
findet dieser Aspekt kaum Beachtung.) Typisch für die
Kritiken der Schwärmer-Aufführung in der Stadt Prousts
ist die Ueberschrift: "Les Exaltés ou la recherche du
paradis perdu" (Daix). Offensichtlich hat trotz der Länge
der Aufführung (drei Stunden) der letzte Akt besonders ein-
drücklich gewirkt. Marcel: "Le troisième acte est vraiment
beau."
Die Schauspieler, ausser Sacha Pitoëff als Anselm, werden
allgemein gelobt, die Leistungen von Marc Cassot als Thomas und besonders Delphine Seyrigs als Regine geradezu
enthusiastisch gepriesen. Die Uebersetzung Jaccottets wird
wegen ihrer Texttreue teils angegriffen, teils gerühmt.

Aufgrund von Theaterkritiken lässt sich nicht mit Bestimmtheit sagen, ob die Aufführung der "Schwärmer" in
Paris - die bisher letzte - auch die beste war. Jedenfalls

hat Musils dramatisches Werk in Paris die meisten interessierten und verständigen Kritiker gefunden. Musil hatte wohl
recht, wenn er das "Aufmerkenkönnen der Franzosen auf die
Bühnenkonversation" lobte. Vielleicht aber waren einfach
1961 - nachdem früher immer betont wurde, die Zeit sei wohl
noch nicht 'reif' für dieses Stück - durch die Verbreitung
von Musils Roman und durch einen allgemeinen Bewusstseinswandel beim Publikum und der Kritik und durch die Gewöhnung
an 'anderes' Theater die Voraussetzungen für ein besseres
Verständnis des Stücks geschaffen.

Zwei geplante Aufführungen der "Schwärmer" an bedeutenden
Theatern fielen in den sechziger Jahren aufgrund von Inten-
dantenwechseln aus.[6]

Hörspielbearbeitungen

Hörspiele werden heute gewöhnlich in der Presse nicht mehr
oder nur mit einigen allgemeinen Bemerkungen kritisiert. Der
Verfasser hat eine der Sendungen gehört, die zweite Bearbeitung
im Funkmanuskript gelesen.[7] Da vielfach die Meinung vertreten wird, Musils Drama lebe allein vom Wort, könnte man annehmen, die 'Aufführung' als Hörspiel sei eine sehr geeigne-
te Form. Die beiden Bearbeitungen lassen jedoch erkennen,
welche Bedeutung in Musils "Schwärmern" der szenisch-optischen
Vergegenwärtigung zukommt. Besonders die Schlusszenen mit Thomas und Regine verlieren viel von ihrem Reiz im Hör-Spiel.
Dass die Bearbeiter Zwischentexte schreiben mussten, um den
szenischen Vorgang (zum Beispiel Anselms Theatertod) deutlich
zu machen, zeigt die Sparsamkeit Musils bei der Wiedergabe
des Handlungsmässigen durch das Wort.

28.6.1956: "Die Schwärmer" im Nachtstudio des Bayrischen
         Rundfunks, München

Thomas: Erik Schumann / Maria: Margot Trooger / Regine:
Marianne Kehlau / Anselm: Horst Frank / Josef: Friedrich
Domin / Stader: Hans Herman-Schaufuss / Mertens: Gisela
Zoch
Funkbearbeitung: Ingeborg Bachmann
Regie   : Gert Westphal

Ingeborg Bachmann hat als Prolog und Ueberleitung zwischen
den Akten aus verschiedenen Teilen des Dramas (aus Thomas-
und Anselmpassagen) Aphorismen und andere allgemeine Reflexionen zu Monologen zusammengestellt, die vom Sprecher
des Thomas vorgetragen werden (leider in einem Tonfall, wie
man schmerzliche Liebesgedichte und nicht wie man Essays
liest). Anselm wird erst in der letzten Szene von Akt I eingeführt, verschiedene auseinanderliegende Szenen mit gleichen Personen sind zusammengenommen. In den Staderszenen
ist die Wissenschaftssatire gestrichen. Gestrichen wurde
auch alles 'Unanständige'. In der Bearbeitung Ingeborg Bachmanns wurden "Die Schwärmer" lyrisiert, der Zynismus ging
verloren. Unter der Regie Gert Westphals entstand ein Hör-
spiel an den Grenzen erträglicher Sentimentalität und Pathetik. Das Stück endet nicht mit "sie wird doch keinen Unsinn tun", sondern auf Thomas' Worte vom Sinken "ohne unter-
zugehen" folgt von Regine ein tragisch zerschmelzendes "um
unterzugehn".

'11.11.1966: "Die Schwärmer" im Oesterreichischen Rundfunk,
         Wien

Thomas: Erik Frey / Maria: Vilma Degischer / Regine: Eva
Zilcher / Anselm: Heinrich Schweiger / Josef: Paul Hoffmann /
Stader: Paul Obonya / Mertens: Gretl Elb
Funkbearbeitung: Viktor Suchy
Regie   : Ernst Schönwiese

In der Bearbeitung wird versucht, etwas von der Wirkung der
Bühnenbilder und der Stimmung des Landhauses durch akustische
Mittel wiederzugeben. (Das Funkmanuskript schlägt als Ein-

leitung und als Ueberleitung zwischen den Akten und auch
einzelnen Szenen "expressive Musiktakte" aus dem Kammer-
konzert von Alban Berg vor, mit Einblendung von Vogelstim-
men.) Die einzelnen Dialogpartien sind kürzer, es entsteht ein rascher Szenenwechsel. Mehrfach wird ein kom-
mentierendes Beiseitesprechen über Verzerrerstufe einge-
fügt. Im Ganzen wird das Konversationsstückhafte verstärkt,
die Sprache ist mehr dem Umgangssprachlichen angenähert.
Durch viele Zusätze wie "mein Bester", "meine Liebe" und
durch die Wiederholung der Kosenamen ("Träumelinchen",
"Krählein") erhält die Konversation etwas alltäglich Ge-
mütliches. Die Parodie auf Positivismus und Psychologis-
mus fällt weitgehend weg. Pathetik ist vermieden, der Zynismus gemildert. Bei den (für ein Konversationsstück geschickten) Kürzungen wurde auf viele Aphorismen und besonders auf
die bildstarken poetischen Texte verzichtet. Das Funkmanuskript umfasst (nur) 96 Schreibmaschinenseiten. Allein
aufgrund des Manuskripts lässt sich jedoch diese Hörspiel-
bearbeitung nicht adäquat beurteilen.

1968: "Die Schwärmer" im Film "I Visionari"

Darsteller: Adriana Adti / Jean-Marc Bory / Luigi d'Iberti /
Pierluigi Apra / Laura de Marchi / Olimpia Carlisi /
Fabienne Fabre
Szenario   : Maurizio Ponzi und de Gregorio, nach einer Idee
             von Maurizio Ponzi
Kamera   : Angello Barcella
Regie   : Maurizio Ponzi
Production: 21 Marzo Cinematografica

Es handelt sich nicht um eine Verfilmung der "Schwärmer".
Ponzi hat inspiriert von den "Schwärmern" das Wechselspiel
von Einbildung und Wirklichkeit, Theater und Leben, auf ei-
gene Weise filmisch gestaltet. Der Film beginnt mit der
Probe einer Szene aus den "Schwärmern" und endet mit einem
Ausschnitt aus der erfolgreichen Aufführung, die der Regisseur
Carlo aus den Kulissen verfolgt. Roberto, der Darsteller des

Anselm, verliebt sich in die Freundin des Regisseurs Carlo.
Carlo identifiziert Roberto mit der Figur Anselm und erkennt erst zu spät, dass er ihn so in diese Rolle hineinge-
drängt hat. Während der Uraufführung erlebt der Regisseur,
dass Roberto in der Rolle des Anselm zugleich gegen ihn,
Carlo, revoltiert. (Interessant ist, dass Carlo, die
Parallelfigur zu Thomas, die Funktion des Regisseurs der
"Schwärmer" erfüllt. Die Regisseurrolle spielt Thomas ja
teilweise auch im dramatischen Konflikt von Musils Stück.)
In Kritiken zum Film werden der Intellektualismus, sublime
ästhetisierende Einstellung und die Zitatmontagen hervorgehoben. Der Film beziehe seinen Reiz aus dem Ineinander von
Fiktion und Realität, Musils "Schwärmer" fungierten als
Katalysator. Vielleicht ist dieser Film Anzeichen für eine
beginnende Wirkungsgeschichte der "Schwärmer".[8]
Der erste Spielfilm Ponzis, der allerdings nur auf Festivals
gezeigt wird, erhielt auf dem Film-Festival 1968 in Locarno
den ersten Preis, den "Goldenen Leoparden".

"VINZENZ UND DIE FREUNDIN BEDEUTENDER MAENNER"

I. Die 'ernste Posse'

Musil hat sein zweites Theaterstück als "Posse" bezeichnet.
Helmut Arntzen stellt es mit Recht in die Tradition der
ernsten Komödienliteratur und charakterisiert es als "ernste
Posse". Auf allgemeine Ausführungen zur Komödie und Satire
sowie auf eine der Handlung der Posse folgende Interpretation kann hier verzichtet werden. Es sei dazu besonders verwiesen auf Arntzens Arbeiten zur Satire und speziell seine
Untersuchung "Wirklichkeit als Kolportage. Zu drei Komödien
von Georg Kaiser und Robert Musil".[1] Die bisherigen Arbeiten zu Musils Posse sind meist unabhängig von einander entstanden; verstreute Informationen finden sich in Untersuchungen zu Leben und Werk Musils. Im folgenden Ueberblick
werden daher auch Hinweise auf die verschiedenen Interpre-
tationsansätze, Ergebnisse und Wertungen gegeben. Mehr Beachtung als bisher verdienen die Ausführungen in manchen
Theaterkritiken. Einzelne Kritiken werden schon im Interpretationsteil berücksichtigt. Das Kapitel wird ergänzt durch
den Ueberblick über die Urteile der Kritiker zu den recht
zahlreichen Aufführungen der Posse.

Wende zur Satire

Die Entstehungsgeschichte von Musils erstem Bühnenwerk er-
streckt sich über mehr als zehn Jahre. Die "Schwärmer" erschienen 1921. In relativ kurzer Zeit entstand danach sein
zweites Stück. Die Posse "Vinzenz" wurde 1923 uraufgeführt.
In Musils Tagebüchern finden sich keinerlei Eintragungen zur
Posse aus der Zeit ihrer Entstehung. Auch sind keine Entwürfe zu diesem Stück erhalten.[2] Doch deuten dramatische
Versuche und Tagebuchnotizen aus der Zeit um und nach 1920
auf Figuren, Motive und Stilhaltung der Posse Musils hin.

Ein 'Genie nach unten' ist der Held des melodramatischen
"Vorspiels" (PD 586-594), den seine "Feinde" anklagen, weil
er keinen Beruf hat und keinen Sinn für "Erwerb". Die "Feinde"

sind je ein Schieber, Richter, Professor, General, Politiker und ein Diener. Aehnlich typisiert tauchen in leicht
veränderter Auswahl diese die Gesellschaftsordnung reprä-
sentierenden Berufsmenschen als die "bedeutenden Männer"
im "Vinzenz" wieder auf.[3]
Nur ganz kurze Auszüge sind aus dem "Entwurf zu satirischem
Drama" veröffentlicht, der wahrscheinlich Ende 1920 entstand
(PD 670f.). Geplant war eine Zukunftssatire verbunden mit
Liebesgeschichten und Satire auf den Kulturbetrieb und die
Situation des Schriftstellers. In dem von Frisé veröffent-
lichten Personenverzeichnis zu diesem Entwurf steht an erster
Stelle "Tempora Maier", die als eine Vorläuferin der Salon-
dame Alpha erscheint. Es heisst dort:"Die Zeit. Liebt Boxer
- mit nicht ganz gutem Gewissen - Ingenieure, tatkräftige
Kaufleute, Clemenceaus und Rollands usw. Von Dichtern mit
Herablassung die Edschmids."(PD 670) Wie im "Vinzenz" der
Grosskaufmann Bärli, so figuriert auch hier schon an zweiter
Stelle der Vertreter des Kapitals:"Treuhand Maier".
Die Tagebücher ab 1920 zeigen bei weitgehend gleichbleiben-
der Interessenrichtung und Thematik eine Abwendung von der
heroischen Haltung des vorangegangenen Jahrzehnts (in dem
die "Vereinigungen" und die "Schwärmer" entstanden) und die
Hinwendung zur Satire. Die Einfälle und Ueberlegungen zur
Satire und satirischen Technik stehen teilweise im Zusammenhang mit der Arbeit am Roman, können aber auch als Deutungshilfen im Hinblick auf die Posse gelesen werden. Einige Beispiele aus den Tagebüchern können hier genügen. Eine der entscheidenden Stellen lautet:"Satirische Technik. Man muss auch
das, was man liebt, so durchdenken und beherrschen, dass es
satirisch erscheint."(T 260) Die satirische Behandlung der
Lieblingsthemen Musils wie "anderer Zustand" oder "Eigenschaftslosigkeit" ist im Vergleich mit den früheren Werken
das entscheidend Neue in der Posse.[4]
Im selben Tagebuchheft notierte Musil:"Bisher immer
prometheische Menschen gezeichnet. Könnte ich nicht auch
leichtsinnige lieben (Peer Gynt) und das Leben kritisieren,

indem man es nicht ernst nimmt und ein sympathischer Lump
ist?" (T 261) Ein phantastischer Lügner wie Ibsens Peer
Gynt und ein sympathischer Lump, der die Wirklichkeit kritisiert und nicht ernst nimmt, ist der Vinzenz in Musils
Posse. Etwas früher hatte Musil sich vorgenommen: "Achil-
les alles das tun lassen, wo ich Vernunft- und Ueberzeugungshemmungen habe." (T 249) Ulrich, der spätere Nachfolger der
Achillesgestalt, leidet - anders als der Held der Posse -
wieder an Ueberzeugungshemmungen.
Auf die satirische Technik im "Vinzenz" weisen auch Notizen wie "Einen Menschen ganz aus Zitaten zusammensetzen!"
(T 226) und "Menschen zeigen, wie sie ganz aus Reminiszenzen zusammengesetzt sind, die sie nicht kennen." (T 254)[5]

Zahlreiche Tagebuchnotizen dieser Zeit kreisen um die Themen Berufsmoral, seelisches Bedürfnis der Berufsmenschen,
Abhängigkeit des geistigen Lebens von der Wirtschaftsord-
nung, Zusammenhang "Kapitalismus-Seele".[6] Die Posse ist
Musils erstes Werk, in dem Geld eine Rolle spielt, in dem
die Welt des Kommerz und die Kommerzialisierung des Seelischen satirisch dargestellt wird. Hier deutet sich die grosse Satire auf die "Fusion von Seele und Geschäft" in Musils
Roman an.[7]

Satyrspiel zu den "Schwärmern"

Musils Posse ist in der Sekundärliteratur sowohl mit dem
Roman als auch mit seinem ersten Bühnenstück verglichen worden. Besonders häufig wird die Verwandtschaft der Figuren
hervorgehoben, so etwa im Hinblick auf den Roman eine gewisse Aehnlichkeit von Vinzenz und Ulrich[8], von Alpha und Diotima[9] oder auch von Alpha, der "Anarchistin", und Agathe[10].
Der Klub der "bedeutenden Männer" erinnert an die 'Parallelaktionäre' in Diotimas Salon. Ganz im Hinblick auf den "Mann
ohne Eigenschaften" wird die Posse von Braun interpretiert.[11]
Arntzen betont die Gemeinsamkeit des satirischen Stils. In
allen Arbeiten wird auf die Uebereinstimmung von Themen und
Motiven wie "Eigenschaftslosigkeit", "anderer Zustand" und

auf das Geschwistermotiv hingewiesen.[12]

Von der Aehnlichkeit der Motive und Gestalten gehen Kaiser/
Wilkins auch beim Vergleich der Posse mit den "Schwärmern"
aus. Wie in den "Vereinigungen" behandle Musil auch in den
Theaterstücken das gleiche Thema zweimal. Die Motive und
Gestalten der "Schwärmer" kehrten in der Posse jedoch nur
in "verzerrter Form" wieder. Die Posse Musils sei "zweifel-
los sein schwächstes Werk", könne allerdings im Blick auf
die Gesamtentwicklung Musils auch positiv bewertet werden,
nämlich als "Ausdruck einer inneren Befreiung"[13]. Anders
sind die Akzente schon in Berghahns Musilbiographie gesetzt,
der in der Posse "gleichsam das Satyrspiel zu den 'Schwärmern'" erkennt: "In der Posse kehren noch einmal die Motive
wieder, die das dramatische Hauptwerk angeschlagen hat, nun
in der Persiflage überzogen und mit den Mitteln bühnenwirk-
samer Karikatur entwickelt. Es mag, betrachtet man seine
poetische Substanz, ein leichtgewichtiges Werk sein, auf
dem Wege der Distanzierung vom 'Tiefsinn' kommt ihm jedoch
ausserordentliche Bedeutung zu. Zum erstenmal wird über die
Länge eines ganzen Stückes Ironie als Stilmittel probiert,
zum erstenmal schreibt Musil eine Satire. Das hat grosse
Folgen"[14]

Gleichsam als Satyrspiel zum ernsten Schauspiel wird die
Posse auch bei Scharang umschrieben: "unmittelbar nach den
'Schwärmern' entstanden, bezieht sie (die Posse) ihre Inten-
tion von diesen, und zwar als ironisch-auflösende Reaktion
auf die pathetische Durchführung der Themen im Schauspiel."[15]
Dieser Aspekt des Satyrspielhaften (Berghahn), der "ironisch-
auflösenden Reaktion" (Scharang) oder der "satirischen Umkehrung" (Jesch[16]) ist bei Vergleichen der Posse mit den
"Schwärmern" unbedingt mit zu bedenken. Ein Vergleich von
Themen, Motiven und Gestalten in den beiden Stücken kann den
Blick für die 'ernsten' Probleme in der Posse schärfen. Die
thematisch ausgerichtete Untersuchung führt jedoch dazu,
die Eigenart und den Wert der Posse zu verkennen, wenn dabei
die Art der Behandlung der Themen, die Darstellungsform, un-

berücksichtigt bleibt, zumal wenn noch einfache 'Ernsthaftigkeit' als literarischer Wertmasstab gesetzt wird[17].
Charakteristisch für die Posse ist gerade, dass auch die
ernsten Themen Musils hier mit Selbstironie und Selbstsa-
tire behandelt werden. Insofern kann man sagen, dass die
Posse als Satyrspiel das ernste Schauspiel voraussetzt,
oder anders gesagt, dass für den Leser oder Zuschauer, der
Musils ernstes Schauspiel oder Musils Ideenwelt nicht kennt,
vieles vom Reiz der Posse verborgen bleiben wird.
"Mag der Teufel wissen, was für Zustände es sind." Das ist
ein gänzlich neuer Ton im Werk Musils. Auch Vinzenz ist ein
Schwärmer, der den "anderen Zustand" erkunden will, der dem
Jugenderlebnis 'nachreist'. Die neue antiheroische Haltung
wird deutlich, wenn er erklärt:"ich sagte mir also, dass man
unmöglich Kathi oder Vinzenz heissen und sich dauernd in
solchen Zuständen befinden könne."(421) In einem Satz fasst
Vinzenz anschliessend einen Hauptgedanken Musils - das Problem der Flüchtigkeit des"anderen Zustands"im menschlichen
Leben und die Deutung der Kunst von der Theorie des"anderen
Zustands"her - zusammen:"Aber eines ist sicher: dass man sie
(solche Zustände) in Stein festhalten kann, wie Bernini die
vom Pfeil des Himmels getroffene heilige Therese, oder in
Versen, aber nicht im Fleisch und Blut." Das mystische Erleben der Welt im Zustand der Liebe wird von Vinzenz sehr
eindringlich, aber ohne 'heiligen Ernst' beschrieben. Diese
charakteristische Stelle sei hier ganz wiedergegeben:

> Ich hatte Dich so lieb, dass jeder Strauch, jeder
> kleine bellende Hund gewissermassen einen Du-Akzent
> davon hatte. Du kennst das, Du hattest mich ja auch
> so lieb. Man ist kein Körper mehr, sondern nur ein
> Wölkchen in einer klaren Durchlässigkeit, in der die
> andren Menschen und Dinge auch nur wie Wölkchen sind.
> Man versteht die Reden der Berge und Täler, des Was-
> sers und der Bäume, weil man zueinander auch nicht
> mehr mit Worten spricht, sondern nur mit dem Glück
> des Daseins als zwei kleine nebeneinander geritzte
> Striche in der Unendlichkeit. Man kann schliesslich
> kein Stücklein Brot mehr essen, sondern kaut daran
> wie eine Gebetsmühle. (420 f.)

Durch die Beispiele und besonders die Verkleinerungsformen

wird der Aussage falsche Grossartigkeit genommen, das
Pathos ("Glück des Daseins", "Unendlichkeit") zurückgenommen, ohne dass die Skepsis umschlägt in einen letztlich ebenso pathetischen Zynismus. Durch das Stilmittel
der Ironie gelingt hier, was in den "Schwärmern" problematisch bleibt, die Distanzierung von falscher Romantik,
von der Redeweise der Irrationalisten und Modemystiker.[18]
Musil setzt in der Posse nicht nur sprachliche Mittel
ein, um ernste Aussagen unpathetisch erscheinen zu lassen.

> Aber Liebe zwischen zwei Menschen von Bedeutung
> ist doch keine Privatangelegenheit. - Sondern ihr
> Gesamtverhältnis zur Welt! (442)

Diese Worte könnten so auch in den "Schwärmern" stehen.
Vinzenz' Worte werden, wie Arntzen schreibt, noch beson-
ders "akzentuiert" durch die Zäsur zwischen den beiden
Sätzen: Vinzenz läuft nach dem ersten Satz hinaus, um die
Türe zu öffnen.[19] Die ganze Situation dient andererseits
aber auch dazu, das Pathos aufzuheben. Vinzenz zögert, die-
se Worte zu sprechen; er möchte sich eigentlich vor dieser
Antwort an Alpha drücken. Aber Alpha lässt seinen Flucht-
versuch ("Es läutet!") nicht zu und befiehlt:"Antworte!" Nach
Vinzenz' gewichtiger Aussage erscheint die komische Figur
Apulejus-Halm mit einem Blumenstrauss. Gleichzeitig leitet
Vinzenz aus seinen Worten eine Schlussfolgerung als Rat
an Alpha ab, und zwar in einer satirischen Kehrtwendung:
"Mach deinen Frieden mit der Welt." Diese Welt ist reprä-
sentiert durch Apulejus-Halm und die "bedeutenden Männer".
Die Wirklichkeit wird dem Ideal entgegengesetzt. Diese lä-
cherliche Welt bestimmt was Liebe ist, nicht die Liebe das
Verhältnis zur Welt. Wie in den "Schwärmern" ist im "Vinzenz"
'Liebe', nicht 'Ehe' das Problem. Im Schauspiel sagt Thomas
einmal zu Maria:"Aber die Vorstellung, mich mit dir in eine
völlige Gemeinschaft einzusperren, erscheint mir kindisch ..."
(383) Weil er nicht an eine völlige Gemeinschaft glaubt, ist
Vinzenz vor seiner Jugendliebe geflohen (421). Alpha verbittet

sich, eine Institution wie die Ehe ernst zu nehmen. Mit
einer kindlich naiven Argumentation wird die Vorstellung
einer institutionalisierten Liebe als kindisch und lächerlich dargestellt.[20]

> Wenn ich ihm selbst verzeihen wollte, dass er mich
> geheiratet hat, so ist es doch einfach ein Missbrauch,
> das ernst zu nehmen. Weil ihn Beamte des Staats - die
> ich gar nicht kannte - irgendeinmal als meinen Mann
> erklärt haben, möchte er sich erlauben, wann immer zu
> mir zu kommen, ohne eingeladen zu sein? (418)

In den "Schwärmern" spricht Thomas von der Flucht der "unbestimmten" Menschen vor den "bestimmten" (314). Vinzenz
drückt dasselbe so aus:"Sie haben mir den Kampf um meine
Existenz und gegen mein Wesen angedroht, und ich - habe da
doch eigentlich gar nichts zu verteidigen."(434) Spöttisch
die Vorstellung vom harmonischen Charakter für den 'Charak-
terlosen' verbuchend beschreibt Vinzenz die Eigenschaftslosigkeit und Vielgestaltigkeit:"während jeder andre in
einer Farbe angestrichen ist, bin ich harmonisch gespren-
kelt."(442)
Auch in der Posse liegen Skepsis und Resignation dicht beieinander. Doch erscheint die Resignation nicht als tragi-
sches Ereignis:"man kann nicht ewig das Kindchen bleiben und
sagen, die Welt müsste anders sein, als sie ist."(441)[21]
Gerade solche als selbstverständlich vorgetragene Kapitulation vor der Wirklichkeit fordert zum Protest heraus. Das
Schauspiel Musils endet lösungslos - die Posse scheinbar
versöhnlich-melancholisch mit dem satirischen Angebot der
'Lösungen', welche die Wirklichkeit sowieso bietet: Alpha,
die "Seele", verbindet sich mit dem Kapital, dem reichen
"Schimpansen" Ur von Usedom. Der 'freie Geist' Vinzenz stellt
sich in den Dienst der korrumpierten, lächerlichen Welt, in
der die "Lebedame" repräsentiert, was als 'lebendiges Leben',
der "Börsenmann", was als 'wirklicheWirklichkeit' gilt.[22]
In satirischer Zuspitzung kehren zum Beispiel im "Vinzenz"
das Hochstaplermotiv, das Motiv der phantastischen Lüge, das
Motiv des falschen Selbstmordes und das Thema der Wider-

sprüchlichkeit der Ideen und des menschlichen Verhaltens
wieder.[23] Am Ende wird das Motiv der Aehnlichkeit angedeutet, das auf das Geschwisterthema hinweist. Doch auch hier
erfolgt eine Umkehrung. Die Aehnlichkeit muss zur 'Begründung' für die Trennung dienen (444).
Pike zieht verschiedene weitere Vergleiche zu den "Schwärmern". So führt er auf, dass Alpha sich - wie Anselm und Regine - als "Anarchistin" betrachtet oder dass Alpha und Halm
wie Regine und Josef eine Nichtehe führen.[24] Braun geht ausführlicher auf die Verwischung der Grenzen von Maskulinem
und Femininem in der Posse ein.[25] Auch hierzu gibt es im
Schauspiel Parallelen. Es sei erinnert an die knabenhafte
Regine und den femininen, liebesunfähigen Don Juan Anselm.
Am Beispiel der verschiedenartigen Beziehungen Regines zu
allen Männern des Schauspiels - die Skala reicht von der
"hündinnenhaften" bis zur mystischen Beziehung - wird in den
"Schwärmern" deutlich gemacht, dass Liebe nicht einfach Liebe
sei. Alpha ist wie Regine "männerfeindlich". Ihren vielfältigen Verhältnissen zu allen Männern der Posse wird noch das
lesbische Verhältnis zur "Freundin" hinzugefügt.
Mit der bewusst klischierten und recht possenhaften Darstellung der Lesbierin und des homosexuellen Halm ist wiederum
Zeitsatire verbunden: beim Ehemann Halm, der die "bedeutenden"
Freier seiner Frau liebt, Satire auf die femininen Schön-
geister des Kulturbetriebs - bei der männertollen lesbischen
"Freundin" Satire auf das expressionistische Pathos allum-
fassender (alle umfassender) "Menschenliebe" (419, 439).
    Das Verfahren der Typisierung hat Musil schon in seinem
Schauspiel bei den Repräsentanten der Gesellschaftsordnung,
die als komische Figuren aus dem Rahmen der Schwärmerwelt fallen, angewendet. In der Posse, in der der gesamte Rahmen komisch ist, wird für die Vertreter der Gesellschaft eine noch
stärkere Reduzierung aufs Typische notwendig. Anders als Josef, Stader und die Mertens sind die "bedeutenden Männer"
- Bärli ausgenommen - nicht mehr Karikaturen von Individuen.

Sie tragen keinen Namen mehr, sind allein durch den Beruf
bestimmt, reden in leeren, die Beschränktheit durch und auf
den Beruf verratenden Phrasen nebeneinander her und erscheinen in einem steifen Zeremoniell aneinander vorbeitanzend
in dem von Musil vorgeschriebenen Ballett als Marionetten.[26]
Scharang hat gezeigt, dass die beiden Stücke Musils auch
im Aufbau Gemeinsamkeiten haben, und für beide Stücke die
dramaturgische Bewegung als die einer Auflösung beschrieben.[27]
Thomas erfüllt, wie wir sahen, in den "Schwärmern" teilweise die Funktion eines über dem Geschehen stehenden Experimentators und Kommentators. Vinzenz erscheint immer wieder
als Regisseur der Geschehnisse in der Posse. Er dirigiert
die Auftritte der Personen. Er inszeniert eine richtige 'Szene' (Bärlis Doppelmord) und interpretiert schliesslich ein
wirkliches Geschehen (den Kampf der beiden Frauen) in eine
schauspielerische Glanzszene um.
Noch ein letzter Punkt sei im Vergleich zu den "Schwärmern"
erwähnt. Wie im Schauspiel besteht auch die 'Handlung' in
der Posse aus einer komplizierten Verflechtung verschiedener
Handlungsstränge - und wie im Schauspiel ist auch hier die
Handlung nicht im gewohnten Sinne originell.

'Imitation'
In Kritiken zu den Aufführungen der Posse in den zwanziger
Jahren wird - neben Kaiser, Sternheim, Shaw oder Wilde -
vor allem Wedekind immer wieder als (das grössere) Vorbild
genannt. So sah man in Alpha eine intellektuelle Lulu, in
Vinzenz einen verkleinerten Marquis von Keith. Die Parallelen zu Wedekinds "Marquis von Keith" sind in der Tat auffallend. Der hochstapelnde Keith gründet einen "Feenpalast",
Vinzenz' Projekt ist eine "Gesellschaft zur Verhinderung
unmoralischer Glücksspiele". Wedekinds Verwaltungsrat der
reichen Männer entspricht in der Posse der Klub der "bedeutenden Männer". In beiden Fällen fliegt der Schwindel auf.
Die Hochstapler müssen sich davon machen. Zur Parallele in

der Handlung kommt noch die Aehnlichkeit einzelner Situationen und Motive. Während Scholz der Freundin des Marquis,
Anna, einen Heiratsantrag macht, beschliesst sie, den alten,
reichen Casimir zu heiraten. Während Halm erneut um seine
Frau wirbt, fasst Alpha in Musils Posse den Entschluss, den
alten, reichen Ur von Usedom zu heiraten. Wedekinds Marquis
schreibt Artikel über Bilder, die er verkauft. Der Kunstschriftsteller Halm im "Vinzenz" erklärt:"Ich kaufte, wofür
ich kritisch einzutreten vermochte, und also vermochte ich
kritisch einzutreten für das, was ich gekauft hatte."(412)
Das Mädchen Simba in Wedekinds Stück heisst eigentlich Kathi
und wurde vom Marquis umgetauft. Auch Alphas richtiger Name
ist Kathi.

Im Entwurf zu einem geplanten "Vor- oder Nachwort" zur Buch-
ausgabe des "Vinzenz" schreibt Musil:"Selbstverständlich hat
das auch mit den Hochstapler- und Zirkusweltfiguren Wedekinds nur für Leute Verwandtschaft, welche das Aeusserliche,
Rolle, Typus, Milieu auf der Bühne für das Entscheidende und
Wesentliche halten. Sie verwechseln das ABC mit dem Geist,
der sich seiner bedient. Wedekind hat diese Figuren, z.B.
den Hochstapler, doch nicht geschaffen! Und bedient hat er
sich ihrer in einem ganz andren Geist. Sehr ernst."(T 270)[28]

Diesen Worten, in denen Musil mit Recht die wesentlichen
Unterschiede betont, ist die Betroffenheit des Dichters
über den Vorwurf der Imitation anzumerken. Man wird sagen
können, dass Musil auch in seiner Posse - vielleicht im
Bezug auf Wedekind nicht bewusst - nach seinem Grundsatz
verfahren ist, der Dichter solle sich mit der "theatralischen Erfindung" nicht anstrengen und die von der Literatur
bereitgestellten Muster verwerten, in anderer, neuer Art
interpretieren.[29] Wohl kaum von Musil so intendiert,konnte
aufgrund der äusseren Aehnlichkeiten die Posse als "Parodie
Wedekind'scher Sittenstücke" verstanden werden.[30] "Es ist,
als ob ein Wedekindsches Motiv heute absichtlich schon Literatur geworden wäre und mit einer gewissen preziösen und
delikaten Auffassung der Worte und Szenen, wie in Anführungs-

zeichen, uns dargeboten würde", schrieb Oskar Bie 1923, und
Norbert Falk sprach allgemeiner von einer Parodie auf "Wede-
kindismus und Sternheimismus" und (wie viele andere Kritiker)
auf das Leben der literarischen Salons und Cafés.[31] Weiter
geht Robert Müller, der erkennt, dass die "mannigfachen Beziehungen dieser Figuren zu anderen dramatischen Werken" auf
die "ironische Identifizierung des Lebens mit den Theaterstücken zurückzuführen" sind. Er fasst zusammen:"Noch einmal,
es ist eine Travestie auf die theatralische Form, ob Tragödie oder Komödie, überhaupt."[32] Diese Verallgemeinerung
trifft hier genauer, als wenn man Musils Posse als Parodie
bestimmter dramatischer Werke auffasst. In den "Schwärmern"
hat Musil die konventionelle Dramenform übernommen in einer
Weise, dass ihm der Vorwurf gemacht wurde, das Stück sei gegen die (konventionellen) dramaturgischen Regeln geschrieben - und vor allem: es sei nicht bühnenwirksam. An der Gestalt Anselms demonstriert Musil in den "Schwärmern", was
er in seinen Theaterkritiken als Pathologie des 'bühnenwirksamen' Schauspielertheaters aufzeigt. Es sind gerade die
bühnenwirksamen Stücke, die regelgerecht geschriebenen Tragödien und die gutgemachten Sommer-Komödien, die Musil in
seinen Theaterschriften zum Zweck der Zeitkritik auswählt:
"Ein Pathologe unserer Zeit vermag ihr aus dem Theater vieles zu diagnostizieren."(T 270) Auch mit seiner Posse reagiert Musil auf die Zustände des Theaters, die ihm Sympto-
me der Zeit sind: er reagiert mit übertreibender Imitation,
die er in den aphoristischen Dialogen geistvoll-witzig kommentiert. Mit boshafter Willfährigkeit kommt er den Erwartungen des Publikums entgegen, um es zu düpieren. Kein
Schwankmotiv ist ihm zu billig. Ueberraschungseffekte werden gehäuft. Bühnenwirksame komische Situationen lösen einander ab. Aber es ist kein possenhaftes Treiben als harmlo-
ser Spass um seiner selbst oder der zufriedenen Lacher willen.
Die persiflierende Imitation gängiger Lustspiel- und auch
Trauerspielsituationen wird zur satirischen Demonstration
der Wirklichkeit als Imitation, Abklatsch trivialer Litera-

tur, der "Wirklichkeit als Kolportage" - oder wie Vinzenz
es ausdrückt:"was gewöhnlich in der Wirklichkeit geschieht,
gehört bestenfalls ins Kino."(44o)
Der übertreibenden Imitation gängiger und beliebter thea-
tralischer Situationen entspricht im Dialog die Montage von
Allgemeinplätzen, Sprachklischees und literarischem Kitsch.

'Wortspiel'

In der Tagebuchnotiz, in der Musil den Vergleich seiner Posse mit Wedekinds Stücken zurückweist, schreibt er:"Eher
kommt die Linie über Morgenstern, Da-da,bis Ringelnatz und
in gewissem Sinn die Lausbübereien von Brecht und Bronnen."
(T 270)[33] Dieser Aspekt der Posse, die Verwandtschaft mit
der 'Unsinnspoesie' und dem dadaistischen Zweifel am einfachen Sinn und Wert der Worte, wurde bei der französischen
Erstaufführung, 1969, die man als "Spectacle Da-da" ankündigte, besonders betont.[34] Die Kritiker der zwanziger Jahre bewunderten an der Posse zwar das geistreiche Feuerwerk
von Aphorismen und Bonmots, die brillanten und skurrilen
Aperçus, wie man sie sonst nur bei Shaw oder Wilde finde,
aber sie beurteilten die Posse doch in der Mehrzahl als ein
"Literatenstück" und kritisierten, dass die Szenen bloss
aus dem Wort entwickelt würden, statt wie bei einem 'richtigen Theaterstück' aus der Handlung. Was damals kritisiert
wurde - ein Theaterstück als Spiel aus Worten und skeptisches
Spiel mit Worten -,das lässt heute die Posse als ein 'modernes' Stück erscheinen. Kritiker neuerer Aufführungen sahen
im Rückblick eine Linie von Musil zu Dürrenmatt und Jonesco
und erkannten, dass Musil - am Theater und der Sprache zwei-
felnd - mit Theaterelementen und Sprachmaterial spielt, um
satirisch die Wirklichkeit zu entlarven.[35]
Die Sprachthematik deutet sich schon darin an, dass die Handlung an Alphas "Namenstag" spielt, einem erfundenen Namenstag.
Die 'Freunde' Alphas finden sich ein zur Feier eines Namens,
der so "kunstvoll" und "künstlich" ist wie Alphas Ausdruck
(417, 420). Zum "Kunstschriftsteller" Halm sagt der "Worte-

macher" Vinzenz:"Pst! Machen Sie keine solchen Wortspiele
wie 'anstandslos'."(411) Musils Spiel mit Worten ist spie-
lerische Kritik der sich in der Sprache offenbarenden Moral.

Die "bedeutenden Männer", schablonisierte Vertreter der öffentlichen Ordnung, sind ganz aus hohler Phraseologie zusammengesetzt. Einzeln tragen sie ihr Credo, in dem sie sich
die eigene Bedeutsamkeit und die Bedeutung ihres Berufs bestätigen, vor in Phrasen wie "Im Grunde ist die Welt Musik."
oder "Das ist bloss der Amtskalender. Jawohl.(...) Darin
steckt Wirklichkeit!" Die 'Konversation' "bedeutender Männer" im literarischen Salon wird parodiert durch Gespräche
in Satzfragmenten wie:

> Gelehrter: Können Sie eigentlich verstehn - - - ?
> Musiker: Aber Sie glauben doch auch nicht ernstlich - ?
> Gelehrter: Ja, kann ein Mensch denn bloss mit Musik - ?
> Musiker: Ein geistiger Mensch!
> Gelehrter: Was sagen Sie geistig? Musik ist doch nur
>   sinnlich!
> Reformer: Ich! Vielleicht sie! Sonst nichts! (416)

Der Grosskaufmann Bärli ist Klischeefigur eines Grosskaufmanns. Die Sprache des verliebten Realisten, der sich "wie
ein Fleischer" hochgearbeitet hat, ist durchsetzt mit literarischen Klischees. "Ihre Beschäftigung mit dem Handel,
Ihre literarische Unbildung erlauben Ihnen wie ein Familienblattroman zu fühlen!" sagt ihm Alpha, die ihm spöttisch
erhabenere Worte vorschlägt:

> Bärli: (...) entweder Sie heiraten mich oder ich
>   töte uns.
> Alpha: Sagen Sie das schöner.
> Bärli: Wie?
> Alpha: Sie möchten doch am liebsten sagen:'Entweder
>   im Leben vereint oder im Tode'? (404)

Bärli, der nur in Sachen Geschäft mit "genügend wilder Phantasie"(403) begabt ist, hat sich eine Entführung "ausge-
dacht", die genau dem Muster 'Entführung der Geliebten' in
der Trivialliteratur entspricht: Benzin für drei Tage, Ab-

schiedsbrief, plötzliche Abreise mit der gefesselten Geliebten, Flucht auf eine "Besitzung im Gebirge", sofortige
nächtliche Trauung. Durch Alphas 'naive' Fragen werden die
Topoi dieser literarischen Entführung, die Klischees in
der 'Phantasie' der Wirklichkeitsmenschen, als sinnlos und
die leidenschaftlichen Liebesworte Bärlis als nichtssagen-
de Phrasen lächerlich gemacht:

> Alpha: Warum muss ich denn zu diesem Zweck einen
> Brief schreiben?
> Bärli: Ich habe es mir so ausgedacht.
> Alpha: Und dann?
> Bärli: Ich habe angeordnet, dass man dort den Pfarrer
> verständigt, weil wir sofort heiraten werden.
> Ich entführe Sie, ich reisse Sie an mich!
> Alpha: Und dann? Sie können mich doch nicht zeitlebens
> entführen und unausgesetzt an sich reissen (...)?
>
> (405)

Gleich in dieser ersten Episode der Posse, einer Travestie
tragisch-theatralischer Liebesszenen, der Liebesszene zwischen der "Seele" Alpha und dem Kapitalisten Bärli, werden
Sprachklischees der Liebesliteratur und Rede vom Geld miteinander verbunden:

> Bärli: Ich werde Sie auf Händen tragen. Ich werde alle
> Steine aus Ihrem Weg räumen. Ich werde Sie anbe-
> ten. Wir werden uns lieben. Sie werden über mei-
> nen ganzen Reichtum verfügen, ohne dass ich mich
> darum kümmere -
> Alpha: Das ist das erste nicht banale Wort, das Sie bis
> jetzt gesprochen haben. (405)

Arntzen spricht in seiner Interpretation des "Vinzenz" zu
Recht von einem Sprachstil, "der die Sprache des kommerzia-
lisierten Lebens zu einem dichterischen Stil erhebt: es ist
satirischer Stil."[36] Verdeutlichend ist hinzuzufügen, dass
Musils "dichterischer Stil" zugleich immer wieder "dichterisches" Sprechen parodiert, in der belletristischen Sprache
die Sprache des Kommerz, in der Sprache der Liebesliteratur
die Vokabeln des Besitzdenkens aufdeckt. Beispielhaft ist
das Spiel mit den Wörtern besitzen - besessen in Bärlis Lie-
beserklärung:"Etwas zu besitzen, das nicht von Ihnen besessen
wird, - nein besessen ist! - so wie ich es bin, - hat keinen

Wert mehr für mich." Dem Kaufmann, der durch Liebe am Besitz irre geworden ist, legt Musil dann Worte in den Mund,
die auch Alpha "geradezu bedeutend" nennt:"Aber wenn ich
sie Ihnen Stück für Stück reichen kann, fühle ich, dass ich
die ganze Welt noch einmal erschaffen werde!"(405) Doch Bärli und auch Alpha sind am Ende des Stücks (zumindest vorläufig) von der Liebe 'geheilt' und nehmen nur noch das Geld
ernst.

Gedanken, Gefühle, Stimmungen erscheinen in der Posse als
Waren. "Lieferant" (414) ist der Kunstschriftsteller und Kunst-
händler Halm, der von sich behaupten kann:"Mein Wohlstand hat
sich im Einklang mit meinen Ueberzeugungen entwickelt."(412)
Erbost über Alphas Erfolge und seinen eigenen Misserfolg bei
den "bedeutenden Männern" beklagt sich Halm:"Diese Atmosphäre von Kunst, welche solche Menschen der Geschäfte, der Tatsachen, der Wissenschaft so auflecken wie der Affe den Schnaps,
liefere heimlich ich, der geschiedene Kunstschriftsteller."
Mit seiner Beschreibung gibt Halm gleich ein Beispiel für seine Produktion an preziösen Formulierungen im gehobenen Feuil-
letonstil:

> Ich mache die unerwarteten, zarten und tiefen Aeusse-
> rungen über Liebe und Leben, die alle etwas aufreizend
> Kaltes in ihrer Wärme haben. Ich liefere echt weibli-
> chen Reiz des Geistes und die unbestimmten Gedanken,
> welche soviel umfassender sind als die der Männer. (...)
> Ich also liefere allen Geist, alle Phantasie, alle be-
> rauschende Kühle (...). (413)

Verbittert spricht Halm aus, was auch Musil erfuhr: Geist
verkauft sich schlecht, wenn eine ansprechende "Aufmachung"
(413) fehlt. Nur Alpha, der Zwischenhändlerin des Geistes,
gelingt es, Gedanken und Gefühle 'an den Mann zu bringen':
"die Aufmachung mit einem Busen, breiterem Gesäss und so
weiter sichert ihr die Aufnahme" - und auch den Lebensunter-
halt. Vinzenz wiederholt später in Abwandlung Halms Gedanken:

> Ja, wenn ich (Weiblichkeit andeutend) Deine natürlichen
> Anlagen hätte, wenn ich eine Frau wäre - (...) Die Leu-
> te selig, sobald ich mich nur für sie interessiere?
> Freiwillig mir sofort ihr Inneres offenbarend? Ich ihre

Mondnacht, ihre Nachtigall, ihre schwache Stunde? Ich
darf gar nicht daran denken, sonst muss ich weinen: Was
liesse sich aus der Welt machen, wenn ich eine Frau wäre! (434f.)

Bewusster als Alpha spielt Vinzenz mit der Wirklichkeit und
der Phantasie, mit den Wünschen der Wirklichkeitsmenschen und
mit ihrer Sprache. Er, der nicht genügend "Ernst" hat für die
Wirklichkeit und nicht genügend "Glaube" an das "Unwirkliche",
verkehrt spielerisch das Phantastische in Wirklichkeit und
deckt in der scheinbar geordneten Wirklichkeit ein "phantastisches" Chaos auf. Er sieht im wirklichen Leben eine lächerliche Komödie, also rät er Bärli, das theatralische, aber fol-
genschwere wirkliche Leben durch Theater zu ersetzen. In der
Kaufmannssprache erklärt er ihm: "Sie sind Kaufmann, nehmen
Sie Tod auf Kredit". Vor Alpha rechtfertigt Vinzenz die "un-
würdige Komödie" (430), während er einen "Scheck studiert":

> Du hast ihm solchen Eindruck gemacht, dass er geglaubt
> hat, ohne Seele kann er nicht leben. Ich habe ihm ge-
> sagt: ein einzigesmal bei Leidenschaften bloss so tun,
> und man nimmt sie nie wieder ernst! Das Seelische ist
> eine Kreditangelegenheit und ruht auf Treu und Glauben.
> Aber Geldsachen, - sagen Sie: ist der Scheck auch gül-
> tig? (431)

Vinzenz akzeptiert ironisch, dass die Welt vom Geld regiert
wird. Als Ziel der 'Katharsis', zu der er Bärli durch den
Theater-Doppelmord verhilft, hat er dem durch die Liebe ver-
wirrten Kaufmann versprochen, dass er "fortab nur noch das
Geld ernst nehmen" werde (431). Für Bärlis "Befreiung" kas-
siert er selbstverständlich ein "Honorar" (430), und ebenso
lässt er sich von Halm bezahlen für die Aufgabe, durch Beob-
achtung oder "sozusagen aus eigenem" Material für eine Ehe-
bruchsklage zu beschaffen (412). Weil alle das Geld ernst
nehmen und im Reichtum die Voraussetzung des Glücks sehen,
kann Vinzenz die "bedeutenden Männer" gleich als Aktionäre für
seine "Gesellschaft zur Verhinderung unmoralischer Glücksspiele" gewinnen und auch Alpha für sein Spielbankprojekt
begeistern.[37] Im ersten Akt sagt der Kaufmann Bärli zu Vinzenz: "Sie dürfen es auch nicht unterschätzen: man kann viel
mehr mit Geld machen, als Sie zu ahnen vermögen. Beinahe

alles."(410) Vinzenz malt seiner Alpha im zweiten Akt aus,
was sie alles mit Geld machen könnten. Neben albernen Kli-
scheebildern - etwa vom Ozeandampfer als Schloss - stehen
Sätze, in denen sarkastisch die erschreckende Macht des Geldes geschildert wird wie:"Wir streun soviel Geld unter die
Menge - es kommt uns ja gar nicht darauf an -, bis die Leute
vor uns kriechen wie die Reptilien."(424)
Vinzenz, der resignierend nicht an eine Veränderung der Welt
glaubt, spielt - ähnlich wie mit der Vorstellung, was er als
Frau aus der Welt machen könnte - mit den Gedanken, wie er
und Alpha die Welt durch Geld verändern könnten:

> Wir saugen von da an einfach alles Geld der Welt an
> uns. Weiss Gott, was daraus wird? Das lässt sich ein-
> fach nicht absehn. (...) Cäsar sein zu wollen oder
> Goethe oder Laotse, das ist eine Banalität. Aber be-
> denke, wie sich das ändert, wenn man es wirklich ist.
> Wir können ja mit unsrem Geld in der Politik, in der
> Kunst, in der Moral, in allen Angelegenheiten des Le-
> bens uns wirklich zu allem erheben lassen, was wir
> wollen, und vernichten, was uns nicht gefällt. (424)

Der von Vinzenz scheinbar begeistert vorgetragene Traum vom
Liebespaar Vinzenz und Alpha als Monopolkapitalisten beleuch-
tet in seiner Ueberspitzung satirisch die Wirklichkeit, in
der "alle Angelegenheiten des Lebens" vom Kapital beeinflusst
oder regiert werden. Im Zusammenhang mit seiner erfundenen
Filmgesellschaft "Licht und Liebe" verkündet Vinzenz später
mit dem selben satirischen Ernst:"Wir denken sogar daran, mit
unsrem Kapital Schicksale so zu beeinflussen, dass wir sie
dann aufnehmen können."(440)
Im Gespräch zwischen Vinzenz und Alpha zu Beginn des letzten
Aktes lässt Musil keine Zweifel mehr aufkommen, dass Vinzenz'
scheinbar amüsante Gedankenspielereien und Schwindeleien
Wirklichkeit meinen. Empört, von Vinzenz "unter Liebkosungen"
angelogen worden zu sein, beschimpft Alpha ihn als "Typus
eines phantastischen Lügners". Drei Definitionen für Lüge
werden anschliessend ausprobiert. Vinzenz schlägt zunächst
vor:"Von etwas Wünschenswertem behaupten, es ist der Fall,
statt es sollte der Fall sein? Das ist das gleiche wie bei

einem Moralstifter, bloss hat man eine noch festere Ueberzeugung."[38] Alpha widerspricht ihm mit der gewöhnlichen
Definition:"Es heisst: Dinge einem einreden, die nicht zu
den Tatsachen stimmen." Gerade von den Fakten, der Wirklichkeit her führt Vinzenz diese Bestimmung ad absurdum:
"Aber stimmt nicht alles zu den Tatsachen? Siehst Du, jetzt
habe ich es: Ein phantastischer Lügner ist jener Lügner,
dessen Lügen zu den Tatsachen stimmen! Die Tatsachen sind
nämlich phantastisch."(433)
Wie die widerspruchsvolle wirkliche Welt ist für Vinzenz[39]
auch die Welt der Worte phantastisch. Ebenso wie er mit der
Distanz des Ironikers in der Wirklichkeit mitspielt, spielt
er mit Worten.
"Parodierend" (411) spricht er in der Kaufmannssprache oder
der Literatensprache Halms. Im ersten Gespräch mit Halm zeigt
Vinzenz dem Kunstschriftsteller, wie Worte ihre Bedeutung
verändern können:

> Halm (zischend): Sie sind ein Schurke!
> Vinzenz: So! Noch etwas leiser, verliert es viel von
> seiner Tragweite.
> Halm: Schurke!
> Vinzenz: Jetzt klang es schon fast so zärtlich, als
> ob Sie zu mir Putzi gesagt hätten. Sie wissen
> ja, dass sich Liebende in der Umarmung auch
> Schimpfworte zuflüstern; es hat einen eigenen
> Reiz. (411)

Und etwas später ärgert der "Wortemacher" Vinzenz den "Kunstschriftsteller":"Ich habe Ihr Geld nicht genommen, sondern
ich habe es mir geben lassen: das ist ein grosser Unterschied.
(...) Und man muss hinzunehmen wissen als Mensch."(412)
Wie sein Held Vinzenz spielt Musil in der Posse mit der Sprache. Er inszeniert bizarre Frage- und Antwortspiele, in denen absurdes Theater vorweggenommen scheint.[40] Alpha erklärt
nach einem dieser Wortwechsel:"Wenn ich sage, das Schwarze
ist weiss, dann ist es eben weiss für meine Seele. Und Bärli
ist tot für meine Seele. Und ein Trauerkleid ist ein Hoch-
zeitskleid."(438) Charakteristisch für Musils Skepsis gegenüber der Sprache und besonders der 'literarischen' Sprache

ist die veränderte Einstellung zu den Vokabeln der Unaussprechlichkeit. "Namenlos" beispielsweise wird in den "Schwärmern" mehrmals ganz in emphatischem Sinn gebraucht.[41] In
der Posse ist nur noch indirekt der ernste Hintersinn wahr-
zunehmen, dass für den Zustand des Glücks die Worte fehlen,
wenn es etwa heisst:

> Bärli: Wir werden namenlos glücklich sein!
> Alpha: Namenlos?
> Bärli: Sicher! Wir werden namenlos glücklich sein!
> Alpha: Sie haben sich das etwas ungenau ausgedacht:
> Es fehlen Ihnen schon wieder die Namen. (405)

Unter dem Eindruck von Bärlis (scheinbarem) Mordanschlag wiederholt dann Alpha selbst diese Wendung: "das ist, als hätte
er eine Fessel durchschossen, die mich noch an dieses alber-
ne Leben band, das ich führte, bevor Du gekommen bist. Wir
werden namenlos glücklich sein, Vinzenz, wirklich namenlos ...!"
(428) Vinzenz, der "Namenmacher" (408), von dem Alpha sagt,
er finde "immer das richtige Wort" (428), nennt die blinden
Pistolenschüsse, zu denen er Bärli riet, "Phantasieschüsse"
und - "Kolibrischüsse" (429). "Kolibri" nennt Vinzenz auch
die phantastischen Worte. "Kolibri" ist seine Metapher für
die Metaphern, für die Gleichnissprache, die "unbestimmten"
Gedanken und Worte, für die 'geist- und seelenvollen' Aus-
sprüche Alphas, mit denen sie die Berufsmenschen des wirklichen Lebens verwirrt. In dem Abschnitt, in dem Vinzenz
Bärli 'erklärt', was "Kolibri" heisst, beschreibt Musil ironisch Möglichkeiten von Dichtung und Pseudodichtung - und
auch etwas vom dichterischen Verfahren in dieser seiner Posse:

> Bärli: (...) haben Sie schon einmal zwischen Ihren
> Beinen durchgesehn? So mit verkehrtem Kopf?
> (...) Alles sieht ganz anders aus und wie neu!
> Man merkt erst, dass man lebt; oder dass man
> nicht gelebt hat!
> Vinzenz: Kolibri!
> Bärli: Aber zum Teufel, was heisst denn Ihr 'Kolibri'?
> Vinzenz: Die gebratenen Worte.
> Bärli: Herr, Sie reden Unsinn!
> Vinzenz: Ja, aber das Leben fügt ihn zusammen: Alpha
> hat die gebratenen Worte. Ich muss Ihnen et-
> was raten, etwas raten! Kolibri, das sind die
> heissfarbigen Worte, die in der flammenden

```
          Urwaldsonne herumfliegen.
Bärli:    Wa - ?
Vinzenz:  Falsch, aber es hört sich wunderbar an. Die
          wörtliche Zusammengehörigkeit des Unzusammen-
          gehörigen.
Bärli:    Herr?!
Vinzenz:  Man kann nichtzusammengehörige Stücke so zu-
          sammenfügen, bloss mit Worten, dass es kein
          Mensch merkt.
```
(410)

In skurriler Verschlüsselung gibt der nur sprechende Schriftsteller Vinzenz etwas von Musils Gedanken über das Verhältnis von Gleichnis und Wirklichkeit, von Literatur und Leben
wieder.[42] Literatur (gute wie schlechte) ist, wie Musil im
Tagebuch einmal notierte, nicht nur Literatur: "sie ist ge-
spenstisches Leben" (T 240). Andeutungsweise in den Entwürfen zu den "Schwärmern" und explizit in seinem Roman entwik-
kelt Musil die Utopie des gleichnishaften Lebens und die
Utopie, zu leben wie die Gestalt in einem Buch. 'Literatur'
ist dort utopisches Gegenbild zum Leben. Mit der Posse sagt
Musil satirisch: das Leben ist Zerrbild schlechter Literatur,
ein "toll gewordener Familienblattroman" (Mth. 61). Vinzenz
(und der ganzen Posse) fehlt der "Glaube" an die Utopie. Aber
wie alle Musilschen Helden ist auch er überzeugt, dass es
gälte, die Wirklichkeit abzuschaffen: "Es steht wahrhaftig
nicht dafür, wirklich zu leben!" (431). Mehrdeutig beginnt
die Posse über das possenhafte Leben: "Das muss ein Ende haben!" (403)
Musil hätte seine Posse gegen manche Kritik mit Vinzenz' Worten verteidigen können, dass das Leben den Unsinn zusammen-
fügt. In einem vielzitierten Ausspruch nannte Musil 1924 seine Posse in einem Interview einen "Seitensprung ins Verantwortungslose".[43] Robert Müller, einer der wenigen von Musil ge-
achteten Dichterkollegen, schrieb im gleichen Jahr in seiner
Kritik der Posse: "sie ist unter den kargen deutschen Lust-
spielen epochal, so 'leicht' sie der Autor und sein etwaiger
Monograph vielleicht im Verhältnis zu seiner sonstigen Schwer-
arbeit finden mögen."[44] Die zahlreichen Monographen schlossen
sich meist der Haltung des Dichters an, der die Posse, anders
als die "Schwärmer", nicht zu seinen bedeutenden Werken zählte

und in seinen Tagebüchern nur ganz selten erwähnt. Aber es muss nicht unbedingt gegen das von Musil vielgeschmähte Theater sprechen, dass die Posse im Theater mehr Erfolg hatte als die "Schwärmer" und häufiger durch Inszenierungen als in literaturwissenschaftlichen Untersuchungen interpretiert wurde.[45)]

II. Die Aufführungen des "Vinzenz" im Spiegel der Kritik

4.12.1923: Uraufführung im "Lustspielhaus" Berlin durch die
        "Truppe"

Alpha: Sybille Binder / Bärli: Leonhard Steckel / Freundin:
Hedy Schlichter / Halm: Aribert Wäscher / Vinzenz: Rudolf
Forster
Regie: Berthold Viertel

In Berlin lautete der von den Kritikern oft als "barock" bezeichnete Titel der Posse: "Vinzenz oder die Freundin bedeutender Männer". Ueber die Uraufführung berichtet Köppen: "Das
Premieren-Publikum, von Freunden des Dichters wohl stark
durchsetzt, brachte dem Werke und der Aufführung lebhaftes
Interesse entgegen und nötigte mit den Hauptdarstellern Musil
und Viertel oft an die Rampe."[1] Beim Publikum wurde das
Stück, wie auch aus anderen Kritiken hervorgeht, zum Erfolg.
Nicht so eindeutig war der Erfolg bei den Kritikern. Selbst
in den schärfsten Kritiken fehlt es jedoch nicht an Lob. Für
Sternaux beispielsweise ist die Posse "Sehr à la Wedekind":
"eine intellektuelle Harlekinade, die mit Pointen blendet,
in Anspielungen brilliert, blasierte Romantik, mit dem kran-
ken Tempo unserer Zeit. Ein literarischer Bluff." Sternaux
schreibt aber auch: "Der erste Akt in seiner aparten Geistig-
keit verspricht, bei allen nur allzu deutlichen Anlehnungen,
allerhand. Wie lange hat man eine so fein geschliffene Sprache von der Bühne herab nicht gehört! Jedes Wort, und gerade,
weil es so paradox geformt, ein Genuss."
In beinahe allen Kritiken wird Wedekind genannt. Falk meint,
Musil parodiere, aber er imitiere auch: "es lulut". Strecker
bezeichnet die Posse als "Artmuster eines Literatenstücks":
"Nimm drei Teile Wedekind, anderthalb Georg Kaiser, eine Pri-
se Sternheim (...)." Andere Kritiker dagegen betonen, das
Stück sei nicht Imitation, sondern Parodie; es mache Musil
"Spass, die Gefühle moderner Bühnenmenschen, etwa seiner ei-
genen 'Schwärmer' zu persiflieren" (M.J.). Fischer schreibt,
nur auf den ersten Blick könne von einer Aehnlichkeit mit
Wedekindfiguren gesprochen werden - alles, was Musils Menschen

sagten, sei aus "zweiter Hand", sie spielten "Rollen", so
dass in der Posse eine "besondere Art des Daseins als Reflex
der Literatur" erscheine. Kerr beginnt seine kurze Kritik:
"Das Stück (das kein 'Stück' ist - vielmehr ein Bündel oft
spassiger Vorgänge) bedeutet eine Parodierung nicht nur des
Expressionismus; sondern des Zeitalters, wo er Mode zu werden schien. Nicht nur eine Satire gegen das Kurfürstendamm-
café. Sondern auch gegen einen (imaginären!) Kurfürstendamm."
Neben Wedekind, Sternheim, Wilde wird in den Berliner Kritiken immer wieder Georg Kaiser als Vorbild genannt. Kurz vorher hatte die "Truppe" Kaisers "Nebeneinander" aufgeführt.
Forster, der Darsteller des Vinzenz, spielte in Kaisers Stück
den Hochstapler Neumann.[2] Die Beschreibungen mancher Kritiker
treffen denn auch mehr auf Kaisers Neumann als auf Vinzenz zu.
So wird Vinzenz als skrupelloser, geldgieriger Hochstapler
niedrigster Art geschildert. Bab sah sich genötigt zu betonen, Charakter sei schliesslich doch etwas Positives, und die
"Scherze" der Literaten, die diese Wahrheit verwischten, be-
deuteten eine "Kulturgefahr". Einige Kritiker machten es
Forster zum Vorwurf, dass er in der Posse einfach die Hoch-
staplerrolle aus "Nebeneinander" wiederholt und so Musils
Stück verändert habe (z.B. Döblin, Sternaux, M.J., s.g.).

Am deutlichsten von allen Rezensenten stellt Ihering
- allerdings, um hier mit seiner vernichtenden Kritik anzu-
setzen - den Aspekt der Sprachskepsis, der Entlarvung des
literarischen Ausdrucks heraus: "Robert Musil entlarvt das
Wort: das Wort als Klang, das Wort als sprachliches Bild,
das Wort in der Wortfolge. Aber er selbst entwickelt seine
Szene nur aus dem Wort. Nicht aus der Sprache als Ausdruck
einer inneren Vorstellung, sondern aus dem Wort als Vokabel,
als Ersatz für eine innere Vorstellung. Musil lässt z.B. in
dieser Komödie sagen: 'Sie sind eine Sphinx' - um aus dem
Wort 'Sphinx' eine lange Szene von Fragen und Antworten zu
gewinnen. So ist es im 'Vinzenz' fast immer. Musils Handlung
kommt nur an der Krücke von Stichwörtern vorwärts. An abge-
brauchten sprachlichen Bildern, an Pointen - um damit das
abgebrauchte Bild, die Pointe zu töten. (...) Der 'Vinzenz'

ist ausschliesslich auf diese Wortspielerei gestellt." Ihering beschreibt in seiner Kritik recht genau Musils satirische Technik, aber er versteht das Stück nicht als Satire
auf eine "verkehrte Welt" (Kerr) und lehnt es ab, weil er
das "Unmittelbare", das "Wesentliche", nach dem man sich
sehne, vermisst. Für Ihering hat die Posse nur Bedeutung,
weil sich mit ihr ein "künstlerischer Wendepunkt" anzeige:
"Diese Wende ist, dass das Literatenstück selbst dort keine
Bedeutung mehr hat, wo es sich - gegen das Literatenstück
wendet."

Gegen die Abwertung des "Vinzenz" zum blossen - recht witzig
gemachten - Literatenstück und gegen die Stimmen der Kritiker, die klagten, der Reichtum geistvoller Paradoxe werde
nach ein, zwei Akten zum Ueberdruss (Falk, Sternaux, H.K.),
verteidigte Döblin das Stück ganz im Sinne Musils mit den
Worten: "Nichts ist leichter, als in dem Stück ein 'Literatenstück' zu sehen. Es kennzeichnet unsere geistige Situation
(die Kinoverblödung der Theater), wenn man Charme und freies,
spirituelles, facettenreiches Dialogisieren für nichts als
Literatur hält."

Regie und Darsteller wurden von den meisten Kritikern gelobt.

25.6.1924: "Stadttheater", Teplitz-Schönau

Alpha: Lore Busch / Bärli: Erich Nowack / Freundin: Ruth
Beckmeister / Halm: Karl Ranninger / Vinzenz: Hans Götz
Regie: Franz Höllering

In der Lokalpresse wird daran erinnert, dass Teplitz vier
Jahre ohne Theater war, dass man Wedekind und die Expressionisten nicht kennengelernt habe und somit die Voraussetzungen
für das Verständnis von Musils Stück - den "dernier cri" -
fehlten. Der Kritiker des "Teplitz-Schönauer Anzeigers" berichtet: "Das Publikum staunte nicht einmal, tat sogleich
als ginge es mit, schüttelte wohl den Kopf und klatschte Beifall." Er selbst gesteht: "Mir können solche Stücke höchstens
imponieren, gefallen mögen sie anderen. Das echte, alte Theater ist und bleibt mir lieber." In der "Teplitzer Zeitung"
wird die Posse als echtes Gegenwartsstück, das leider für

die Provinz zu symbolisch sei, gelobt und in einer etwas
naiv tiefschürfenden Interpretation als Tragikomödie über
die Themen "Leben, Liebe, Tod" gedeutet. Auch diesmal fehlen nicht die Hinweise auf 'Vorläufer': "Alle sind da, die
wir aus Wedekind, Strindberg u.a. kennen. Vom Schön bis zum
Gymnasiasten!" (J.) Pick schreibt: "Eine Parodie auf Wedekind liegt hier nicht vor, wohl aber die (vielleicht nicht
immer bewusste) ernsthafte Verulkung von Menschen, die nicht
mehr wirklich, sondern 'Literatur' leben." Der Dichter Musil
leuchte in die "Maschinerie heutiger Lustspieltechnik" hinein
und lege das "ganze Räderwerk dieser Maschinerie" bloss. Max
Brod lobt an Musils "intelligentem Stück wider die Intelligenz"
den "bühnentechnisch tadellosen Aufbau". Winder dagegen bemerkt, nur Vinzenz sei wichtig, der Rest "gewöhnliche Posse";
Musil leugne die scharfen Kontraste, die das Theater brauche,
das Theater vertrage keine "Vierteltonmusik". Winder kommentiert: "Musil würde sich selbst ad absurdum führen, wenn er
eines Tages ein bühnenwirksames Stück schriebe. Darin besteht
eben der Wert seiner Kunst wie seiner Persönlichkeit, dass
er sozusagen Vierteltonmusik macht." "Vinzenz" sei der "heite-
re Gespenstertraum eines Skeptikers, der sich zum Possenspiel
entschliesst, weil sein Geschmack ihm verbietet, eine Tragödie zu zeigen." Aehnlich interpretiert Urzidil im "Berliner
Börsen-Courier", das Stück Musils sei letztlich kein Lustspiel, sondern eine Tragödie, "an welcher der Geist sich selbst
vielleicht zu sehr erprobt, der Geist einer klugen Vivisektion
menschlicher Charaktere, der freilich nicht unterlassen kann,
seine Objekte während der Anwendung der Lanzette noch liebe-
voll zu streicheln."
Die Regie Höllerings und das Niveau der Aufführung "durch
das durchaus nicht provinziale Ensemble" (Urzidil) werden in
allen Kritiken (nicht nur den Lokalzeitungen) gelobt. Marcus
berichtet: "in Berlin ist das sehr begabte Stück in der letzten Saison als Schwank gespielt worden zum Leidwesen seines
Autors, in Teplitz-Schönau wurde es von seinem Regisseur,
Franz Höllering, als Mischung von Parodie und Trauerspiel,

mit einer Hingerissenheit und einem Reichtum an feinen
Einzelheiten gespielt, so dass die Tiefen des eigenartigen Werkes ans Licht gerieten." Urzidil bemerkt zur Premiere: "Leider konnte der anwesende Autor mit dem schwachen Besuch nicht zufrieden sein, obgleich ihn der einmü-
tige Beifall einigermassen entschädigte."

23.8.1924: "Deutsches Volkstheater", Wien

Alpha: Lore Busch / Bärli: Willy Schmieder / Freundin:
Elisabeth Markus / Halm: Hans Ziegler / Vinzenz: Karl
Günther
Regie: Rudolf Beer

"Wer den Dichter Musil kannte, applaudierte. Andere zisch-
ten und lärmten. Musil kam, lächelte, zeigte die Zähne."
(Wittner) Die österreichische Erstaufführung wurde zu einem
kleinen Theaterskandal. Die Schauspieler mussten besonders
im letzten Akt gegen die Pfiffe aus dem Stehparterre an-
schreien. "Vinzenz" war in Wien als "leichte Komödie" an-
gekündigt worden. Zu 'leicht' war manchen Kritikern die Moral des Stücks. Sie nahmen Anstoss an dem'destruktiven'Geist
und auch an der Offenheit, mit der Lore Busch, die schon in
Teplitz die Alpha gespielt hatte, ihre Reize zeigte. Zum
andern sah man sich in der Erwartung einer "leichten Komödie"
getäuscht, das Stück wurde als zu schwer befunden: als ein
Werk nur für intellektuelle Feinschmecker, nicht aber für
das "Volk", dem im "Volkstheater" anderes geboten werden
müsste. "Dieses groteske Genre wird in Berlin mehr geliebt
als in Wien", heisst es in der Kritik der Wiener "Volkszeitung". Hofrat Dr. Max von Millenkovisch-Morold[3], ehemaliger Direktor des Burgtheaters, fragt entrüstet: "warum müssen
denn diese bedeutenden Männer ebensoviele Trotteln und Wur-
steln sein?" Er unterstützt den lautstarken Protest gegen
diese "logischen Ungereimtheiten", gegen die "theatralichen
Unmöglichkeiten", gegen die "vorkommenden Sauereien" und die
fortschreitende "Entdeutschung der Wiener Bühnen". Liebstoeckl,
der verärgert die Aufführung verliess, kommt bei einer Analyse
des "Possentineffs" zum Ergebnis: "neunzig Prozent Shaw, fünf

Prozent Sternheim, vier Prozent Kaiser, ein Prozent Wedekind."
Solchen scharf ablehnenden Kritiken (EHR, Dr.H.H., Liebstoeckl,
Millenkovisch, Trautzl) steht eine grössere Zahl positiver
Würdigungen gegenüber - auch von Kritikern, die nicht wie
Béla Balázs und Robert Müller zu Musils Freunden zählten.

In der "Arbeiter-Zeitung" wird die Posse als "fast revo-
lutionäres" Stück, das allerdings nur für einen exklusiven
Kreis zugänglich sei, bezeichnet: "Im Grunde ist Vinzenz ein
unglücklicher Mensch, der Aussenseiter einer bürgerlichen
Ordnung, deren Lügenhaftigkeit er beim Wort nimmt. Solche
Leute können zersetzend wirken."
In einer anderen Kritik heisst es, Alpha sei die "Nutzniesse-
rin jenes Weiblichen, das den Geist als Firmenschild, das
Raffinement als Offert, das Geschlecht als Ware betrachtet"
(E.L.).
Das Stück wird in verschiedenen Rezensionen charakterisiert
als "ernsthafte Posse" auf der "Grenzlinie zwischen Komödie
und Tragödie" (a.e.), als "Literarische Posse oder Facétie
von reizvoller, anmutiger Verruchtheit" (Stoessl), als "mehr
Wort- denn Lustspiel" (L.U.). Es wird betont, theatralisches
Pathos werde ad absurdum geführt (a.e.; E.L.). Wittner erläutert, die blinden Schüsse Bärlis symbolisierten "den spie-
lerischen Geist dieser seltsamen Komödie", Vinzenz sei der
"Improvisator", der das Leben spielt, und Alpha sei mehr "Mit-
spielerin" als Gegenspielerin; dieses "Theater auf dem Theater" brauche keine Sinngebung, der Sinn liege im "reizvollen
Changeant", im "Unsinn". Oft wird das Lob der Kritiker ein-
geschränkt durch die Bemerkung, der Zuschauer im Theater
könne diesem "Maschinengewehrfeuer von Geistesblitzen und
Paradoxen" (Fischer) nicht folgen, es handle sich eher um
ein Lesestück. Robert Müller antwortete darauf: "Wenn aber
Fachleute und Routiniers erklären, derlei gehöre bei allem
Respekt vor der geistigen Leistung nicht aufs Theater, dann
muss man energisch zurückantworten, dann gehört auch einfach
das Theater nicht hieher."
An der Aufführung wird allgemein kritisiert, dass sie einerseits unnötig symbolisierte (von der Decke baumelte eine

Riesenspinne als Symbol für das "Weib" Alpha) und anderer-
seits allzu oberflächlich durch extemporierte Witze und
Clownerien auf Lacheffekte zielte. Robert Müller berichtet
Vinzenz habe in Wien mehr wie ein "Früchterl", statt wie ein
"Gentlemanvagabund" nach Art Oskar Wildes gewirkt; bewusste
Phrasen seien ernst und ungewollt kitschig vorgetragen worden.
Im Unterschied zu den Vorwürfen an die Adresse des Regisseurs
wurden die Leistungen der Hauptdarsteller meist gelobt.

4.10.1957: "Studio der Städtischen Bühnen Köln"

Alpha: Edith Teichmann / Bärli: Karl Friedrich / Freundin:
Magda Hennings / Halm: Alois Garg / Vinzenz: Romuald Pekny
Regie: Friedrich Siems

1957 war Musil durch seinen Roman zu spätem Ruhm gelangt. Im
Programmheft des "Studios" wurden Auszüge aus dem "Mann ohne
Eigenschaften" und aus den Tagebüchern abgedruckt, ergänzt
durch einen Aufsatz von Wilfried Berghahn[4]. Berghahn folgend legen die meisten Kritiker weniger Gewicht auf Aehnlichkeiten mit dem Werk Wedekinds und ziehen Vergleiche zu Hofmannsthals "Schwierigem" und Dürrenmatts "Die Ehe des Herrn
Mississippi". Schulze-Vellinghausen führt aus: "Zum Unterschied von Hofmannsthals Bühnendichtungen treten hier nicht
eigentlich mehr 'Personen' auf, es gibt keine streng umris-
senen 'Charaktere' mehr. Es gibt dafür anderes, nämlich Rollen, Träger von Meinungen und Situationen. Die Meinungen
selbst sind variabel und je nach der Situation austauschbar.
Die Chargen allerdings, die den Rand des Stücks besetzen,
haben und behalten ihre Meinung - und sind gerade deswegen
komisch." Aehnlich schreibt Berger: "Auf der Bühne stehen
daher auch nicht mehr dramatisch funktionierende Personen,
sondern reine Figuren, Selbstanalytiker, Träger möglicher
Denkperspektiven." Betont wird allgemein der Aspekt der Ge-
sellschaftssatire, wobei manche Rezensenten mehr an eine
Satire vergangener Zeiten denken (so besonders Berger und
Schön). Berger sieht eine Schwierigkeit, das Stück heute noch
zu verstehen und zu akzeptieren, in der "besonderen Morbidi-
tät, um nicht zu sagen in dem sumpfigen Boden seiner Moral,

der ein spezifisch zeit- und selbst ortsgebundener Boden ist:
das Wien der frühen zwanziger Jahre." Er vermutet, man sei
mit dem Stück ins "Studio" gegangen, um "gewisse darin ent-
haltene Unappetitlichkeiten nach draussen abzuschirmen";
auch Vielhaber spricht von sehr "gewagten Frivolitäten".
Baukloh interpretiert, Musil, der "grösste Platoniker" der
deutschen Literatur, mache in seiner Posse das Geschlecht-
liche verächtlich.
Baukloh deutet Vinzenz als einen "Taugenichts im romantischen Sinn". Als romantisch, anarchistisch und irrationa-
listisch wird Vinzenz' und Alphas Sehnsucht, eigenschafts-
los und "unwirklich" zu leben, verstanden. Mit diesem Thema
des "phantastischen Lebens" setzt sich Beckmann sehr ernst
auseinander. Er geht dabei nicht von Vinzenz' Feststellung
aus, dass die Wirklichkeit erschreckend "phantastisch" sei,
sondern von der 'Schlussfolgerung': "Es steht doch wahrhaftig
nicht dafür, wirklich zu leben!" Beckmann, der diesen Satz
als Programm, als unverantwortliche Lebensmaxime, versteht
schreibt dazu: "Eben an diesem Punkt, und das ist der Kern-
punkt ohne Eigenschaften, schnürt es uns am Hals." Er fasst
seine Kritik zusammen: "Ein amüsanter Abend, sollte man meinen, aber wir sind zu ernst geworden, um (...) noch die Folgen der Literatur ausser acht zu lassen." Dass in der Posse
"Folgen der Literatur" satirisch dargestellt werden, kommt
in keiner der Kritiken zum Ausdruck.
"Erfolglose Bemühung" (Dr.St.) - "Entdeckung" (Schulze-Vellinghausen): diese beiden Titel charakterisieren die unterschiedliche Bewertung des Versuchs, nach dreiunddreissig
Jahren Musils "abstrakte Posse" (Vielhaber) wieder auf die
Bühne zu bringen.
An der Inszenierung wird meist kritisiert, dass sie zu rea-
listisch ausgerichtet gewesen sei. Kritisiert wird auch, dass
Edith Teichmann als Alpha zu sehr Lulu gespielt habe. Friedrich als schwyzertütsch redender Bärli, und besonders Romuald
Peknys überlegenes Spiel in der Rolle des Vinzenz , werden
allgemein gerühmt.

Schulze-Vellinghausen schliesst seine Kritik: "Das ist oft
ausserordentlich possenhaft, mitteninne etwas schmal konturiert, gegen Schluss aus der Kraft der Diktion überzeugend.
Summa summarum eine ungegenständliche Komödie, für deren
Bezeichnungskraft, Spielbarkeit, helle und wirksame Komik
uns vielleicht erst die gegenwärtige Produktion avantgar-
distischer Dramen (Adamov, Jonesco) die Augen zu öffnen vermochte. Das kommt zwar spät, aber nicht zu spät."

1.3.1958: "Kleines Theater der Josefstadt im Konzerthaus-
         keller", Wien

Alpha: Suzanne Lynker / Bärli: Peter Preses / Freundin:
Evi Servaes / Halm: Guido Wieland / Vinzenz: Romuald Pekny
Regie: Hans Jungbauer

Anders als die Rezensenten der Kölner Aufführung sahen die
meisten Wiener Kritiker in der Posse nur Gesellschaftskritik
einer vergangenen Epoche, Satire auf die zwanziger Jahre.
Torberg spricht deutlich aus, was in den anderen Kritiken
ähnlich angedeutet ist: "Heute kann man nicht einmal die
Persiflage dieser Zeit ernst nehmen." Nur Grimme erklärt,
die in der Posse dargestellte "geistige Situation" habe sich
bis heute kaum geändert. Rollet dagegen meint, das Stück
sei für damals aktuell gewesen, für heute aber noch nicht
"scharf" genug. Teilweise wird wiederum - wie in den Kritiken der zwanziger Jahre - Wedekind gegen Musil ausgespielt.
Basil gibt dem Ensemble den Rat, doch lieber gleich Wedekind
zu spielen: "Warum den Schmiedl aufführen und den Schmied
unberücksichtigt lassen?" Anders sieht Rollet das Verhältnis
Wedekind - Musil: "sogar der grosse Lehrmeister Wedekind
bekommt das Seinige ab." Rollet spricht vom "Expressionisten"
Musil; Basil von einer "Sprachlandschaft des zu Ende gehen-
den Expressionismus". Betont werden Vinzenz' Ironie und das
Thema der Eigenschaftslosigkeit. Rismondo führt dazu aus:
"eine Gestalt, die darin besteht, dass sie nichts ist, die
zwar redet, aber sonst keine Eigenschaften hat, auf die Bühne stellen zu wollen - das ist ein theatralisches Paradoxon."
Zur Anlage der Posse bemerkt er: "Im Gegensatz zu einem

'richtigen' Theaterstück ist dieses aus keiner Anekdote entwickelt."

Nur Hubalek lehnt Stück und Aufführung als "überflüssig" ab.
In den übrigen - teilweise recht oberflächlichen - Kritiken
wird die Posse zumindest als "literaturgeschichtlich interessant" (Basil), die Aufführung als "lohnender Abend" (Torberg) bewertet. Begeisterte Zustimmung sprechen Blaha, Grimme und Rismondo aus. Die schauspielerischen Leistungen werden allgemein gerühmt; an der Inszenierung, die von der Atmosphäre der zwanziger Jahre her angelegt war, wird ausgesetzt,
dass der "parodistische Faktor" (Torberg) nicht deutlich genug zum Ausdruck gebracht worden sei. Die Posse war angekün-
digt worden als "burleske Komödie". Grimme charakterisiert
die Aufführung: "Die Täuschung, es handle sich um eine Bou-
levardkomödie wienerischer Herkunft, schien zu gelingen."

1958-1962: Aufführungen an kleineren Bühnen

Die im folgenden genannten Aufführungen haben in der Presse
kaum ein Echo gefunden und wurden jeweils nur in ein, zwei
Zeitungen besprochen.

Am 19.7.1958 fand zum ersten Mal eine Aufführung durch Stu-
denten an der Studiobühne der Universität Freiburg im Breis-
gau statt (Regie: Egon Müller Frankens). Am 25.1.1960 folgte
eine Inszenierung durch die Studiobühne der Universität München (Regie: Eberhard Uebe). Die Aufführung am "Oldenburgi-
schen Schlosstheater", die am 25.6.1960 Premiere hatte, wurde nach einem Bericht der "Bremer Nachrichten" vom Publikum
als "Parodie" auf die damals aktuelle "Nitribitt-Affäre"
empfunden (Regie: Ulrich Brecht). In Tübingen avancierte Musils Posse anscheinend zum Erfolgsstück: Das Stück stand schon
1961 auf dem Spielplan des Tübinger "Zimmertheaters" (Regie:
Wolfgang Müller) und wurde dann in einer Neuinszenierung 1962
wieder aufgenommen (Regie: Heinz Backhaus).

In den Kritiken zu diesen Aufführungen wird in der Regel
kurz an Musils Satire im Roman erinnert. Meist folgt ein
Hinweis auf Aehnlichkeiten der Possenfiguren mit Figuren

Wedekinds. Die schauspielerischen Leistungen wurden teilweise als unzureichend für Musils schwierige Posse bewertet.

10.10.1963: "Forum Theater", Berlin

Alpha: Ingrid Fenn / Bärli: Alexander Welbat / Freundin:
Dorle Hintze / Halm: Horst Pönichen / Vinzenz: Frank Dietrich
Regie: Fritz Peter Buch

In dieser bisher letzten deutschsprachigen Inszenierung fiel
Musils "Vinzenz" eindeutig durch - jedenfalls bei der Presse.
Die Rezensenten kritisierten übereinstimmend, dass bei der
Aufführung nur die Situationskomik ausgebeutet und oberflächlich possenhaft gespielt wurde. Nur ganz wenige Berichter-
statter gehen über die Kritik der Inszenierung hinaus, um
Musils Stück unabhängig von der verfälschenden Darbietung zu
würdigen. In welcher Weise Musils Spiel vergröbert wurde,
kann man daran ablesen, wie die Hauptfiguren in Kritiken beschrieben werden. Marianne Uechtmann beispielsweise schreibt,
Alpha und Vinzenz führten ein Leben wie jeder andere, und
Dora Fehling schildert Vinzenz als einen "bösartigen", "ver-
schlagenen" Hochstapler, eine "Schmalspur-Marquis-von-Keith-
Figur", nur viel "plumper" als Wedekinds Held. Sehr positiv
dagegen beurteilt Grack die Posse, die er im Titel als "Schlüs-
selstück der Moderne" bezeichnet. Er erkennt in den Nebenfiguren "Karikaturen der konventionellen dramatischen Charaktere"
und erklärt weiter: "Der Kontrast zwischen den Protagonisten
und ihrer Umgebung, zwischen Existenzen, die ihre Offenheit
für sich, und solchen, die ihre Beschränktheit gegen sich
haben, macht die Possenhaftigkeit des Stücks aus." Neben Grack
sieht auch Garbe, dessen Artikel die Ueberschrift "Schuss
auf die Schöne" trägt, im "Vinzenz" ein Stück, mit dem Musil
das "Theater unserer Zeit erahnt" habe. Garbe kritisiert
spottend das endlose "Gerede" und die "unverständlichen"
Dialoge: "viele Worte". Ganz anders wurden sechs Jahre später bei der ersten französischen Aufführung die Dialoge des
Lustspiels bewertet.

5.11.1969: "Studio des Champs-Elysées", Paris

Alpha: Laurence Bourdil / Bärli: Claude Brosset / Freundin:
Monique Sainthey / Halm: Roland Bertin / Vinzenz: François
Chodat
Regie: Marie-José Weber

Die Erstaufführung von "Vincent et l'amie des personnalités"
fand im Rahmen der Pariser Biennale, an der unter anderem
Stücke von Arrabal, Brecht und Topol gezeigt wurden, statt.
In der Wiener "Presse" wird berichtet, dass von den sechzehn
"Theaterexperimenten" der Biennale nur Musils als "Spectacle
Dada" angekündigte Posse für längere Zeit im Spielplan blieb
und sowohl beim Publikum als auch bei der Kritik Anklang fand.
   Lemarchand schreibt, Musil habe Jonesco vorausgesehen.
Baignères bezeichnet Musil als Vater von Vitrac und Jonesco.
Vom Theater der Gegenwart geht auch der Korrespondent der
"Presse" in seiner Betrachtung aus: "Seit Handke das Publikum
beschimpfte, sind Zweifel am Theater und Zweifel am Wort zum
vorherrschenden Bühnenthema geworden." Musil habe schon 1923
ein Stück "vom Zweifel an den Wörtern" - so der Titel der
Kritik - geschrieben: "Als Vinzenz geboren wurde, begann Dada
am unantastbaren Sinn und Wert der Worte zu rütteln. An ex-
pressionistisches Theater gewöhnt, war Musil dadaistischen
Zweifeln nicht unzugänglich". Mit ihrer Skepsis gegenüber dem
Wort als Sinnträger und "hohlem Klanggebilde" stünden uns
heute Vinzenz und Alpha besonders nahe: "Die Worte sind krank.
Sie gehören in eine Klinik oder ein Irrenhaus. Musils Ueber-
setzer,Philippe Jaccottet, hat diese atonale Sprachkomposition
meisterhaft wiederzugeben gewusst." Baignères lobt die dem
Stück angemessene artifizielle Sprache der Schauspieler. Ueber
Vinzenz und Alpha schreibt er: "Ils contestent la peur, l'es-
poir, la critique, l'ambition, la sincérité, les mots." Poirot-Delpech charakterisiert den Dialog als subjektivistisch
und abstrakt. Saurel betont den alogischen Verlauf der Gespräche,und dass Alphas Anarchismus in einer literarisch, verba-
len Revolte bestehe. Auch die französischen Kritiker vergleichen Alpha mit Wedekinds männerverschlingenden Lulu. Der Vergleich zu Wedekinds Zirkuswelt wurde bei dieser Aufführung
durch das Bühnenbild noch besonders nahe gelegt. Oskar Gustin

hatte als Bühnenbild einen goldenen Käfig geschaffen - mit
einem Tunnel, durch den die "bedeutenden Männer" auf allen
Vieren auf die Bühne kamen. Alpha erschien als Dompteuse:
"sexy, insolent, cruelle" (Saurel).
Baignères betrachtet die Farce ganz im Zusammenhang mit der
dadaistischen Bewegung. Er nennt die Auflösung dramatischer
"Formalismen", die Befreiung von psychologischen Konventionen und die Entdeckung einer anderen menschlichen Natur durch
die Phantasie, die Alogik, eine anarchische Denkmethode. Lemarchand und Poirot-Delpech betonen dagegen, das Stück gehöre eher dem Expressionismus als dem Dadaismus an. Lemarchand
schreibt: "C'est une oeuvre baroque - on eût dit jadis expres-
sioniste - au suprême degré." Saurel meint, das Werk habe zwar
einige Aehnlichkeiten mit dem Expressionismus, sei jedoch ganz
eigenständig, die dramatischen Gesetze würden missachtet, man
könne das Stück in keine der Strömungen des modernen Theaters
einordnen.
Die französischen Kritiker erklären, ganz verstehen und aus-
kosten könnten die Komödie nur diejenigen, die zu der in Frank-
reich grossen 'Gemeinde' von Musilkennern gehörten. Sie erinnern an die Aufführung der "Schwärmer" von 1961, vergleichen Vinzenz mit Thomas und auch mit Ulrich, dem "Mann ohne
Eigenschaften", Alpha mit Regine und Agathe. Saurel erwähnt,
die Komödie spiele im gleichen Milieu wie Musils Roman. Allgemein wird ausgeführt, Vinzenz und Alpha verweigerten sich
wie alle Helden Musils der organisierten Wirklichkeit: "Ils
se plaisent à la constatation de l'instable" (Baignères).
Lemarchand führt genauer aus, Vinzenz und Alpha, die beiden
hochstehenden Schwindler, spielten mit Möglichkeiten, hätten
aber weder die Kraft noch die Lust, sich für eine andere
Wirklichkeit einzusetzen und lebten nach einer Philosophie
des 'Als-ob'. Vinzenz' Wunsch, Diener zu werden, erinnere
an die Vision von Boris Vian: "Etre butler de lord Byron".

Regie, Bühnenbild, die spöttisch dadaistischen Kostüme
von Emanuel Ungaro, die Leistung des Schauspielerensembles
und besonders das Spiel von Laurence Bourdil als Alpha und
François Chodat als Vinzenz werden in allen Kritiken gerühmt.

Kritisiert dagegen werden allgemein die eingeblendeten Film-
montagen. Lemarchand schreibt dazu, man habe damit wohl das
Stück modernisieren wollen, aber Musils Werk sei auch ohne
solche Zutaten für denjenigen, der hinhöre, im besten Sinne
'modern'.

ANMERKUNGEN

Anmerkungen zur Einleitung

1 Empire in time and space, in: The Times Literary Suppl.
48 (1949) Nr. 2491, S. 689f. (Anonym erschienener Artikel
von Eithne Wilkins und Ernst Kaiser).

2 Thöming, Jürgen C., Robert-Musil-Bibliographie. Bibliographien zum Studium der deutschen Sprache und Literatur Bd. 4,
Bad Homburg-Berlin-Zürich 1968.

3 Die Bob-Hansen-Story, in: Pardon. Deutsche satirische Zeitschrift 7 (1968) Nr. 5, S. 20-26.

4 Dallmann, Günter, Lika känd som okänd ... En flykting vid
namn Robert Musil, in: Tiden, Stockholm, 56 (1964) S. 27-34.

5 Zu den verschiedenen Ausgaben und Uebersetzungen siehe Thöming, Robert-Musil-Bibliographie, S. 13f. und S. 21-26.

6 Vgl. Karthaus, Ulrich, Musil-Forschung und Musil-Deutung.
Ein Forschungsbericht, in: DVjs. 39 (1965) S. 441-483.
Ausserhalb der eigentlichen Musil-Forschung fanden die
Bühnenwerke Musils kaum Beachtung. Auf vereinzelte Beiträ-
ge in der Literatur zum modernen Drama wird im Laufe der
Untersuchung hingewiesen.

7 Vgl. zu diesen und den im folgenden genannten Arbeiten die
Angaben im Literaturverzeichnis. Auf die erwähnten Beiträge
wird im Interpretationsteil näher eingegangen.

8 Etwas modifiziert hat Scharang die Ergebnisse seiner Dissertation in zwei Artikeln - 'Musils Dramatik' und 'Robert Musils theatralische Sendung' - veröffentlicht. Zur Kritik
der Arbeiten Scharangs vgl. bes. Anm. 1 zum Kapitel 'Dialog'.

9 Manche Themen (und auch Gestaltungsprinzipien) sind in
beinahe allen Werken Musils zu finden. In dieser Untersuchung zu den Bühnenwerken werden daher auch Dinge zur
Sprache kommen müssen, die schon in anderen Arbeiten - etwa zum Roman - behandelt wurden. Setzt man nicht nur Mu-
sil-Spezialisten als Leser voraus, so kann man sich nicht
mit nur für Eingeweihte verständlichen Andeutungen begnügen. Will man keine einseitige Darstellung des Werks geben
(z.B. wichtige Themen, weil schon einmal erörtert, auslassen), so lassen sich Wiederholungen von in anderer Form
schon Gesagtem nicht ganz vermeiden. Dieses Dilemma hat zu
einer mehr als peinlichen Auseinandersetzung von zwei bedeutenden Musil-Experten geführt, die unter dem Titel "Seuf-
zer zur Musilforschung" erschienen ist in: Text+Kritik (1968)
Nr. 21/22, S. 68-75.

10 Da ein Sachregister zu Musils umfangreichen Tagebüchern
   noch fehlt, wird im Anhang dieser Arbeit eine Zusammenstellung der wichtigsten Tagebuchnotizen gegeben, die Bemerkungen zu den Bühnenwerken, allgemeine Reflexionen zum
   Drama, Entwürfe oder Pläne enthalten.

11 Der darauf folgende Abschnitt 'Handlung' ist bewusst ausführlicher gehalten. Für Musil waren Fakten austauschbar.
   Dieses Prinzip scheint jedoch für die Literaturwissenschaft
   weniger empfehlenswert als Musils Genauigkeitspostulat. Von
   Fehlinformationen über Entstehungszeit, Erscheinungsjahr
   oder Aufführungen der Stücke abgesehen, wurden gerade bei
   der Wiedergabe der mit gewissem Recht als banal bezeichne-
   ten Handlung der "Schwärmer" die Fakten (z.B. Verwandtschaftsverhältnisse, Berufe, Abhängigkeitsverhältnisse, Namen der
   Personen, wer sagt, tut was usw.) vielfach vertauscht oder
   erdichtet. Zudem erscheinen die Personen des Stücks in manchen Darstellungen bis zur Unkenntlichkeit simplifiziert.

12 Die Literatur zu Musils "Vinzenz" wird im Kapitel 'Die ernste
   Posse' besprochen.

ANMERKUNGEN

Anmerkungen zu I.1. Gewöhnliche Handlung - bedeutende Menschen

1 Vgl. z.B. Mth. S. 32-36; 67f.; 76-78; 80-82; 89-92; 129; 164.

2 Vgl. "Vorhandene Stoffe mit einer anderen Moral betrachten."
(T 197); "Zu der vorhandenen Idee der Arbeit stellt man den
Rohbau aus Altmaterial zusammen." (T 203); "Erfindungstech-
nik: Situationen der Weltliteratur in meiner Revision geben."
(T 258)
Von solchem Verfahren her, der Wahl typischer Situationen und
menschlicher Grundkonflikte, ergeben sich Anhaltspunkte für
Vergleiche mit zahlreichen anderen Werken der Weltliteratur.
Unsere Arbeit hat die "Moral", die "Revision", die Deutungen
Musils in den "Schwärmern" und deren Form-Inhalt-Problematik
zum Gegenstand. Für spätere vergleichende Untersuchungen sollen hier nur einige kurze Hinweise gegeben werden. Verschiedentlich wurde in Arbeiten zu den "Schwärmern" schon auf
Goethes "Wahlverwandtschaften", so die Uebereinstimmung der
Figurenkonstellation und die ähnliche Funktion der Nebenfiguren
verwiesen (Braun, Approach; Pike, Introduction, S. 78-80;
Osses, tres obras, S. 73.). Ebenfalls von der Figurenkonstellation geht B. Pike bei einer interessanten Gegenüberstellung
von Musils "Schwärmern" und "Exiles" von James Joyce (dt. "Ver-
bannte", Zürich 1918) aus. Dies ist der bisher einzige ausführlichere Vergleich. (Pike, Introduction, S. 72-74.)
Ausgehend von der Vierecks- bzw. Mehreckskonstellation könnte
man etwa auch Claudels "Tausch", Eliots "Coctail Party",
Bruckners "Krankheit der Jugend", die Ehedramen Marcels oder
auch Bauers Kolportagestück "Magic Afternoon" nennen. Zu beachten wäre bei solchen Vergleichen, dass es in den "Schwärmern"
nicht um die Ehe als Sakrament oder Institution und auch nicht
um das Problem der 'freien Liebe' oder des Sittenzerfalls geht.
Auch die Eifersucht wird nicht eigentlich dargestellt. Das
komplexe, 'gemischte' Gefühl der Eifersucht, in dem Skepsis,
Wissenwollen und Liebe, Vertrauenwollen verbunden sind, sowie
die 'Uebergangsgefühle' - wiederauflebende oder sterbende
Liebe - sind Ausgangspunkt für die entscheidende Frage nach
dem Wert eines Menschen und damit nach den Kriterien der Wertung. Der Widerstreit von Verstand und Gefühl wird - und dies
dürfte das besondere in den "Schwärmern" sein - aufs äusserste
zugespitzt und zugleich aktualisiert durch den Bezug auf den
modernen Wissenschaftsgeist (Tatsachengesinnung, Detektivik)
einerseits und auf die Lebensphilosophie bzw. Lebensmystik
(Irrationalismus, Ekstase, "Fernliebe") andererseits.
In Kritiken zu den "Schwärmern" werden vergleichend noch zahlreiche verschiedenartige Dramatiker genannt, so Ibsen, Strindberg, Wedekind, Sternheim, Kaiser oder verschiedene Autoren
der angelsächsischen Psychodramatik. (Vgl. das Kapitel 'Die

Aufführungen der "Schwärmer" im Spiegel der Kritik'.) Dabei
dürften jeweils verschiedene Vergleichskriterien eine Rolle
gespielt haben. Hinzu kommen noch gelegentliche Vergleiche
einzelner Figuren oder einzelner Motive, so wird z.B. Regine
mit der Nina aus O'Neills "Seltsames Zwischenspiel" verglichen usw. (Oesterreichische Neue Tageszeitung 31.5.58).
Musil lässt in seinem Schauspiel den Detektiv Stader sagen:
"Man hat mir gesagt, dass die Dichter, solange die Welt besteht, immer nur die gleiche, ziemlich kleine Zahl von
Motiven benützen und nie ein neues erfinden können." (388)
Aufschlussreich könnte in einer vergleichenden Untersuchung
auch die Gegenüberstellung mit Werken der Trivialliteratur
sein, denn Musils Konzept 'gewöhnliche Handlung - bedeutende
Menschen' erscheint geradezu als Umkehrung des Verfahrens der
Trivialliteratur.

3 s.u. das Kapitel 'Die Aufführungen der "Schwärmer" im Spiegel
  der Kritik'.

Anmerkungen zu I.2. Konventionelle Form - neue Ideen

1 Auf die umfangreiche Literatur über die Formen des modernen
  Dramas einzugehen, würde den Rahmen dieser Arbeit sprengen.
  So ist die Beschränkung auf Szondis klare, thesenhafte Darstellung ein notwendiger Behelf. Szondis Ansatz wurde weitergeführt und variiert von Kesting, Das epische Theater.
  Aus der theaternahen Perspektive des Kritikers beschreibt
  den Wandel der Form und das Ende des Illusionstheaters
  Melchinger, Drama zwischen Shaw und Brecht. Ausserdem sei
  verwiesen auf Klotz, Geschlossene und offene Form im Drama;
  Franzen, Formen des modernen Dramas; Kesting, Panorama des
  zeitgenössischen Theaters. Einen Einblick in die Diskussion
  gibt der Sammelband Grimm (Hg.), Episches Theater.

2 Zum folgenden vgl. Szondi, Theorie des modernen Dramas,
  S. 22-73 und Kesting, Das epische Theater, S. 31-44.

3 Szondi, Theorie des modernen Dramas, S. 74.

4 Marianne Kesting reiht Musil unter die "unmittelbaren Weg-
  bereiter des modernen epischen Theaters" ein: "Robert Musil
  mit seinem Schauspiel 'Die Schwärmer' steht in der gleichen
  Divergenz von Form und Inhalt, auch wenn er zeitlich später
  einzuordnen ist. Er unterscheidet sich dadurch speziell von
  Autoren wie Tschechow und Ibsen, dass er sich diese Problematik bewusst gemacht hat." (Kesting, Das epische Theater,
  S. 35.) Kesting geht allerdings nicht von einer Analyse von
  Musils "Schwärmern" aus, sondern von einigen Tagebuchstellen.
  Besonders die Ausdeutung von Musils "Tabelle aus den 'Schwärmern'" (T 228) im Hinblick auf das epische Theater mutet
  recht gewaltsam an. Andere Tagebuchnotizen weisen viel

direkter auf Formen des modernen Theaters (z.B. T 200f.,
T 269, PD 699f.; auf diese Stellen wird noch zurückzukommen sein.). Dass Musil sich die Formproblematik bewusst
gemacht habe, wird man unter Berücksichtigung aller Texte
kaum so eindeutig sagen können. Musil als "unmittelbaren
Wegbereiter" des modernen Dramas zu apostrophieren empfiehlt
sich schon deshalb nicht, weil sowohl Musils Bühnenwerke als
auch seine Reflexionen über das Theater unbeachtet und wirkungslos blieben. Bei dieser Gelegenheit sei darauf hingewiesen, dass Musil nicht, wie Kesting und andere schreiben,
selbst sein Stück als "Nebel geistiger Materie" bezeichnete,
sondern dass er an der entsprechenden Tagebuchstelle sagt:
die "Schwärmer" waren - nämlich um 1914 - solch ein geistiger
Nebel ohne dramatisches Skelett (T 483).

5 Vgl. die im Personenregister der Tagebücher angegebenen
Stellen und die entsprechenden Theaterkritiken. Nur Tschechow
wird in den Tagebüchern an keiner Stelle genannt. Die ersten
Entwürfe zu den "Schwärmern" (PD 636-641) könnten Anregungen
durch Tschechow vermuten lassen. Wie in den "Drei Schwestern"
sollten ein Duell und ein Hausbrand eine Rolle spielen. In
den späteren Theaterkritiken vgl. zu Tschechow Mth. S. 22-26
und 121.

6 Kerr, Berliner Tageblatt, 4.4.1929.

7 Scharang, Dramaturgie und Bühnengeschichte, S. 128-130.

8 Szondi, Theorie des modernen Dramas, S. 15f. Zum folgenden
vgl. T 211 "Illusionstheater und -Roman".

9 Wijkmark nimmt an, vieles sei mit Absicht illusionswidrig.
(Wijkmark, Musil och teatern, S. 336.)

Anmerkungen zu II.1. Handlung

1 Scharang, theatralische Sendung, S. 225.

2 Diesen Begriff übernehme ich von Werner Wolfgang Kirchesch,
Das Verhältnis von Handlung und Dramaturgie. Fragwürdige
Theorien zum modernen Drama, S. 31-35. Kircheschs Kritik an
allen Untersuchungen über Episierungstendenzen im modernen
Drama und seine Polemik gegen Szondi und Kesting können
trotz manchen richtigen Gesichtspunkten nicht überzeugen.
Kirchesch bringt zwar einige dankenswerte Begriffsklärungen,
aber sein Vertrauen zum "Wörterbuch der Philosophischen
Begriffe" hindert ihn am Ausbau einer undogmatischen Typolo-
gie des Dramas.

3 "Szene" wird in dieser Arbeit mit näherer Bezeichnung etwa
der Personengruppierung als blosse Abkürzung gebraucht. Im

Kapitel "Dialog" wird darauf eingegangen, dass die Reihenfolge der Szenen (Dialogpartien) fixiert ist durch die Verflechtung mit der kausalen Handlungsabfolge, während vom
Inhaltlichen her gesehen die Dialogpartien als Varianten
weitgehend austauschbar wären.

4 Jeweils zwei Beispiele aus jedem Akt mögen die Art dieser
zahlreichen Vorverweise andeuten: Regine: Du wirst sogar
sehn, er zieht sich zurück, wenn Josef da ist. (310);
Anselm: (...) ich halte es gar nicht für ausgeschlossen,
dass sie (Maria) ihn (Thomas) plötzlich verlässt (...)
(339); Maria: Regine wird sich noch etwas antun. (347);
Du wirst sehn, dass er abreist. (367)
Die Andeutungen im dritten Akt beziehen sich nicht nur auf
den weiteren Gang der Handlung im Stück; sie weisen zum
Teil über den Schluss hinaus auf eine ungewisse Zukunft:
Maria: Ich will mit Anselm noch einmal sprechen. Vielleicht...
bringe ich ihn zurück...? (383); Thomas: So einfach geht es
bei Maria nicht, du wirst sehn. (395)

5 Scharang, Dramaturgie und Bühnengeschichte, S. 172, schreibt
dazu: "Das Nicht-Handeln wird zu einem dramaturgischen und
inhaltlichen Masstab: Alle Personen, die es zur Handlung
drängt, scheiden im Verlauf des Stücks aus, Thomas und Regine bleiben als 'Helden' am Schauplatz zurück. Regine verlässt ihn, als sie handeln will, und Thomas eilt ihr nach,
um sie daran zu hindern." Zumindest, was den "inhaltlichen
Masstab" angeht, vereinfacht Scharang, der sehr wenig In-
haltsanalyse treibt, doch zu sehr. Ausserdem ist nicht
leicht einzusehen, wie sich seine Aussagen, Leistung sei
das "dramaturgische Zentrum" und Nicht-Handeln "dramaturgi-
scher Masstab" vertragen sollen; s.u. Anm. 13 dieses Ab-
schnitts.

6 T 466; vgl. T 660.

7 Eine Dramaturgie der Möglichkeiten im Gegensatz zur Wirklichkeitsdramaturgie, der "Dramaturgie der Fügung", hat
Max Frisch in seiner Schillerpreis-Rede entworfen und in
seinem "Spiel": "Biografie" erprobt, in dem mögliche
Varianten der tatsächlichen Lebensgeschichte mit Szenen
des wirklichen Lebens wechseln. In "Biografie"wird dargestellt, dass das Leben den Menschen "immer zwischen
zwei Möglichkeiten wählen" lässt, dagegen wird in den
"Schwärmern", in denen die Wirklichkeitsdramaturgie beibehalten ist, darüber hinaus (und dies ist typisch für
Musils radikales Möglichkeitsdenken) nach der "unerfunde-
nen dritten Möglichkeit" gefragt (306). Vgl. Max Frisch,
Schillerpreis-Rede, in: Oeffentlichkeit als Partner,
S. 90-99.

8 Dieses Motiv scheint in den Entwürfen um 1911 noch eine
entscheidendere Rolle gespielt zu haben: PD 647-649.

9 Vgl. Bauer, Ethik, S. 44: "Das Schauspiel bringt weder eine
  gedankliche Lösung noch einen handlungsmässigen Abschluss,
  erfüllt also nicht Josefs, wohl aber Thomas' Forderungen."

10 Im Zusammenhang mit der Darstellung Josefs als Repräsentant
   der bürgerlichen Ordnung ist eine Anmerkung am Platz zu einer Interpretation der "Schwärmer", die Eingang gefunden
   hat in das Sammelwerk "Deutsche Literatur im XX. Jahrhundert" Bd. 2.
   Gert Kalow schreibt dort S. 174: "Einen Schritt näher kommt
   man der Absicht des Spiels, wenn man annimmt der Ehemann
   vertrete die bürgerliche Ordnung und zwar in ihrer höchsten,
   achtenswertesten Form (...), der Vagabund dagegen den Mutter-
   boden der Anarchie, das noch ungestaltete triebhafte Nein
   zu dieser Ordnung, mit anderen Worten: die Revolution. Den
   Krieg." Josef kann wohl kaum mit diesem "Ehemann" gemeint
   sein. Also Thomas als Vertreter der bürgerlichen Ordnung?
   Anselm, der in diese Ornung entflieht als "Kommunist der
   Liebe"?(ebd.) Kalow kommt das Verdienst zu, schon sehr früh
   Musils Werk unter gesellschaftlichem Aspekt untersucht zu
   haben. Aber hier erscheint soziologische und politische Auslegung doch zu sehr vereinfacht "Zwischen Christentum und
   Ideologie". Im gleichnamigen Buch Kalows findet sich diese
   Interpretation der "Schwärmer" ebenfalls (S. 82-109). Vielleicht aber wäre es gerechter anzunehmen, Kalow habe die
   "Schwärmer" allzu ungenau gelesen: "Die Ehefrau, im Grunde
   die festeste, 'richtigste' der acht Gestalten wird als
   letzte von diesem Fasching befallen. Zum Schluss erscheint
   sie - sinnbildlich im buntflatternden Narrengewand der Anarchisten auf der Bühne (...)". Man fragt sich wieder, wer ist
   mit der "Ehefrau" gemeint. Die 'richtigste' meint wohl Maria,
   die allerdings zum Schluss nicht auf der Bühne erscheint.
   Das "Narrengewand der Anarchisten" ist wohl eine vage Erinnerung Kalows an Regines (nicht nur sinnbildliche) "phantastische Hauskleidung", in der auch Thomas, der angebliche
   Vertreter einer bürgerlichen Ordnung, im dritten Akt auftritt (Bühnenanweisung S. 374). Eine letzte Probe dieser Interpretation: "Das Stück lässt sich als Vorausnahme des
   Sartreschen Modespiels von der "geschlossenen Gesellschaft"
   verstehen, nur dass bislang niemand bemerkt hat, dass es in
   der Hölle spielt, weil es ungleich lebendiger und diffe-
   renzierter, kurz kunstvoller vor uns steht als die Schatten-
   riss-Konstruktionen des Pariser Philosophen (...)."

11 Vgl. 308, 312, 314, 398.

12 Bauer, Ethik, S. 14.
   In der berühmten Stelle vom Verkehrsunfall am Anfang von Musils Roman beruhigt sich die Dame, als sie von den Gesetzen
   des Bremswegs und der Unfallstatistik hört.

13 Vgl. 324, 354, 356, 365.
   Scharang formuliert etwas seltsam: "Am Begriff der Leistung
   gewinnt das Stück sein äusseres Problembewusstsein, er wird
   in der Person Thomas' Instanz des Wertens; dramaturgisch das
   Zentrum, das willkürliches Handeln hindert, formlos zu ver-
   fliessen." (Scharang, Musils Dramatik, S. 38) und: Wenn Thomas und Regine alleine zurückbleiben, "wird Leistung als be-
   stimmender Verstand, als sich selbst Setzen sichtbar." (ebd.
   S. 41) Es darf aber nicht übersehen werden, dass Thomas selbst
   das Wertkriterium Leistung in Frage stellt (309, 326, 375) und
   der Gegensatz der beiden Kriterien Leistung und innere Erhöhung, "Steigen", bis zum Schluss nicht aufgelöst wird. Leistung als Wertkriterium entspricht der zweckhaften, rational
   bestimmten "Normalhaltung", "Steigen" dem zweckfreien Zustand
   reiner ethischer Aktivität in der "kontemplativen Haltung."

14 Vgl. 330, 341, 344f., 349.

15 Pike, Introduction, S. 42.
   Braun, Approach, S. 161, schreibt zur Zigarettenszene: Anselm
   "(in a copy of some Nietzschean biographical detail) burns
   himself with a cigarette (...)." Dieses Detail, das Braun
   hier wohl meint, berichtet Nietzsches Schwester in ihrer Biographie über den jungen Nietzsche. Bewundernd erzählt sie, im
   Internat Pforta habe ihr Bruder anlässlich eines Gesprächs
   über Mucius Scaevola ein Bündel Zündhölzer auf der Handfläche
   verbrennen lassen. (Elisabeth Foerster-Nietzsche, Der junge
   Nietzsche, Stuttgart 1912.)

16 Thomas: Verstehst du, Maria, er hat keine Bestätigung, er
           muss geliebt werden wie ein Schauspieler. (354)
           Trotzdem spielt er dir eine Komödie vor. (355)
           (...) er ist im inneren Erlebnis ein Fälscher. (363)
           Ich reisse dir (Anselm) das Gesicht herunter! (372)
           Ja. Er war bloss zu schwach dazu, er hielt es nicht
           aus. Er drängt sich plötzlich zwischen die Menschen,
           die sich in dieser Welt zu Hause fühlen, und fängt
           an, in ihrem Stück mitzuspielen; in wunderbaren
           Rollen, die er für sich erfindet - - (379)
   Vgl. auch Bauer, Ethik, S. 28-37: "Leben als Rollenspiel."
   Das Verhältnis von "Alssein" (Rollenspiel) und "Selbstsein"
   (Innerlichkeit) in verschiedenen Werken und im Wechsel der
   Epochen (vom Barock bis zum Ende des 19. Jahrhunderts) unter-
   sucht Heinz Otto Burger, "Dasein heisst eine Rolle spielen."
   Studien zur deutschen Literaturgeschichte, München 1963.
   (Vgl. dort bes. S. 75-93)
   Reinhard Urbach schreibt: "Der Schauspieler in allen Erschei-
   nungsformen und Lebensbereichen, als Genie oder als Dilettant,
   ist niemals häufiger aufgetreten als in der Literatur der
   Jahrhundertwende in Wien." Reinhard Urbach, Schnitzler,
   Hannover 1968 (= Friedrichs Dramatiker des Welttheaters Bd.
   56), S. 21.

17 Pike, Introduction, S. 90.

18 Die verschiedenen Arten und Stufen echter und falscher Ein-
fühlung bzw. Einsfühlung untersucht sehr eingehend Max Scheler in seinem Buch: Zur Phänomenologie und Theorie der Sym-
pathiegefühle und von Liebe und Hass, Halle 1913. Musil
hat dieses Werk (in der 2. vermehrten Aufl., Bonn 1923) erst
1937 gelesen. Im Tagebuch hebt er dieses Ereignis besonders
hervor: "Seit gestern - ich setze das Datum bei: den 22. Au-
gust (1937) - lese ich, soweit es meine Zeit gestattet Scheler (...), das Buch, mit dem ich mich jetzt in Eile auseinander setzen muss, ehe ich die Liebestheorie-Kapitel von 'Mann
ohne Eigenschaften' II/2 drucken lasse." Die Lektüre wird
ihm zum Anlass eines Rückblicks und einer Reflexion auf sein
unsystematisches Arbeiten. Dort heisst es: "Wichtig: dass
ich mich wohl immer mit Ethik befassen wollte, aber keinen
Zugang wusste, der mir gepasst hätte. Mit anderen Worten,
dass ich zu wenig studiert hatte! Denn Scheler hat den Zugang gefunden!" (T 445)

19 Nietzsche, Fröhliche Wissenschaft, IV, 301 (S. 200); V, 356
(S. 259).

20 Z.B.: Nietzsche, Fröhliche Wissenschaft, III, 22 (S. 169);
V, 361 (S. 272); Menschliches Allzumenschliches, I, 51
(S. 64); I, 52 (S. 65).
Zur Frage der "Wahrhaftigkeit" Anselms vgl. Bauer, Ethik,
S. 28-37.

21 Fontana, Robert Musil, in: LWW, S. 333.

22 Vgl. 318, 329, 340, 379 und die Regiebemerkungen auf den
Seiten 317, 370, 377.

23 Kaiser/Wilkins, Einführung, S. 102, interpretieren, Maria
verlasse Thomas nicht, weil er ein kalter Verstandesmensch
sei oder weil sie Anselm vorziehe, sondern um ihre eigene
Kraft zu lieben auf die Probe zu stellen, wie Claudine in
Musils Novelle "Die Vollendung der Liebe". In diesem Fall
aber stimmt der Vergleich nicht. Claudine ist eher mit Regine vergleichbar. (Das wird angedeutet bei Baumann, Robert Musil, S. 136.) Claudine erfährt in der Untreue die
Treue, im Ehebruch eine "Vollendung der Liebe". Maria aber
weist mit einem entsetzten "Nein!!" solche Vorstellungen
zurück (349f.). Gerade weil Anselm Regine, die ihre Untreue ähnlich wie Claudine erlebt, verteidigt, verliert
er Marias Vertrauen. Zum äusseren Zeichen weigert sie
sich, ihm die Schlüssel anzuvertrauen (351).

24 Vgl. Braun, Anselm and "The motivated Life". In diesem
Beitrag stellt Braun, die Entwicklung der Handlung ausser

Acht lassend, Anselm als Lehrmeister des "motivierten Lebens" für Regine und Maria dar. Seine Deutung geht jedoch
an der Problematik letztlich vorbei, da er Musils Rede von
"seelischer Motivation" psychologisierend als emotionale
Motivation missversteht.

25 Vgl. zu diesem Motiv 305, 311, 348, 350, 369.

26 Auch hier deutliche Anspielung auf Gedanken Nietzsches. Regines Tagebucheintragungen weisen ebenfalls auf Nietzsche.
Darauf wird im Kapitel "Dialog" näher eingegangen.

27 359, 364, 373. In der christlichen Ethik (und Mystik) erscheint der Satz in der Bedeutung: sich in Gott verlieren,
in Christus sterben. Musils Doktorvater Carl Stumpf erinnerte 1908 in seiner Gedächtnisrede für den Stifter der
Berliner Universität (vor den "Wortkünsten" Nietzsches
warnend) an den "schlichten Satz": "Nur wer seine Seele
verliert, wird sie gewinnen." (Carl Stumpf, Vom ethischen
Skeptizismus, Berlin 1908, S. 17.)
Max Scheler schält aus den mannigfaltigen Auslegungen des
Satzes in der Geschichte der Ethik die fundamentale Aussage
heraus, dass Personwerte (z.B. Heiligkeit) Werte sind, die
nicht direkt intendiert werden können. (Scheler, Formalismus, S. 493-499.)
Auf die verschiedenen Interpretationsmöglichkeiten des Satzes
in den "Schwärmern" wird noch an mehreren Stellen zurückzukommen sein.

28 Zu Thomas' Passivität vgl. z.B.: Bauer, Ethik, S. 8 und
S. 37ff.; Arntzen, Satirischer Stil, S. 168 und Anm. 152;
Scharang, Robert Musils Dramatik, S. 42; Pike, Introduction,
S. 81. Im Roman wird die entsprechende Haltung Ulrichs als
"aktiver Passivismus" bezeichnet. Dass Ulrichs Passivität
gerade aggressiver Protest zugrundeliegt, hat W. Rasch auch
anhand der frühen nachgelassenen Entwürfe bestätigt (Rasch,
Ueber Musils Roman, S. 35). Die zitierte Bestimmung des
"schöpferischen Menschen" kann auch als Musils eigentümli-
cher Beitrag zur Diskussion um das Engagement des Dichters
oder des Intellektuellen überhaupt angesehen werden.

29 Diese Problematik wird in Bezug auf Ulrich, den "Mann ohne
Eigenschaften", und seinen "aktiven Passivismus" (polemisch)
behandelt in: Schramm, Fiktion und Reflexion, passim.

30 Eine 'Figur', die nicht mitgemeint ist, wenn von 'allen'
Personen des Stücks die Rede ist, und die man unberücksichtigt lassen darf, ist das "Dienstmädchen", das im ersten
Akt das Frühstück hereinträgt. Um einen Szenenübergang zu
schaffen, verstösst Musil hier mit Gleichgültigkeit gegen
sein Prinzip der Oekonomie. Es ist kaum anzunehmen, dass ein
Regisseur diese reine Statistenrolle nicht wegstreichen würde. Es sei denn - und dieser Gesichtspunkt wäre durchaus zu

rechtfertigen, wenn auch wohl kaum von Musil beabsichtigt
und reflektiert, die Inszenierung wolle die seltsam ari-
stokratisch feudale oder grossbürgerliche Atmosphäre des
Hauses besonders betonen. Dies gehört zur, wie mir scheint,
für Musil typischen, man mag vielleicht sagen, 'anstoss-
erregenden' Seltsamkeit des Stücks: Sehr ausgiebig wird
über Höhen und Tiefen, Wert, Freiheit, Selbstverwirklichung
des Menschen diskutiert. Die so naheliegende soziale Realität, soziale Not, Unterdrückung, Benachteiligung usw. bleibt
praktisch ausserhalb des Blickfeldes. Thomas stellt die Voraussetzungen der bürgerlichen Weltanschauung mit aller Ra-
dikalität in Frage, aber an manchen Stellen finden sich
auch bei ihm Relikte recht bürgerlichen Benehmens und Wertens (z.B. 374, 377-379, 385).

31 Vgl. 311, 318, 325, 327, 329, 353, 355f., 373, 375f., 380,
394, 400.

32 Ausführlicher behandeln den aggressiven Rationalismus in
Verbindung mit 'Bosheit' und Askese als Kennzeichen der
Musilschen Helden, besonders Ulrichs, z.B.: Jässel, Mathe-
matik und Mystik, Teil I; Albertsen, Ratio und Mystik,
S. 24-32 ("Wissenschaft als Askese", "Wissenschaft und
Sport", "Die böse - experimentelle Gesinnung").

33 Derartige Angaben finden sich im Nebentext zum Beispiel auf
den   Seiten 313f., 324, 325, 326, 361, 363f., 372,
374, 387, 390.

34 Die Gebärde des Aufrüttelns wird von Thomas mehrmals wiederholt. Vgl. die Regiebemerkungen auf den Seiten 309, 364, 376.

35 Vgl. im Nebentext z.B. 310, 322, 356, 371, 388, 390.

36 Vgl. die Regiebemerkungen 308, 310f., 313, 320, 322, 367,
378, 382, 391.

37 Vgl. die Regiebemerkungen 310, 314, 320f., 324, 326, 372,
376, 383.

38 Musils spezifischer Beitrag zur Frage von Erkenntnis und Interesse besteht wohl darin, dass er - vor allem im Roman -
insistierend auf den aggressiv-bösartigen Zug im Sichinter-
essieren und Erkennenwollen hinweist. Die philosophische
(und soziologische) Problematik des Verhältnisses von Erkenntnis und Interesse behandelt in grossem Rahmen Jürgen
Habermas, Erkenntnis und Interesse, Frankf. 1968. Seine
Ausführungen - besonders zu Mach, Dilthey, Freud und
Nietzsche - könnten für Untersuchungen, die sich mit Musil
als "Philosoph" und speziell seiner erkenntnistheoretischen
Position befassen wollen, dienlich sein. Habermas hat sein
Buch Wilfried Berghahn, einem Pionier der Musilforschung,
gewidmet.

39 Thomas' Vorschläge - das einzige Mal, dass er verschiedene
   konkrete Möglichkeiten anbietet - sind als Beispiel für
   das Möglichkeitsdenken nicht gerade imponierend. Man kann
   sie sich jedoch auf der Bühne als äusserst wirksame Gags
   vorstellen. Jedesmal werden die Gesprächspartner auf ihrem
   Weg von der Bühne festgehalten und ihre (moralische) Ent-
   rüstung in Kontrast gesetzt zu Thomas' spielerischer Haltung.
   So wie Thomas anscheinend lustlos das Fest arrangiert, so
   zeugt es für Musils asketische Haltung -man kann auch sagen
   Theaterunlust- , dass er dieses Fest nicht auf die Bühne
   bringt, sondern zwischen die Akte verlegt. Man kann sich
   leicht die Bühnenwirksamkeit eines dionysischen Festes als
   Willkommen für den verknöcherten, betrogenen Ehemann Josef
   ausmalen. Musil beschränkt sich auf die Darstellung durch
   das anschauliche und drastische Wort (314 und 343).

40 Hier deutet sich als Möglichkeit so etwas wie die von Musil
   mehrmals erwähnte 'Stella-Moral' an. (Musil bezieht sich
   auf die glückliche (utopische) Schlussfassung.) Im Tagebuch
   notierte Musil beispielsweise: "(Goethe) lässt leiden und
   aus dem Leid den Aufschwung nehmen. Denkt gross! Das ist
   ein Mittel, um die Menschen tugendhaft zu machen." (T 263;
   vgl. Mth. 133, 135, 154;"über allem ein Hauch Stella-Moral..." MoE 1390). In den "Schwärmern" wird bezeichnenderweise weder ein tragischer noch ein utopischer Stella-Schluss
   gewählt, sondern die "Lösungslosigkeit" (Vgl. T 135).
   Eine psychologische Ausdeutung dieser Schwärmerszene versucht Braun, Approach, S. 164-166.

41 In diesem Satz deutet sich auch die Idee der "Moral des
   nächsten Schrittes" an.

42 Auf diese bedeutsame Schlusszene wird in unserer Interpretation immer wieder zurückzukommen sein.
   Zur Rolle Thomas' als Experimentator und Kommentator vgl.
   den Schluss des Kapitels 'Charaktere'.

43 Vgl. 383, 391, 397, 399f.

44 Thomas: "Aber Regine. Fast körperlich weiter erscheint die
   Welt, wenn vordem die rechte Seite immer durch die Nach-
   barschaft eines andren Menschen abgeblendet war. So steht
   man mit einemmal erstaunt in einem weiten Halbkreis,
   Allein." (400)
   Diese Stelle geht zurück auf eine Notiz, die sich Musil
   nach einem Spaziergang ohne seine Frau schon am 31.8.1911 (!)
   machte. Der Wortlaut in den "Schwärmern" ist gegenüber dieser Notiz nur geringfügig verändert. Es heisst dort:"Ich
   glaube auch physisch erscheint die Welt weiter, dadurch,
   dass sonst immer die rechte Seite abgeblendet ist; so steht
   man mit einemmal erstaunt in einem weiten Halbkreis..." (T 136)

45 Vgl. 383, 391, 400.

46 Vgl. die Variationen 373, 384, 393, 396, 400f.

47 Vgl. auch 401. Auch diese Stellen haben ihr Vorbild in der
Tagebuchnotiz von 1911 (s.o. Anm. 44). Dort wird noch direkter ausgedrückt, dass der Rückzug aus einer Protesthal-
tung entspringt: "Du gehst durch dieses Volk hindurch, dem
du trotz allem angehörst und das dir fremd ist. Du siehst,
wie sie sich vergnügen, was sie machen, sie haben Statuen
aufgestellt. Deine Opposition ist nicht bloss diese allgemeine Grundstimmung, aus der heraus wir auch sonst handeln,
sondern es ist eine detaillierte mit vielen Fasern an das
Leben angeknüpfte Opposition." (T 135f.)

Anmerkungen zu II.2. 'Charaktere'

1 Scharang zeigt diese Funktion genauer auf am Beispiel der
Mertens. Scharang, Dramaturgie und Bühnengeschichte,
S. 25f.; klarer ausgeführt in: Scharang, theatralische
Sendung. Seine Ansicht: "Er (der Begriff des Charakters)
zerfällt mit der Aufhebung des alten Handlungsbegriffs."
(a.a.O. S. 256) wäre wohl eher umzukehren. Lässt man "Begriff" einmal beiseite, so liesse sich sagen, der Auflösung der Charaktere 'müsste' eigentlich noch eine weiter-
gehende Auflösung der Handlung folgen.

2 Auch in der Namengebung kann man ein Mittel der Charakterisierung sehen. Allerdings begibt man sich, wie einige solcher Versuche zeigen, leicht in die Gefahr, alles in die
Namen hineinzuzaubern, was man aus dem Text herausgeholt
hat, oder etwas aus dem Namen herauszulesen, was in Wirklichkeit auf mehr oder weniger zufällige Assoziationen oder
angestrengte Spekulationen des Interpreten zurückgeht. Halten wir zunächst fest, was unmittelbar auffällt und auch bei
einer Aufführung mitbemerkt werden dürfte. Nachher sollen
dann einige Kostproben der teils interessanten, teils amü-
santen oder peinlichen Namensexegesen in der Sekundärliteratur gegeben werden.
Auffallend ist, dass alle Personen des Stücks ausser Stader
und Mertens (Anselms Familienname Mornas wird nur an einer
Stelle genannt - wohl ein Ueberbleibsel aus Entwürfen) nur
mit dem Vornamen genannt werden und sich, auch wenn die
Sie-Form gebraucht wird, mit den Vornamen anreden. Selbst
nach Titeln stehen nur die Vornamen: Exzellenz Josef, Professor Thomas, Doktor Anselm. Die Verbindungen Doktor Thomas - Doktor Anselm rufen die gleichnamigen scholastischen
doctores von Aquin und Canterbury in Erinnerung. Andererseits stellt sich bei Thomas auch die Assoziation 'un-
gläubiger Thomas' ein. Alle Vornamen entstammen dem biblisch-
christlichen Bereich und passen so zur religiös-schwärmeri-
schen Atmosphäre des Stücks.

Besonders Kaiser/Wilkins und ihnen folgend W. Braun haben
sich eingehender mit den Personennamen beschäftigt. Kaiser/
Wilkins weisen darauf hin, dass Anselm von Canterburys
"credo ut intelligam" eines der Lieblingszitate Musils ist
(Einführung, S. 103). Braun möchte im Anschluss daran in der
Gegenüberstellung von Thomas und Anselm eine Beziehung zu
den verschiedenartigen Gottesbeweisen der beiden Scholastiker
sehen (Braun, Approach, S. 170). Nun ist allerdings in den
"Schwärmern" von einer Gottesbeweisproblematik nichts zu finden. Man könnte also bestenfalls an den unterschiedlichen
erkenntnistheoretischen Ansatz der beiden Scholastiker denken
und an das (allerdings vereinfachte) Bild von Anselm von Canterbury als Mystiker und von Thomas von Aquin als Rationa-
listen.
Kaiser/Wilkins sehen mehr eine Anspielung auf den Thomas der
Bibel: "Thomas ist der Ungläubige, der zum Glauben der Beweise bedarf." (Einführung, S. 103) So einfach ist es allerdings in den "Schwärmern" auch wieder nicht, denn Thomas fordert von Maria ja gerade (wenn man so will wie Christus von
Thomas), dass sie glaube, ohne (die schriftlichen Beweise)
zu sehn (356). Einmal auf der biblischen Spur sehen Kaiser/
Wilkins dann in Johannes den 'ewig jungen Geliebten': "ewig
rein und keusch wie der Evangelist" (ebd.). Josef wird durch
eine mehr als fragwürdige Verquickung verschiedener Werke
(der "Schwärmer" und eines frühen Romanentwurfs) zum Nähr-
vater Josef der Bibel. Denn: "(es fällt auf, dass) der ält-
liche Josef in gewissermassen väterlicher Beziehung zu Thomas steht, der der direkte Vorläufer des 'Erlösers' Anders
ist."(ebd.) Darin, dass die beiden Schwestern Maria und Regine heissen, wird eine "deutliche Anspielung auf 'Die
Himmlische'" erkannt.
Einige dieser Deutungen nimmt Eithne Wilkins halb zurück in
dem neueren Aufsatz: "Gestalten und ihre Namen im Werk Robert Musils". Drei Kategorien werden bei den Namen unterschieden: "Es sind die wirklicher Personen, meistens leicht
verändert; es sind die von Gestalten in den Werken anderer
Schriftsteller; oder es sind solche symbolischer oder sogar
allegorischer Natur." (S. 48) Eine Kategorie von Namen, die
keine tiefere Bedeutung haben oder keine Anspielung enthalten,fehlt. Von der Voraussetzung her, hinter jedem Namen
müsse irgendetwas stecken, ist diese Kategorie natürlich
überflüssig, denn durch einiges Nachforschen (in der Erinnerung, im Nachlass, in der Weltliteratur oder im Lexikon)
wird man ausser bei erfundenen Namen zu jedem Namen in Musils Werk mit Sicherheit ein Pendant oder eine symbolische
Bedeutung finden. Eithne Wilkins' Namenserläuterungen sind
denn auch vielfach mehr als vage und gesucht. Interessant
sind vor allem die Hinweise auf wirkliche Personen der Zeit
und auf biographische Bezüge aufgrund einer Auswertung des
Nachlasses. (In diesem Aufsatz werden mehrere bisher unbekannte Dramenentwürfe erwähnt.) Man erfährt, dass in Dramen-
entwürfen für Regine noch Martha, der Name von Musils Frau,
steht und dass Thomas' Kosename für Regine,"Krählein", auch

der Kosename Musils für seine Frau war (S. 48 und 53).
Möglicherweise enthalte auch "Mertens" eine Anspielung
auf "Martha" (S. 52). Zur Johannesgestalt schreibt Wilkins: Martha Musils "erster Mann, ihr Vetter Fritz
Alexander starb, wie Agathes unbenannter erster Mann
und wie im Drama "Die Schwärmer" Regines erster Mann
Johannes, anscheinend ebenfalls ihr Vetter, kurze Zeit
nach der Heirat.(...) Man muss annehmen, dass zwischen
dem Johannes des Dramas, der unter geheimnisvollen Um-
ständen Selbstmord begeht, und Johannes, dem Helden der
Novelle "Die Versuchung der stillen Veronika"(...) ein
innerer Zusammenhang besteht; beide sind anscheinend
homosexuell, also 'Anormale'." (S. 50) Aus dem Text der
"Schwärmer" lässt sich eine Homosexualität des Johannes
allerdings nur mühsam herauslesen. Es heisst er sei
"zart" gewesen (355). Auch hier unterscheidet Wilkins
nicht mehr zwischen Prosawerken, Entwürfen zum Drama und
dem Drama selbst. Müsste man wohl jetzt die frühere Erklärung zu Johannes ergänzen: ewig rein und keusch - und homosexuell - wie der Evangelist?
(Bedenklich wird die 'Namenforschung', wenn es um poetische
Qualitäten geht. In Musils Tagebuch findet sich ein Entwurf, eingeleitet durch die Anmerkung "Geburtstag des Toten". Dort heisst es: "ich fühlte deine kleinen weichen
Brüste wie Johannisbeeren in meine Hand hängen". (T 149)
Wilkins dividiert zunächst Wirklichkeit und Dichtung auseinander, um sie dann wieder zu vermischen. Zunächst scheint
es ihr selbstverständlich, dass da von Robert und Martha Musil die Rede sei: "vergleicht Musil Marthas Brüste mit <u>Jo-
hannisbeeren</u>" (S. 50). Dieser Vergleich müsse "<u>befremden</u>",
wenn man nicht die Hintergründe kenne. (Die Frage nach der
Qualität des Vergleichs wird damit verschoben.) Diese Hintergründe sind: Die Frau mit den kleinen Brüsten ist Martha
Musil; der Tote, von dessen Geburtstag die Rede ist, Fritz
Alexander, Martha Musils erster Mann. In anderen Dichtungen
heisst der erste verstorbene Mann z.B. Regines "Johannes".
Die in der Dichtung für den wirklichen Fritz Alexander stehenden Johannesgestalten sind (laut anderen Entwürfen) homosexuell. "Johannisbeeren" ist damit eine Anspielung auf Johannes alias Fritz Alexander. Vielleicht ist damit die Entstehung des Vergleichs im Dichter nachgezeichnet, vielleicht
auch nur die Kompilation von Texten durch den Interpreten:
aber befremdet der Vergleich weniger, wenn man an einen
homosexuellen Johannes statt an Johannisbeeren denkt?)
Bei Namen, in denen man sonst keine Anspielungen oder keinen
Zweitsinn entdeckt, hilft das Spiel mit den Buchstaben weiter. Dies scheint der Fall zu sein bei Anselms Familienna-
men Mornas (der auch in Prosaentwürfen vorkommt). Braun versucht's mit dem Rückwärtslesen. Das Ergebnis: "Sanrom" -
"might be in indication of the closeness of Anselm to cer-
tain Catholic practices." (Braun, Approach, S. 170) Für
Wilkins dagegen ist Mornas ein Anagramm von "Romans":
"'der' Roman war ja sein Leben lang Musils Hauptanliegen."
(a.a.O. S.52) Nochmal geschüttelt gibt Mornas 'Amorns'.

Und auch Amore war sein Leben lang Musils Hauptanliegen.
Um hier nicht nur zu kritisieren, sei noch ein weiterer Vor-
schlag unterbreitet: Staders Vorname Ferdinand fand bisher
noch keine Deutung. Ein Blick ins Lexikon hilft immer weiter: Ferdinand der Katholische führte die Inquisition ein.
Der Ferdinand des Dramas ist der Gründer eines Ausforschungs-
institutes. Ja, in den "Schwärmern" ist an einer Stelle sogar direkt von der "Inquisition" die Rede (327). Die Deutung
des Namens "Stader" bleibt allerdings auch weiterhin ein
'Desiderat' der Musilforschung.
Gleich angefügt seien einige Bemerkungen zu den Namen in
Musils Posse. Zu Recht weist Wilkins darauf hin, dass Musil
in der Posse das "Prinzip der Entpersönlichung" anwendet,
indem die "bedeutenden Männer" nur nach ihren Berufen be-
nannt werden. Der Held des Stücks trage seinen Namen "anscheinend zu Ehren van Goghs".(Wilkins, a.a.O. S. 53) Denn:
Musil notierte unter seinen Arbeitsplänen einmal: "Das Leben des Vincent van Gogh" (T 197). Wie soll man solche Argu-
mentationen widerlegen? Mehrfach wurde wohl zu Recht der
Deutung Wilfried Berghahns widersprochen, man müsse Hofmannsthals Lustspiel "Der Schwierige" als Fortsetzung zum
"Vinzenz" hinzudenken - denn: der Vinzenz Musils sagt am
Schluss, er wolle Diener werden, und im "Schwierigen"
heisst der (dreiste) Diener Vinzenz; und ausserdem hat
Musil seine Posse an Hofmannsthal geschickt (Berghahn,
Robert Musil, S. 68; Berghahn, Menschen aus Reminiszenzen
zusammengesetzt, S. 3). Naheliegend wäre der Hinweis auf die
in beiden Stücken gleichartige Ironie der Namengebung: Beide Träger des Namens Vinzenz verlieren ihr Spiel.
Die Deutung des Namens Apulejus-Halm nimmt Braun zum Ausgangspunkt seiner Vinzenzinterpretation. Für Braun weist der
Doppelname auf die Hauptthemen des Stücks, nämlich: "the
idea of metamorphosis and change on the one hand and the
concept of constancy and duration on the other. The double
opposites: love and intellect, and change and duration can
thus serve as basic threads for an interpretation of the
play."(Braun, Musils 'Vinzenz', S. 121) Die tiefsinnigen Anmerkungen, die Braun aus einer Interpretation der "Metamor-
phosen"des Lucius Apulejus und der "Griseldis" von Friedrich
Halm gewinnt, wirken in Bezug auf den lächerlichen Apulejus-
Halm in Musils Posse reichlich komisch. Vielleicht sollte
man doch schon eher an die Ehegeschichte des Lucius Apulejus
und seine "Apologia" denken, wenn die Komik des klassischen
Namens für den lächerlichen Kunstkritiker nicht genügt. Für
Friedrich Halms Griseldastück hätte Musil anders als Braun
wohl nur beissenden Spott übrig gehabt. Der Apulejus-Halm
Musils betätigt sich als Kunstkritiker in eigener Sache.
Friedrich Halm, eig. Eligius Franz Joseph Reichsfreiherr
von Münch-Bellinghausen, (von Eligius-Halm zu Apulejus-
Halm ists nicht mehr so weit) veranlasste Laube zum Rück-
tritt als Theaterdirektor in Wien und liess dann, selbst
Theaterdirektor geworden, seine eigenen Stücke spielen.
Kaiser/Wilkins machen uns allerdings darauf aufmerksam,
dass man bei Namendeutungen naheliegenden Vermutungen möglichst

misstrauen sollte: Zum Namen des Grosskaufmanns in Musils
Posse, "Bärli", erfährt man: "Er entspricht jedoch nicht,
wie man vermuten könnte, einem Bären, sondern einem Hund:
in Musils Notizheft 8 befindet sich eine Eintragung über
Hunde, die mit dem Satz beginnt: 'Der verzauberte Hund
Bärli bei Coudenhoves.'" (Kaiser/Wilkins, Einführung,
S.106)
Zugegeben, dieser längere Exkurs zur Namendeutung trägt
wenig zur Interpretation der Werke Musils bei, aber vielleicht umso mehr zur Würdigung einiger Tendenzen und 'Methoden' in der Musilforschung.

3 Besonders Braun und Pike tendieren in die Richtung, die
"Schwärmer" psychologisch zu interpretieren, und verwenden
dabei völlig unreflektiert Begriffe wie "Charakter" und
"Natur" weiter. Gewiss könnte man auch psychologische 'Lehren'
aus dem Stück ziehen, wie sie es versuchen. Aber erstens würde dazu ein differenzierteres psychologisches Fachwissen gehören, zweitens bliebe man damit immer auf der Ebene des
'Erklärens', während in den "Schwärmern" immer die Frage
nach 'Bedeutung' gestellt wird. Musil selbst verwahrte sich
wie bekannt immer wieder dagegen, als 'psychologischer Dichter' zu gelten. In einer Theaterkritik formuliert er seine
Einstellung lapidar: "Es kommt in Dichtungen niemals darauf
an, dass sie kausalpsychologisch richtig sind. Aber naiv
dürfen sie nicht sein, ahnungslos nicht." (Mth. 169) Für sich
selbst notierte Musil bei der Arbeit am Drama einmal: "Nicht
an Psychologie denken; ergibt sich von selbst." (T 146)
Scharang schreibt richtig: "Versuche das Musilsche Konzept
der geistigen Person psychologisch zu interpretieren, können
nur dahin gelangen, dass aus dieser Person wieder ein 'Charakter' entsteht." (Scharang, theatralische Sendung, S. 257)
Karl Corino steckt ungefähr die Grenzen ab für die Versuche,
mit den Werken den Dichter selbst einer Psychoanalyse zu un-
terwerfen: "Musils Verhältnis zur Psychoanalyse und die An-
wendbarkeit psychoanalytischer Theorien ist ein äusserst
kompliziertes Problem.(...) Eine einigermassen haltbare Aussage über dieses Problem setzt gleichermassen eine intime
Kenntnis des Musilschen Werkes (einschliesslich des Nachlasses) und eine spezielle psychologische und psychiatrische
Bildung voraus. Keinesfalls geht es an, einfach Freudsche oder
Jungsche oder auch Adlersche Lehren heranzuziehen." (Corino,
Törless ignotus, S. 25 Anm. 20)
Was die Frage der 'Charaktere' angeht, so wäre eine fundierte
Arbeit über Vergleichsmöglichkeiten (Einflüsse und Parallelen)
mit verschiedenen Typologien wünschenswert. Dabei wäre wohl
besonders an eine Untersuchung zu den Wahrnehmungstypen und
noch mehr den Weltanschauungstypen (Nietzsche, Dilthey,
Jaspers, Scheler) zu denken. Auch die Stellung Musils zu
seinem Lehrer Carl Stumpf -also das Problem Psychologie-
Phänomenologie- wurde bisher noch nicht geklärt.

4 Vgl. das Kapitel: 'Die Aufführungen der "Schwärmer" im Spiegel der Kritik' und das Verzeichnis der Zeitungskritiken.

5 Vgl. 327f., 350, 355, 366, 369, 373, 379f., 396, 401.
Grössere Bedeutung lässt sich dem Geschwistermotiv erst
von Musils Roman her beimessen. Thomas und Regine sind
nicht wirklich Geschwister, sie suchen eine geschwisterliche
Beziehung. Im Roman (was die endgültigen Texte betrifft)
bleibt offen, ob zwischen den wirklichen Geschwistern Ulrich
und Agathe das geschwisterliche Verhältnis ausgehalten wer-
den kann.
Wie Eithne Wilkins mitteilt, befindet sich im Nachlass ein
Dramenentwurf, in dem ein inzestuöses Geschwisterpaar,
Georg und Georgine, vorkommt. (Wilkins, Gestalten und ihre
Namen, S. 50.)

6 Vgl. 323f., 330, 340-342, 346, 351-354, 363-366, 370f.,
379, 399.

7 Scharang nennt die Angabe "unbestimmbar" bei Regine "fragwürdig". Allerdings untersucht Scharang das Thema der Unbestimmtheit nicht weiter und begnügt sich mit einer forma-
listischen 'Interpretation' der Personenliste. In der Personenliste würden Thomas und Anselm ohne weitere Bestimmungen
aufgeführt: die Bestimmungen müssten erst geschaffen werden.
(Scharang, Musils Dramatik, S. 37.) Wenn z.B. hinter "Maria"
in der Personenliste die "Bestimmung" folgt "seine Frau", so
ist damit doch wohl Maria nicht mehr und nicht weniger bestimmt als Thomas, auf den das "seine" sich ja bezieht. Will
man schon die Personenliste interpretieren, so wäre darauf
hinzuweisen, dass die Nebenfiguren, die Charakterchargen,
im Unterschied zu den vier Schwärmern jeweils durch die Be-
rufsbezeichnung klassifiziert werden.

8 Annie Reiners Servrancks, Robert Musil et le théâtre, hat
zurecht kritisiert, dass die Anmerkungen zu den von M.L. Roth
herausgegebenen Theaterkritiken Musils recht dürftig ausge-
fallen sind. Bei der angeführten Toller-Rezension wäre beispielsweise durchaus eine Erläuterung am Platz, dass der
"andere Dichter" Musil selbst ist, der hier sein eigenes
Drama zitiert, für das er keine Bühne fand.

9 Die Datierung dieser Zeit des Kraftzustands variiert in
Musils Schriften von "vor 1900" bis "vor 1910". Zu den
"Schwärmern" als Zeitstück vgl. den nächsten Abschnitt
dieser Arbeit.

10 Die Formulierung "Ein Sinken in jedem Augenblick durch alles hindurch ins Bodenlose. Ohne unterzugehn." könnte ihr
Vorbild haben in dem von Musil auch bei der Arbeit am Roman benutzten Werk von Maeterlinck "Der Schatz der Armen".
Maeterlinck spricht dort zum Beispiel von der "Empfindung
eines gleichförmigen Falles in einen bodenlosen Abgrund"
(S. 38) und dem "Wunder des Abgrunds" (S. 34).
Eine interessante Untersuchung (in der Musil nicht berücksichtigt ist) zur Geschichte des Abgrundmotivs - Abgrund
der Welt, der Vernunft, der Seele, des Lebens - in Philo-

sophie und Literatur bietet Alfred Doppler, Der Abgrund.
Studien zur Bedeutungsgeschichte eines Motivs, Graz-Wien-
Köln 1968.

11 Andere Aspekte von Anselms Weise des unbestimmten Lebens
sind schon im Kapitel 'Handlung' erörtert worden. Auch bei
Thomas und Regine wird im folgenden ohne weitere Einschränkung nur ein Aspekt hervorgehoben.

12 Auf die biographischen Bezüge, d.h. inwieweit Musil in den
Hauptpersonen des Stücks verschiedene Aspekte seiner Person
zur Darstellung gebracht hat, braucht hier nicht eingegangen
zu werden. Auf das Werk bezogen bleiben die Feststellungen,
dass in den "Schwärmern" verschiedene Aspekte oder Möglichkeiten einer Person (man könnte aber auch sagen: des Menschen oder einer Art von Mensch) dargestellt sind. Pike,
Introduction, S. 76, vermutet, Musil wolle vielleicht durch
die Aufspaltungen einer Person sagen, der ganze Mensch sei
heute nicht mehr möglich.
Im Blick auf die Entwicklung in Musils Werk weisen Kaiser/
Wilkins darauf hin, dass sich in den "Schwärmern" gegenüber den frühen Prosawerken erstmals eine "Spaltung der
Persönlichkeiten" zeige: "nicht nur haben wir zwei Helden,
Thomas und Anselm; auch die Heldin erscheint verdoppelt
als Maria und Regine." (Kaiser/Wilkins, Einführung, S. 103.)
In der Literatur zu Musils Roman sind vielfach die Perso-
nenaufspaltungen und -verdoppelungen behandelt worden (im
Zentrum steht das Zwillingspaar Ulrich-Agathe) und im Zusammenhang damit die beiden Grundstilmerkmale in Musils
Werken: das Verfahren der Variation (Spiegelung der Figuren) und der Funktionalisierung der Figuren.
Die Spaltung und Verdoppelung der Helden ist kennzeichnend
für zahlreiche neuere Dramen. Besonders häufig finden sich
zwei Ich-Figuren in der expressionistischen Dramatik. Vgl.
Franzen, Formen des modernen Dramas, S. 20-39: "Der ver-
schwundene Gegenspieler".

13 Scharang, Musils Dramatik, S. 41.

Anmerkungen zu II.3. Zeit

1 Vgl. Karthaus, Der andere Zustand. Zeitstrukturen, S. 109;
Scharang, Dramaturgie und Bühnengeschichte, S. 16; 72-75.
Das Thema der Zeitflucht und der Hinneigung zur Vergangen-
heit in der österreichischen Literatur behandelt: Claudio
Magris, Der habsburgische Mythos in der österreichischen
Literatur, Salzburg 1966. (zu Musil s. bes. S. 286f.)

2 319 und 325. Solcher Lobpreis des einfachen Lebens durch-
zieht die Schriften Emersons und Maeterlincks. Für Maeterlinck ist Emerson der "Weise des Alltags", der lehrt, "die
kleinen Stunden des Lebens zu achten". (Maeterlinck, Der
Schatz der Armen, S. 54.) Unter der Ueberschrift "Vom

tiefen Leben" beschreibt Maeterlinck den "Himmel im Alltag" und erklärt abschliessend: "Es gibt keine kleinen Tage."
(ebd. S. 94.) Ganz in diesem Geiste sagt Anselm: "Die täglichen Menschenerlebnisse sind die tiefsten, wenn man sie
von der Gewohnheit befreit." (319) Was Anselm "Tragtierverständigkeit" und "gedankenlosen Mord in der Küche"
nennt, beschreibt Ellen Key als "Seelenmorde" im Alltag.
(Key, Die Entfaltung der Seele durch Lebenskunst, S. 668.)

3 Vgl. 313 und 378.

4 306f., 309f., 329, 335, 337, 342, 347f., 350, 355, 357, 369,
375, 377, 394f.

5 Vgl. das Kapitel "Fernliebe" bei Albertsen, Ratio und Mystik,
S. 49-54.

6 Der Gedanke einer Vereinigung nach dem Tode spielt in den
"Schwärmern" keine Rolle. Nur Anselm spricht einmal pathe-
tisch vom "unsterblichen Teil" im Menschen (343).

7 Auf Sinn oder Ursache der eigenartigen Formulierung einzugehen, würde hier zu weit führen. Es sei nur hingewiesen
auf die ältere Fassung dieser Erzählung ("Das verzauberte
Haus", 1908), wo die entsprechende Stelle (grammatisch
richtig) lautet: "Sie können noch alles werden oder alles
gewesen sein." (PD 153)

8 348, 380, 397. Zu den Märchenmotiven in Musils Roman und der
Beziehung vor allem zu Tieck und Novalis vgl. Karthaus, Der
andere Zustand, S. 59ff.; Wilkins, Gestalten und Namen im
Werk Robert Musils, S. 51 und S. 58; Seeger, Die Demaskierung der Lebenslüge, S. 77-100.

9 Kaiser/Wilkins, Einführung, S. 105.

10 z.B. 346, 353, 376.

11 Der Terminus "anderer Zustand" taucht im Werk Musils erstmals in den Entwürfen zu den "Schwärmern" auf (PD 643).

12 Vgl. die Regieanweisungen: "Thomas hält brüderlich unbedacht ihre Knie umschlungen." (307); "Er setzt sich brüderlich ungeniert zu ihr." (396)

13 Das Romankapitel "Beginn einer Reihe wundersamer Erlebnisse"
schildert eine ähnliche Szene. Auch Ulrich und Agathe wagen
nach ihrer ersten Umarmung keine Wiederholung, aber - und
hier liegt der Unterschied - der seltsame Zustand bleibt
für sie erhalten. Selbst verwundert bemerken sie, er "hätte
sich im nächsten Augenblick, oder wenigstens mit der Wiederkehr einer Beschäftigung, in nichts auflösen sollen;
trotzdem geschah das nicht." (MoE 1083)

Näher steht der Szene in den "Schwärmern" der frühe Entwurf "Die Reise ins Paradies" (MoE 1407-1428; nach Bausinger wahrscheinlich 1924/25 geschrieben. Bausinger,
Studien, S. 74a.). Auch dort ein Sehnen nach Vergangenheit, Erzählung von Träumen, ungreifbares Augenblickserleben zwischen "Nochnicht und Nichtmehr" und schliesslich der Absturz in Leere, Langeweile und Verzweiflung
("fürchterliche Gewalt der Wiederholung"). Etwas von der
Grossartigkeit dieser, wie Albertsen zu Recht schreibt,
"sprachlich wohl schönsten und faszinierendsten" Entwürfe über Liebe und Verzweiflung der Geschwister deutet
sich in der aufs äusserste komprimierten Schlusszene der
"Schwärmer" an.(Ueber die Diskussion um das "Reisekapitel"
informiert Albertsen, Ratio und Mystik, S. 111-122 und
Anmerkungen 173-221.)

14 318, 325, 351f., 399.

15 Wie bekannt gehört zum Bild von Musils "neuen Menschen"
wesentlich die "Leidenschaft des Logikers"; Rationalität
und Wissenschaftlichkeit. Dies scheint allerdings auch
bei Musil nur für die 'neuen Männer' zu gelten. Frauen,
die sich irgendwie mit Wissenschaft beschäftigen, erscheinen in Musils Werk immer als eher komische Gestalten. So
die Mertens oder im Roman Diotima und Fräulein Dr. Strasil
(MoE 810-821, 864-866, 878-892.).

16 In einer Gegenüberstellung von utopischer und wissenschaft-
licher Methode schreibt Raymond Ruyer: "Da die Wissenschaft
die Wahrheit sucht, wird eine Hypothese, die sich als falsch
erweist, sofort aufgegeben. Dagegen kann das utopische Verfahren sehr wohl mit einer als falsch erwiesenen Hypothese,
mit einer offenkundig illegitimen Behauptung weiterarbeiten.
Nicht etwa, weil der Utopist den Irrtum um seiner selbst
willen pflegt, sondern weil er weniger die Wahrheit als
vielmehr eine Steigerung des Bewusstseins anstrebt." (Her-
vorhebung vom Autor) Raymond Ruyer, Die utopische Methode,
in: Arnhelm Neusüss, Utopie. Begriff und Phänomen des Utopischen, Neuwied-Berlin 1968, S. 345f.

17 Vgl. das von Maria und Thomas in gegensätzlichem Sinn ange-
führte Beispiel von der 'göttlichen Musik auf einem getrockneten Darm' (363 und 375).Dieser Vergleich könnte sowohl von Nietzsche als auch von Emerson angeregt sein.
Nietzsche übernahm das Beispiel aus Emersons Essay "Geistige Gesetze". (Stanley Hubburd, Nietzsche und Emerson, Diss.
Basel 1958, S. 75.)

18 Nietzsche, Der Wille zur Macht, 967, S. 644; vgl. 259,
S. 186, 881, S. 599. (Zum Zusammenhang von "Perspektivis-
mus"(Nietzsche) und "Möglichkeitssinn" (Musil) vgl. Heydebrand, Reflexionen, S. 41-43.)

19 Nietzsche, Der Wille zur Macht, 852, S. 573. In diesem
   Sinn -als "Bejahung"- sind auch Thomas' Worte zu verstehen:
   "Verlassenwerden ist schön! Alles verlieren ist schön!" usw.
   (376). Sibylle Bauer, die sich wohl am Wort 'schön' stösst,
   sieht hier eine Flucht in ästhetische Weltbetrachtung. Die
   konsequente Wahrhaftigkeit bewähre sich nicht und brauche
   zur Ergänzung die ästhetische Haltung. (Bauer, Ethik, S. 43.)
   Aesthetische Haltung und Wahrhaftigkeit fallen aber gerade
   im bejahenden Urteil 'das ist schön' zusammen. Es bedeutet
   nicht wie Bauer meint einen "Verzicht auf Sinnsetzung", sondern ist Sinnsetzung. Bei Musil werden ästhetisches und
   ethisches Erleben nicht im Sinne Kierkegaards in Gegensatz
   zueinander gebracht (Bauer zieht häufig Existenzphilosophen
   zum Vergleich heran). Im Tagebuch schreibt Musil: "Ich habe
   von Jugend an das Aesthetische als Ethik betrachtet." (T 429;
   vgl. T 468 und PD 749.)

20 Vgl. besonders 379 und 393. Die Gegenüberstellung von jugend-
   lichem Lebensgefühl -"Wir fühlten wir sind"- und "eingelebtes Leben" deckt sich mit der in den Lebensphilosophien ge-
   bräuchlichen Unterscheidung "Erleben des Lebens" und "gelebtes Leben". (Vgl. Max Scheler, Versuche einer Philosophie
   des Lebens. Nietzsche, Diltey, Bergson, in: Vom Umsturz der
   Werte, S. 313-339.)
   Aehnlich wie bei Musil entspricht dem schöpferischen Leben
   bei Bergson die "morale ouverte" im Gegensatz zur unpersönlichen "morale close", die - wie Bochenski formuliert - 'die
   Erhaltung der sozialen Gewohnheiten bezweckt und das Individuelle fast ganz mit dem Sozialen zusammenfallen lässt,
   "so dass sich die Seele immer in dem selben Kreise dreht".
   (J.M. Bochenski, Europäische Philosophie der Gegenwart,
   Bern-München 1951, S. 122f.)

21 317. Das "eingelebte Leben" ist nicht wie Scharang meint
   ein "Anselm-Motiv", dessen sich auch Maria bedient. (Scharang, Dramaturgie und Bühnengeschichte, S. 34.) Die aufgeführten Beispiele zeigen dies zu Genüge.

22 Abgedruckt in Kaiser/Wilkins, Einführung, S. 299. Zur Kindheit vgl. Albertsen, Ratio und Mystik, S. 43-45. Zur Jugend
   die Zusammenstellung der einschlägigen Texte im Abschnitt
   "Die andere Kraft" bei Hagmann, Aspekte, S. 18f.

23 Georg Simmel, Der Begriff und die Tragödie der Kultur, zit.
   nach Georg Simmel, Das individuelle Gesetz. Philosophische
   Exkurse, Hg. v. Michael Landmann (Suhrkamp, Theorie 1),
   Frankfurt 1968, S. 121f.

24 Georg Simmel, Hauptprobleme der Philosophie, Berlin 1964
   (Sammlung Göschen Bd. 500), S. 168.

25 Vgl.auch 337, 341f., 379, 383.

26 Von den Stellen, an denen das Wort 'Augenblick' in den
"Schwärmern" vorkommt, vgl. besonders 317, 319, 342, 372,
380, 401.

27 So formuliert Renate Heydebrand, Reflexionen, S. 123.

28 Braun, Die Schwärmer, S. 297.

29 Scharangs Rede von einer Technik der Rückblende im Zusammenhang mit der Information über die Vorgeschichte durch
Josefs Brief ist irreführend (Scharang, Dramaturgie und
Bühnengeschichte, S. 72.). Die Rückblende 'berichtet'
nicht über Vergangenes, sondern sie zeigt es.

30 Szondis Beispiel für einen Lösungsversuch dramatischer
Darstellung von Erinnerung ist Arthur Millers "Death of
a Salesman". Als ein der Thematik der "Schwärmer" näher-
stehendes Stück wäre etwa an Pavel Kohouts "So eine
Liebe" zu denken.

31 In dieser Szene sind Bildlichkeit, Bildhäufigkeit und
Bildverschlingung, die Stilmerkmale der Sprache des frühen Musil, auf eine in solcher Dichte in den "Schwärmern"
einmalige Weise szenisch umgesetzt.

32 Auch im "Mann ohne Eigenschaften" wird Utopie nicht auf
der Ebene der Handlung gegeben. Vgl. Krymanski, Die utopische Methode, S. 103; Heydebrand, Reflexionen, S. 210
Anm. 3.

33 Am ehesten könnte man noch bei Regine von einer Entwicklung
sprechen. Aber auch bei ihr sind Ernüchterung und Resignation schon in der ersten Szene vorweggenommen (vgl. 306).
Die nur scheinbar totale Desillusionierung führt, wie wir
sahen, in Wirklichkeit zu einer Verschiebung der Mystifikation. Zwischen den Aussagen Regines in der ersten und
letzten Szene des Stücks besteht kein inhaltlicher Unterschied, wohl aber ein Unterschied in der Intensität der
Aussage (vgl. 306, 395, 399.).

34 Zur Kausalität der Handlungsfolge vgl. das Kapitel "Handlung".

35 Wahrscheinlich 1939 notierte Musil nach der Beschäftigung
mit der "Shakespeare-Bühne": "Das Wesentliche dieser Büh-
nengestaltung ist für mich die Sprengung der Einheit des
Raumes und, ihr wohl folgend, der Zeit. Es scheint, dass
ich mich in diesem starren Schema nicht habe bewegen können." (PD 699)

36 Vgl. PD 664 (1915).

37 Vgl. 313, 328, 333, 343f., 373, 379, 386, 388, 394.

38 Vor allem die Kritiker der österreichischen Uraufführung
im Jahre 1958 erkannten in den "Schwärmern" ein Stück ihrer
eigenen Vergangenheit und die Atmosphäre der zehner und
zwanziger Jahre.

39 Auch Pike weist auf diesen Zusammenhang hin, ohne jedoch
das Ironische dieser Anspielung zu beachten. (Pike, Introduction, S. 94.) Musil setzt sich - was in der Musilforschung
vielfach nicht berücksichtigt wird - in seiner Dissertation
auch kritisch mit Machs Theorien auseinander.

40 Die Disziplin der Akademiker wird nur bei Josef, dem Pädagogen und Beamten der Unterrichtsverwaltung, klar. Braun
meint, Thomas sei "apparently a psychologist" (Braun,
Die Schwärmer , S. 292.) So offensichtlich ist das
zwar nicht, aber es gibt einige Gründe, die für diese Annahme sprechen, so ist z.B. von Thomas' "Fröschen und
Mäusen" die Rede (343). Es ist jedoch bezeichnend, dass
Thomas' (und auch Anselms ehemaliges) 'Fach' nicht deutlich
genannt wird und auch keine Rolle spielt. (Der Beruf dient
für Musil ja zur Kennzeichnung der festen - festgelegten -
Charaktere.) Wesentlich ist nur, dass Thomas moderner
Wissenschaftler ist, seine Fähigkeit   zur Wissenschaftlichkeit.

41 Nietzsche, Der Wille zur Macht, 419, S. 285; ähnlich in:
Jenseits von Gut und Böse, 223, S. 146. Nietzsches Sicht
vom "Zeitalter der Vergleichung" findet eine Parallele in
Anselms Worten "Allee des vergleichenden Jahrhunderts!"
(343). Nietzsche, Der Wille zur Macht, S. 156.

42 Pike, Introduction, S. 80.

43 Nietzsche, Jenseits von Gut und Böse, 30, S. 41.

44 Rühle, Theater für die Republik, S. 917.

45 Vgl. "Der 'Untergang' des Theaters" (Mth. 181-194) und "Der
deutsche Mensch als Symptom".

46 Mit dem Gesagten sind die Möglichkeiten einer historisieren-
den oder aktualisierenden Inszenierung angedeutet (vgl. das
Kapitel 'Handlung', Anm. 25). Die Aktualität in mancher Hinsicht ist offensichtlich. Josef kann auch heute noch für den
Typus eines "hohen Beamten der Unterrichtsverwaltung" stehen.
An die Stelle mystizistischer Lehrer wie Emerson und Maeterlinck sind in der Zeit der Kybernetik Yogameister getreten usw.

Anmerkungen zu II.4. Raum

1 Zum Garten- und Fenstermotiv in Musils Werken vgl. Kaiser/
Wilkins, Einführung, S. 51, 60, 69, 71-74. Die Naturbilder

untersucht eingehend Karthaus, Der andere Zustand.

2 Gaston Bachelard, Poetik des Raumes, München 1960, S. 40.

3 Das Verhältnis von Haupt- und Nebentext und die Rolle des
"Wahrnehmungsmässigen" behandelt sehr nuanciert Ingarden,
Das literarische Kunstwerk; vgl. bes. den Anhang über das
Schauspiel.

4 Z.B. Fontana, Die Presse (Wien), 31.5.58; Wijkmark, Musil
och teatern. Wijkmark weist auch auf die Aehnlichkeit mit
der Möbelsymbolik Strindbergs hin.

5 Denkler, Expressionismus, schildert die bedeutenden Experimente der Expressionisten und ihrer Vorläufer. Musil selbst
anerkennt die Leistung der Expressionisten auf diesem Ge-
biet, er wirft ihnen jedoch vor, sie hätten mit dem "Theater
des vitalisierten Bühnenraumes" ein einzelnes Element des
Theaters zur Hauptsache gemacht (Mth. 196).

6 Vgl. Scheler, Formalismus, S. 154-157.

7 Melchinger, Drama zwischen Shaw und Brecht, S. 36.

8 Vgl. Kaiser/Wilkins, Einführung, S. 26-32; Allemann, Ironie,
S. 207f.; Sokel, Narrenspiegel, S. 199-214; Seeger, Demaskierung, S. 18-20; Hagmann, Aspekte, S. 139f.

9 Bauer, Ethik, S. 22 Anm. 9.

10 Heydebrand, Reflexionen, S. 203 Anm. 11.

11 Bauer, Ethik, S. 22.

12 Michel Foucault, Psychologie und Geisteskrankheit, Frankfurt 1968 (= ed. suhrkamp 272), S. 79; vgl. auch S. 83.
Kaum eine andere Stelle macht Musils (psychologisches und
philosophisches) Erkenntnisinteresse so deutlich, wie der
folgende Absatz aus dem Essayfragment "Der deutsche Mensch
als Symptom": "Erfahrungen des täglichen Lebens wie die Be-
obachtung von nervösen und mentalen Störungen scheinen
es ebenso zu bestätigen wie die Beschreibungen religiöser
Zustände, und an sich ist es ja auch nicht sonderlich zu ver-
wundern, dass das Aussehn der Welt von emotionalen Faktoren abhängt, da dies doch von sensoriellen bekannt ist.
Diese Abhängigkeit hält sich offenbar in engen Grenzen und
gerade weil sie für das praktische Verhalten nicht in Be-
tracht kommt, ist sie wohl auch vom Denken noch wenig berücksichtigt worden."(Symptom 53) (Diese Stelle ist übrigens
auch ein deutlicher Hinweis auf Musils Verwandtschaft mit
dem Neukantianismus psychologischer Prägung.)

13 Dieser Essay ist übrigens eines der seltenen Beispiele für
eine positive Beurteilung des Films durch Musil. Balázs
machte Musil darauf aufmerksam, dass der Film, in dem man oft
ein Mittel 'objektiver' Wirklichkeitsspiegelung sieht, die
Möglichkeit bietet, die in der Subjektivität verwandelte
Wirklichkeit zu zeigen. Musil spricht von der "Romantik"
und sogar der "Mystik" des Films (T 672). Von diesem Essay
aus werden nebenbeibemerkt auch die Möglichkeiten einer
filmischen Realisierung der "Schwärmer" erkennbar. Aufgrund
des Kammerspielhaften des Stücks würde man am ehesten wohl
an ein Fernsehspiel denken. Die in den Szenenbemerkungen beschriebene Auflösung und Verfremdung der Wirklichkeit, die
Isolierung der Gegenstände könnten gerade durch filmische
Mittel in geeigneter Weise dargestellt werden. Ebenso die
Verwandlung der Wirklichkeit durch den Wechsel der Perspektive, die auf der Bühne kaum zur Anschauung gebracht werden
kann: So z.B. wenn Regine sagt: "Die Blumen wachsen masslos,
wenn man auf der Erde liegt." (395) Oder wenn Thomas hinter
der liegenden Regine stehend sagt: "Und wenn ich dich anschaue, so verkehrt, bist du wie eine plastische Karte, ein
grässlicher Gegenstand, keine Frau." (397) Oder wenn plötzlich die Wendeltreppe (die ja schon den ganzen Akt lang auf
der Bühne steht) für Regine zu einem erschreckenden Gegenstand wird. Als Konkretisierung des zentralen Perspektivis-
musproblems - sympathielose gegen sympathetische Betrachtung -
kommt solchen Szenen besondere Bedeutung zu. Die Abhängigkeit des Wirklichkeitsbildes vom 'Standpunkt' und der 'Einstellung' des Subjekts könnte durch den Wechsel der Kamera-
einstellungen deutlich zur Anschauung gebracht werden. Die
beiden Hörspielfassungen der "Schwärmer" lassen erkennen,
wie wichtig die optische Vergegenwärtigung der 'Welt der
Schwärmer' für dieses Stück ist.

14 Karthaus, Der andere Zustand, S. 109.
Scharang verkennt die Absicht Musils gewaltig, wenn er, Einbil-
dung und Wirklichkeit wieder trennend, der "Wirklichkeit" das
Architektonische und Funktionale des Bühnenraums zuordnet und
der "Einbildung" die Dekoration. Scharang, Dramaturgie und
Bühnengeschichte, S. 114.

15 Hingewiesen sei besonders auf die Ausführungen Musils über
die Rolle von "Abstraktion", "Verschiebung" und "Verdichtung"
in der Wahrnehmung und in den Künsten. Vgl. auch die Notiz
PD 717: "Das spezifisch Aesthetische liegt bloss in dem Charakter, der weder Wirklichkeit noch Täuschung ist."
In der Deutung und Kritik der Zeit- und Kunstströmungen steht
Musil Simmel sehr nahe. Vgl. z.B. Simmels Essays "Der Begriff
und die Tragödie der Kultur" und "Der Konflikt der modernen
Kultur". In Musils Ausführung über die Normalhaltung erinnern
die Bemerkungen über die "Rolle des Geldes als Regulator" der
Welt (im Roman das Thema der Spekulation à la baisse) an

Simmels "Philosophie des Geldes" (Leipzig 1900). Wahrscheinlich, weil Musil Simmel nur selten erwähnt, wurde die Beziehung Simmel - Musil, sei es nun Einfluss oder zeittypische
Parallele, bisher noch wenig untersucht.

16 Hermann Dannecker, Stuttgarter Zeitung, 20.6.55; Karl Korn,
Frankfurter Allgemeine Zeitung, 20.6.55. Die Bühnenbilder
schuf Franz Mertz.

17 Scharang, Dramaturgie, S. 260.

18 Musil arbeitete eine Zeitlang mit dem Maler und Schriftsteller
Gütersloh im Kriegspressequartier zusammen. Essayistische
Auflösung kennzeichnet wie Musils Roman auch das Romanwerk
Güterslohs. Die "Schwärmer" weisen manche Aehnlichkeit auf
mit Güterslohs Roman "Die tanzende Törin"(1911), der damals
grosses Aufsehen erregte.

19 Dolf Sternberger, Ueber den Jugendstil und andere Essays,
Hamburg 1956, S. 22.

20 "Jugendstil" wird bald als Stil- bald als Epochenbegriff gebraucht, und der Begriff gerät - nicht ganz unbeeinflusst
von der neuen Jugendstilmode - in Gefahr, immer mehr erweitert und unbrauchbar zu werden. Sieht man in Nietzsche, Ibsen
und Freud den "grossen Jugendstil" (Max Horkheimer), so dürfte man Mühe haben, in der Literatur um und nach 1900 irgendwo einmal keinen Jugendstil zu entdecken.
Man findet vor allem folgende Kriterien zur Anwendung des
kunsthistorischen Begriffs auf die Literatur: formale Aehnlichkeiten (z.B. ornamentale Verflechtung, Flächenhaftig-
keit); Motivgleichheiten (z.B. Nymphen, Blumen) und die
Gemeinsamkeit von Lebensgefühl und Weltanschauung in der
Nachfolge Nietzsches und der Lebensphilosophie. Leichter
als in der Dramatik und im Roman lassen sich Aehnlichkeiten
zur bildenden Kunst des Jugendstils in der Lyrik und in anderen Kleinformen wie Feuilleton oder Singspiel nachweisen.
Als Dramatiker werden meist solche Dichter genannt, die
auch als Lyriker hervortraten wie Rilke, Hofmannsthal und
Dehmel. (Die Bezeichnung "Mit-Nichtmensch" in den "Schwärmern"(325) ist möglicherweise eine Anspielung auf Dehmels
Drama "Der Mitmensch".) Als typisches Jugendstildrama kann
Thomas Manns "Fiorenza"(1906) gelten, das in der Renaissance
spielend den Gegensatz von Kunst und Leben thematisiert.
Die Konfrontation des "freien Geistes" Lorenzo mit dem Fa-
natiker Savonarola entspricht in mancher Hinsicht derjenigen
von Thomas und Anselm. Ueber das Verhältnis der beiden Brü-
der, das auch Gegenstand der "Ersten Notizen zu den 'Schwärmern'" ist, schreibt Musil in seinem frühen Romanentwurf:
    Und Robert ist wie Lorenzo de' Medici in Manns "Fiorenza".
    Er fühlt das Unausgefüllte unter diesem Wege. Wenn er
    die naiven Empfindungen in dem Buche seines Bruders

durchliest, fühlt er wie einen Nebel vor den Augen.
Es ist ihm - aber nicht klar - als ob da jenseits
der verstärkten Feinheit und jenseits der aufbauenden
Stärke, die auch ihm eigen, noch ein drittes, tiefes
Savonarola-artiges vorhanden wäre. Nach diesem Menschen - vorausgesetzt dass er nicht lächerlich wäre -
sehnt er sich. (T 64)
(Zur Beziehung Thomas Manns zum Jugendstil vgl. Paul Requat,
Jugendstil im Frühwerk Thomas Manns, in: DVjs.40(1966) S. 206
- 216.) Als Werke des "literarischen Jugendstils" interpretiert Friedrich Rothe Wedekinds Dramen bis zum Marquis von
Keith. (Von den Zeitgenossen Musils wurde häufig Wedekinds
Dramatik als Vorbild für die "Schwärmer" genannt.) Rothe
geht aus von der lebensphilosophischen Problematik und begründet: "Die Notwendigkeit diesen Begriff (des literarischen Jugendstils) in die Literaturgeschichte einzuführen,
beruht darin, dass das problematische Verhältnis zwischen
der auch psychologischen Kategorien standhaltenden Wiedergabe unmittelbaren Lebens und seiner Stilisierung ein allgemeines Phänomen darstellt, das mit den Begriffen Naturalismus, Symbolismus oder Expressionismus nicht erfasst werden
kann." (Friedrich Rothe, Frank Wedekinds Dramen. Jugendstil
und Lebensphilosophie, Stuttgart 1968, S. 49.) Es scheint
jedoch fraglich, ob gerade der Begriff des Jugendstils geeignet sei, aus dem Dilemma, dass die Begriffe Naturalismus,
Impressionismus, Symbolismus, Neuromantik usw. als unzureichend erkannt wurden, herauszuhelfen und ob der Gewinn
solcher verallgemeinernden Begriffsbestimmung den Verlust
an Präzision aufwiegt; ob der Begriff des literarischen
Jugendstils noch brauchbar ist, wenn er gleichzeitig zur
Kennzeichnung der Werke z.B. Georges, Wedekinds und Bier-
baums dienen muss. In einer Untersuchung der Zeitschrift,
die der Bewegung in Deutschland den Namen gab, weist Koreska-
Hartmann darauf hin, dass sich in der "Jugend" einerseits
der Jugendstil im engeren Sinn, in seiner verspielten,
floral-ornamentalen Ausprägung deutlich manifestiert, andrerseits die Zeitschrift aber auch "Sammelbecken" der vielfältigen, parallelen Strömungen in Kunst und Literatur um
1900 war. (Linda Koreska-Hartmann, Jugendstil - Stil der
'Jugend', München 1969 (=dtv 583), S. 9.) Zur Literatur
über den Jugendstil vgl. Jost Hermand, Jugendstil. Ein
Forschungsbericht(1918-1962), in: DVjs.38(1964) S. 70-110
und 273-315; Dominik Jost, Literarischer Jugendstil, Stuttgart 1969 (= Sammlung Metzler 81). Musil wird in dieser
Untersuchung an einer Stelle, jedoch ohne weitere Angaben,
in einer Aufzählung genannt (S. 60).

21 Elisabeth Klein, Jugendstil in der deutschen Lyrik, Diss.
Köln 1957 (Masch.), S. 143f.
Ein Hinweis auf einen weiteren Jugendstilort, das Atelier,
findet sich in den "Ersten Notizen zu den 'Schwärmern'"
(PD 637; vgl. auch "Das Atelier" T 111f.). Soweit sich das
anhand der wenigen edierten Texte feststellen lässt, schei-

nen die Entwürfe zu den "Schwärmern" noch in grösserer
Nähe zum Jugendstil zu stehen. Darauf deuten z.B. die
Gestalt der Schauspielerin (Musils "Valerie-Erlebnis")
die "Faschingsbekanntschaft", der Maler und "Farbenmensch"
Götz, der weiche, mädchenhafte jüngere Bruder, das Duell-
motiv ("Säbel beherrsche ich noch von meinem Della Pietro
her ziemlich sicher.") und eine Tendenz zum Frivolen und
'Obszönen'. Deshalb auch die Streichung einer Stelle durch
den Herausgeber (PD 640). Die Notizen zu den "Schwärmern"
kreisen um das Thema des Liebesüberdrusses und der Vergänglichkeit der Liebe, ein Thema, das im Zentrum von
Schnitzlers dramatischem Schaffen stand. (Zu Gemeinsamkeiten Schnitzlers und Musils s. Magris, Der habsburgische
Mythos, S. 203-214.)

22 Jean B. Neveux, Robert Musil. Jugendstil et Sezession, in:
Etudes germaniques 23(1968) S. 582-594 und 24(1969)
S.36-47. Ganz an der bildenden Kunst orientiert zeigt Neveux oft ziemlich feuilletonistisch verschiedene Parallelen
auf, warnt aber zu Recht davor, Musil als 'Jugendstil' ver-
kaufen zu wollen. Neveux behandelt mit dem Blick auf Jugendstil und Sezession besonders das "Milieu", in dem Musils
Helden leben (die Zeit von 1895-1914), Erotismus und Stil.
Die Bemerkungen zum Stil bleiben sehr allgemein und vage.
Zur Sprache der Bühnenwerke schreibt Neveux: "Il apparaît
que Musil sait, quand il le veut, être dépouillé et direct;
ceci se manifeste dans ses deux pièces dont le dialogue
paraît très bien adapté à la scène par son caractère immédiat,
sans circonvolution ni entrelacs(surtout dans "Vinzenz")."
(S. 38) Am ergiebigsten dürfte m.E. in Hinsicht auf literarischen Jugendstil eine Stiluntersuchung der "Vereinigung-
en" sein. Zu berücksichtigen wären auch Musils kleine Feuilletons und die wenigen lyrischen Versuche, so "Isis und Osiris"
(PD 597) und das Gedicht "Heimweh", in dem die Charakteristika
Regines wiederkehren:
>   Bin ein trübseliger Wetterling:
>   Vor meinem Haus zwei gelb Schmetterling
>   Flackern im Grau.
>   Du meine Frau!
>   Traumgaukelding!
>   Tückischer Zaubervogel, schwingst
>   Still in mir wie im Schaukelring.
(zit. nach Karthaus, Musil-Forschung, S. 447.) Vgl. in den
"Schwärmern" S. 303 und 375. Einige recht hilflose lyrische
Versuche finden sich auch in dem aus dem Nachlass veröffent-
lichten "Vorspiel zu dem Melodrama 'Der Tierkreis'" (PD 586-
594), das halb ernst halb parodistisch Hofmannsthals "Der
Tor und der Tod" zu variieren scheint. Zum Schluss treten
allegorische Gestalten des Sturms und der Kälte und ein
Ballett von "Schneeflocken" auf. Das melodramatische Vorspiel endet: Oh Gott, oh Gott, oh Gott.
>   Schon wieder einer tot!

23 Klein, Jugendstil, S. 111.

24 Neveux, Jugendstil et Sezession, II, S. 37.

25 Im "Mann ohne Eigenschaften" begegnen sich Ulrich und
Agathe in Pierrot-Kostümen (MoE 676). Ueber die im Jugendstil beliebte Verkleidung etwa in Pierrots, Harlekins und
Bajazzos heisst es an späterer Stelle: "In der bleichen
Maske des mondlicht-einsamen Pierrots waren sich vor Zeiten
doch alle jungen unnützen Leute schmerzvoll-launisch vorge-
kommen (...)." (MoE 1086)
Das Teppichmotiv findet sich in verschiedenen Werken Musils
und in den Kindheitserinnerungen der Tagebücher.

26 Der dritte Akt ist abgedruckt in: Schrei und Bekenntnis.
Expressionistisches Theater, hg. v. Karl Otten, Darmstadt
1959, S. 951-983.
Zum Verhältnis Jugendstil-Expressionismus vgl. Dominik
Jost, Jugendstil und Expressionismus, in: Expressionismus
als Literatur, hg. v. Wolfgang Rothe, Bern-München 1969,
S. 87-106.

Anmerkungen zu II.5. Dialog

1 Es sei daran erinnert, dass im Blick auf die Geschichte der
dramatischen Form das Konversationsstück, wie Szondi schreibt,
einen "Rettungsversuch" der Form des absoluten Dramas darstellt. Vgl. Szondi, Theorie des modernen Dramas, S. 87-90.
Unser Kapitel über den Dialog in den "Schwärmern" wendet
sich indirekt gegen die Hauptthese der Dissertation von
Michael Scharang. Die direkte Auseinandersetzung mit den Er-
gebnissen Scharangs ist Gegenstand des folgenden Exkurses,
der schlagwortartig einige Resultate unserer Arbeit resümiert.
Scharang beschränkt sich bewusst auf eine immanente Interpretation, kommt aber, ohne den Traditionszusammenhang zu reflektieren, zu dem Ergebnis, in den "Schwärmern" sei ein
"neues dramaturgisches Prinzip" verwirklicht. Eigenartigerweise wird weder die Affinität zum Konversationsstück noch
die Problematik des Ideendramas erörtert. (Musil nennt z.B.
Hebbel, Claudel und Shaw mit Hochachtung.) Scharang geht
- Aeusserungen Musils isolierend - allein von einem nicht weiter erläuterten Konzept der Handlungsdramatik aus. Dass auch
für die traditionelle Dramatik die Dialektik von Handlung
und Gespräch wesentlich ist, bleibt dabei unbedacht. (Vgl.
dazu Benno von Wiese, Gedanken zum Drama als Gespräch und
Handlung, in: Zwischen Utopie und Wirklichkeit, S. 304-326.)
Im Gegensatz zur Handlungsdramatik ist für Scharang das
"neue Prinzip" der "Schwärmer" eine Dramaturgie des Gesprächs:
"Das'motivierte' Leben ist geistiges Leben und die Darstellung
solchen Lebens die Darstellung des menschlichen Geistes. Dass
dieser Geist unmittelbar im Gespräch der 'bedeutenden Menschen'
Ausdruck findet, ist das entscheidend Neue in den 'Schwärmern'." (Scharang, Dramaturgie, S. 176.) "Geist" ist für Mu-

sil Mischung aus Verstand und Gefühl. Auch von der klassischen Dramatik wird man sagen können, dass Geist in diesem Sinne unmittelbar im Dialog Ausdruck findet. Nur dass im klassischen Drama in der Regel die bedeutenden Gespräche im Rahmen einer bedeutenden Handlung, etwa einer Haupt- und Staatsaktion, stehen. (Das Prinzip der Stiltrennung erscheint in den "Schwärmern" in der Form, dass nicht mehr die gesellschaftlich-standesmässige Stellung ausschlaggebend ist, sondern die geistige Bedeutung. Die geistig unbedeutenden Menschen, auch Exzellenz Josef, sind komische Figuren. Erhalten bleibt allerdings auch ein grossbürgerlicher bis aristokratischer Rahmen.) Der Wegfall einer bedeutenden Handlung ist nun nicht einfach gleichzusetzen mit einem Wegfall von Handlung und Handlungsdramaturgie überhaupt. Man verkennt die Formproblematik des Stücks, wenn man nicht den Gegensatz des Prinzips linearer Handlungsführung und des Prinzips der Variation in den Gesprächen beachtet.

In einer entscheidenden Passage seiner Dissertation schreibt Scharang, die Handlung sei in den "Schwärmern" nicht "Sinnträger", sie stelle nur die äussere Situation der Personen her. Inhalt des Dramas sei die Selbstdarstellung des Inneren. Dem Inhalt entspreche die Darstellung in Form des Gesprächs, wobei Gespräch definiert wird als: "Form der lebendigen Rede, die aus sich heraus Handlung schafft und durch Deutung alle äusseren Vorgänge zu inneren macht." Scharang folgert nun: "Da alle Entscheidungen im Gespräch fallen, da alles darauf ankommt, was gesprochen wird, kann man sagen, dass die Form unmittelbar aus dem Inhalt hervorgeht. Damit fällt diejenige Formproblematik, wie sie sich der Handlungsdramatik stellt, weitgehend beiseite. Bei dieser hat dadurch, dass sich Inhalt in Handlungsgestalten entfaltet, die Form entscheidende inhaltliche Aufgaben zu übernehmen. Man kann dann von einem mehr oder weniger für sich selbst schon aussagekräftigen "Bau" des Dramas sprechen. Angesichts der Dominanz des unmittelbar ausgesprochenen Gehalts fällt eine formale Anstrengung obiger Art weg. Das ist auch der eigentliche Grund für die Wahrung der Einheit von Ort, Zeit und selbstverständlich der Handlung. Deshalb auch gibt es innerhalb der Aufzüge keine Gliederung in Szenen." (ebd. S. 173.)
Zu diesen Thesen sind einige Anmerkungen notwendig. (Im Verlauf des Kapitels werden die einzelnen Punkte, ohne jeweils auf Scharang Bezug zu nehmen, ausführlicher behandelt.)
1. Scharang übersieht, dass wichtige Entscheidungen gerade nicht "im Gespräch fallen", sondern aufgrund der Unmöglichkeit eines Gesprächs. Darauf wird unter dem Titel "Kampf um den Dialog" eingegangen werden.
2. Damit hängt das Problem 'unmittelbaren Aussprechens' zusammen. Es gilt also die Problematik der 'Unaussprechlichkeit' und die Weisen mittelbaren Aussprechens zu untersuchen.

3. Wenn man annimmt, die Selbstdarstellung des Inneren sei
"Inhalt" des Dramas, dann stellt sich umsomehr die Frage,
ob denn wirklich die Form so unmittelbar aus dem Inhalt
hervorgehe. Vom dargestellten Inneren, dem geistigen Leben
her, wäre eine Dramaturgie ähnlich der des Traumspiels oder
eine Dramaturgie der Möglichkeiten zu erwarten, die formal
der "gleitenden Logik der Seele", dem Prinzip der "Einbildung" und dem Möglichkeitsbewusstsein entsprechen würden.
Grundmuster der Dramaturgie in den "Schwärmern" bleibt aber
eine dem Wahrscheinlichkeitsprinzip weitgehend verpflichtete
Dramaturgie der Wirklichkeitsdarstellung mit ihrer Kausaltechnik. Richtiger scheint es, den "Inhalt" des Dramas zu
bestimmen als Gegensatz von Innen und Aussen, von Einbildung (Bewusstsein) und Wirklichkeit. Von hierher kommt die
Formproblematik des Stücks in den Blick, der Gegensatz von
Handlungsdramaturgie und Dramaturgie des Gesprächs. Die
Dialoge sind zu charakterisieren als fragmentarisch, essayistisch; die Bewegung des Dialogs als bestimmt durch assoziative Verknüpfung und das Prinzip differenzierender und
relativierender Variation. Untersucht man die Dialoge der
"Schwärmer" und ihren Gehalt (dass Scharang dies unter-
lässt, ist zwar vielleicht vom theaterwissenschaftlichen
Ansatz verständlich, aber seine These vom neuen Prinzip
der "Darstellung in Form des Gesprächs" bleibt damit in-
haltsleer), so entdeckt man die Verknüpfung von Handlung
und Gespräch. Ein wesentliches Merkmal ist zum Beispiel
das Abbrechen der Gespräche gleichsam im Namen der Handlung. (Diese Technik wird im Abschnitt "Wechselrede" dargestellt.)
4. Die Wahrung der Einheiten ist sicherlich eine "formale
Anstrengung". Eigenartigerweise begründet Scharang die
Wahrung der Einheiten mit der "Dominanz des unmittelbar
ausgesprochenen Gehalts", die gleichzeitig begründen soll,
dass die formale Anstrengung, einen aussagekräftigen Bau
des Dramas zu schaffen, wegfallen könne. Man könnte zumindest mit gleichem Recht argumentieren, die Dominanz des
unmittelbar ausgesprochenen Gehalts erübrige eine formale
Anstrengung wie die Wahrung der Einheiten, umsomehr als der
"ausgesprochene Gehalt" auf eine räumliche und zeitliche
Entgrenzung sowie eine "Verwandlung" dessen, was geschieht,
zielt.
5. Ebenso will Scharang 'begründen', dass es innerhalb der
Aufzüge keine Gliederung in 'Szenen' oder 'Auftritte' gibt.
Die Untergliederung der Akte in Szenen hat im traditionellen Drama in der Regel technisch-dramaturgische Gründe und
ist nicht unbedingt ein sicherer Hinweis auf die Struktur
eines Dramas. Volker Klotz hebt als allgemeines Kennzeichen des geschlossenen Dramas hervor, dass die Gliederung
in Akte (im offenen Drama diejenige in Szenen) bestimmend
ist. (Klotz, Geschlossene und offene Form im Drama, S. 67
und S. 91.) Die Gliederung nach Akten steht im Zusammenhang mit der Wahrung der Einheiten. Musil notierte dazu:
"Im Akt kausale, zeitliche Abfolge."(T 200) Die Gliederung
in den "Schwärmern" ist offensichtlich weniger vom Inhaltlichen als vielmehr vom Gang der Handlung bestimmt, also
von dem, was für das Stück relativ nebensächlich und äusser-

lich ist. Der Kulminationspunkt liegt den 'Regeln' für das
dreiaktige Drama entsprechend am Ende des zweiten Aktes.
Wenn Musil auch über das Fachgemunkel von Aktschlüssen
spottete, in seinen "Schwärmern" sind die 'dramatischsten'
und wirkungsvollsten Szenen 'regelgerecht' ans Ende der Akte
verlegt. Wenn innerhalb der Akte auch keine 'Szenen'
markiert sind, so ergeben sich doch durch Auf- und Abtreten der Personen szenenartige Einheiten, Szenen im tech-
nischen Sinn. Die Abfolge dieser Szenen, der Dialogpartien,
ist vielfach wiederum nicht aus dem Gespräch und seiner
Entwicklung, sondern durch den Gang der Ereignisse motiviert. Charakteristisch ist die Technik des Dazwischentre-
tens. Die Szenenwechsel, d.h. die Veränderung der Personengruppierungen (und damit ist meistens der Uebergang zu anderen Gesprächsthemen oder anderen Aspekten eines Themas verbunden) erscheinen nicht selten willkürlich und gesucht.
Es werden jedenfalls Ueberleitungen geschaffen, und die
Wechsel sind (zumindest auch) von aussen, durch das Geschehen, begründet. Das Fragmentarische und Essayistische
der Dialogpartien wird durch diese Verknüpfungen verdeckt,
man könnte sagen, es wird durch die Handlung entschuldigt.
Was ihren "ausgesprochenen Gehalt" betrifft, sind die
einzelnen Dialogpartien (Szenen) dagegen als Themen-
variationen weitgehend austauschbar.
Zusammenfassend ist zu sagen: Scharang betont zu Recht,
wenn auch undifferenziert, die Abwertung der Handlung und
die Dominanz des ausgesprochenen Gehalts. Man kann jedoch
bei den "Schwärmern" nicht von einem entscheidend neuen
dramaturgischen Prinzip sprechen, gerade weil die kausale
Handlungsabfolge noch so sehr strukturierend bleibt. Die
Abwertung der Fabel und der Bedeutungsschwund der Handlung
durch das Dominantwerden der Reflexion und der Darstellung
des inneren Lebens ist ausserdem allgemein kennzeichnend
für die Dramatik seit Ende des neunzehnten Jahrhunderts.
Eine Konsequenz dieser Entwicklung ist, wie die Literatur
zum modernen Theater übereinstimmend feststellt, die sogenannte Episierung des Dramas, das Gegenständlichwerden von
Zeit, Ort, Handlung und auch die Problematisierung des
Dialogs. Marianne Kesting resümiert diese Entwicklung:
"Die 'innere Sicht', die zunächst über die Darstellung
'inneren Lebens' in das Drama eingedrungen ist, hat organisch
das 'epische Ich' hervorgebracht, unter dessen Regie die
Handlung auch die alogische und akausale Form eines Traumes
oder der Erinnerung annehmen kann" und: "Der Erzähler und
Kommentator, das 'epische Ich', dessen Betrachtung die
Bühnenhandlung unterworfen wird, kann sie später nach eigener Machtvollkommenheit ordnen und über Raum und Zeit
frei verfügen.(...) die Handlung richtet sich nach der 'inneren Sicht' des referierenden Träumers." (Kesting, Panorama
des zeitgenössischen Theaters, S. 14.) Man kann sagen, dass
dieses neue Prinzip moderner Dramatik, eine von den Gesetzen
des Bewusstseins, der Imagination und Reflexion, bestimmte
Dramenform, sich in den "Schwärmern" verdeckt andeutet, aber
eben nicht deutlich formbestimmend wird. (Kesting weist für
die Bedeutungsminderung der dramatischen Handlung und das

Hervortreten der übergeordneten Reflexion auf die Parallele
im "modernen experimentellen Roman" hin (ebd.) In Musils
Roman ist die im Drama letztlich unbefriedigende Integration
von Fiktion und Reflexion (Erzählpartien und Essaypartien)
gewährleistet durch die Instanz des Erzählers, der sich
weitgehend mit dem reflektierenden Helden der Erzählung
identifiziert.)

2 Wijkmark, Musil och teatern, S. 37.

3 Klotz, Geschlossene und offene Form in Drama, S. 90.
Im "Vinzenz" wird die Pistolenschiesserei auf der Bühne
wiederholt parodiert.

4 "Es gibt Wahrheiten aber keine Wahrheit", schrieb Musil schon
1902 in seinem ersten Tagebuchheft. Auf seine Liebe zu Vale-
rie anspielend (vom "Valerie-Erlebnis" gehen die Entwürfe
zu den "Schwärmern" aus) schreibt Musil über die Liebenden
(im Gegensatz zu den Philosophen als Wahrheitssuchern):
"Die suchen gar keine Wahrheit, aber sie fühlen, dass sich
etwas in ihnen zu etwas Ganzem zusammenschliesst." (T 32)
Die Auslassungen Musils über das Wahrheitsproblem gehen offensichtlich mehr auf Anregungen durch Nietzsche als auf Musils
Beschäftigung mit der modernen Logik zurück. Die Aussagen
Musils werden verkompliziert und bleiben oft unklar, weil
häufig zwei Fragenkomplexe, das Problem vom Wahrheitswert
und Geltungsbereich eines Satzes und das Problem der Subjektivität der Wahrheit, miteinander vermischt werden.
Solche Ueberlagerungen gibt es nicht nur in den "Schwärmern"
in verwirrender Häufigkeit Hinzu kommt ein mehrdeutiger Gebrauch der Begriffe. Im Umkreis des Gegensatzpaares richtig-
falsch stehen in den "Schwärmern" Gegenüberstellungen wie
wirklich(wahr)-unwirklich, echt-falsch, (seelisch)reich-arm,
tief-oberflächlich. (Vgl. z.B. 309, 311, 350, 361, 368,
373, 400.) In die Auseinandersetzung um das Recht- oder
Unrechthaben spielt zusätzlich noch der Gegensatz stark-
schwach hinein. (307, 309, 311, 321, 325, 349, 354, 362,
371f., 378f.)

5 392; vgl. auch: "Das kann nicht wahr sein! Und das kann nicht
falsch sein! Das kann nur etwas bedeuten, das damit gar nicht
gesagt ist." (361)

6 Im Wortschatz und in den Vergleichen im "Mann ohne Eigenschaften" finden sich bedeutend mehr Spuren der wissenschaftlichen Gesinnung.

7 Nicht in solcher Methodik, wie sie neueren, sprachkritisch
reflektierten Texten oft eignet, ist auch in Musils Werk
der Versuch zu erkennen, Stereotype bewusst zu machen und
aufzubrechen. Dies geschieht zum Beispiel durch die überraschende Wendung, durch das Verfahren des Wörtlichnehmens
und durch den ironischen Gebrauch von Redewendungen und
Sentenzen, der im Drama durch Anweisungen wie "nachspottend" kenntlich gemacht ist.

8 Es sei vor allem auf folgende Arbeiten verwiesen: Albertsen, Ratio und Mystik; Arntzen, Satirischer Stil; Heydebrand, Sprache und Mystik; Honold, Funktion des Paradoxen;
Michel, utopische Sprache; Schöne, Konjunktiv; Schröder,
Grenzwert der Sprache.

9 Schöne, Konjunktiv, S. 314.

10 Vgl. "es ist etwas mit uns gemeint, das wir niemals richtig
auslegen können." (342; ähnlich 361)

11 Heydebrand, Reflexionen, S. 89. Dort wird (S. 88-94) der
zweifache Gebrauch des Gleichnisbegriffs ausführlicher behandelt.

12 Heydebrand, Reflexionen, S. 88

13 Vgl. Schröder, Grenzwert der Sprache; Karthaus, Der andere
Zustand.

14 Jesch, Robert Musil als Dramatiker, S. 31.

15 Mth. 115; vgl. Mth. 47-48.

16 Während der Arbeit am Drama notierte sich Musil 1911, möglichst oft von den Personen Aussagen machen zu lassen,
"die Anspruch auf objektive Geltung haben, nicht bloss auf
subjektive. Als Regulativ vielleicht: Aussagen, denen man
das Pronomen w i r vorsetzen kann." (T 136)

17 Bausinger hat am Beispiel der Mystikertexte gezeigt, dass
Musil in den frühen Entwürfen zum "Mann ohne Eigenschaften"
die einer Vorlage entnommenen Stellen abwandelte und um-
formte, dagegen im späteren Werk vielfach im ursprünglichen
Wortlaut übernahm oder ausdrücklich zitierte. (Bausinger,
Studien, S. 460.) So gibt es, soweit ich sehe, auch in den
"Schwärmern" keine wörtlichen Uebernahmen aus irgendwelchen
der bekannten Quellen Musils. Liest man in den von Musil benutzten Werken, so fällt zweierlei besonders auf. Einmal die
Aehnlichkeit im Wortschatz, Aehnlichkeiten mit der romantischen Sprache der Innerlichkeit, mit der Sprache der Lebens-
philosophen und Seelenlehrer z.B. Nietzsche, Emerson,
Maeterlinck, Simmel, Key usw. Zweitens trifft man in diesen Werken ziemlich häufig auf einzelne Bilder und Gedanken,
die in abgewandelter Formulierung, verkürzt oder weiter ausgeführt, etwa in den "Schwärmern" wiederkehren, ohne dass
man mit Sicherheit sagen könnte, dieser Aphorismus oder
dieses Bild sei eindeutig durch eine bestimmte Stelle in
einem der anderen Werke angeregt. Ein Durchblick der von
Musil erwähnten Zeitschriften lässt die Chance, von vielen möglichen Quellen eine bestimmte richtig zu benennen,
verschwindend klein werden. Vieles gehört offensichtlich zum
allgemeinen Bild-, Wort- und Gedankenschatz der Zeit. (Die
Auswertung des Musil-Nachlasses dürfte manchmal weiterhelfen.)

Beim Aufspüren der Quellen geht es nicht primär darum,
irgendwelche 'Einflüsse' nachzuweisen. Der Vergleich
mit den Quellen ist besonders deshalb interessant, weil
sich daran ersehen lässt, wie, und das heisst auch wie
selbständig und gekonnt, Musil Anregungen verwertet.
Dazu einige ausgewählte Beispiele der Nietzscherezeption.
Den zahlreichen Aphorismen Nietzsches über Tugend und
Laster fügt Musil in den "Schwärmern" gleich mehrere
(im Sinn ähnliche) neue und prägnante Formulierungen
hinzu (339, 341, 392, 398). Neben der Variation von
Aphorismen - z.B. über Lüge, Demut, Ideale, Ueberzeugungen oder den Wissenschaftler als "Nussknacker" - findet
man Abwandlungen eines einzelnen Ausdrucks. So könnte aus
Nietzsches "Gefühls-Morgenröten" beim Jüngling das "Mor-
gengefühl" der jungen Menschen (399) geworden sein. (Nietzsche, Menschliches Allzumenschliches, II, 293, S. 130.)
Oft sind die Formulierungen bei Musil auf die konkrete
Lage bezogen und häufig drastischer als ähnliche Stellen
bei Nietzsche (vgl. z.B. Zarathustra, II, S. 133 und
"Die Schwärmer" S. 363) Eine Stelle aus dem dritten Akt
zeigt sehr schön, wie Musil aus einem längeren Abschnitt
Nietzsches Motive herauslöst, verändert und neu formuliert,
wobei etwas ganz Neues entsteht, das sich bruchlos in den
Kontext einfügt. Regine sagt dort von den Aufzeichnungen
in ihrem "gelben" Notizbuch: "Erkaltete Einbildungen. Widerwärtig nackt wie aus dem Nest gefallene Vögel." (374) Am
Ende von "Jenseits von Gut und Böse" schreibt Nietzsche
über die Gedanken, die er in seinem Buch festgehalten hat:
"Ach, immer nur abziehende und erschöpfte Gewitter und gelbe
späte Gefühle! Ach, immer nur Vögel, die sich müde flogen
und verflogen und sich nun mit der Hand haschen lassen -"
(Jenseits von Gut und Böse, 9, 296, S. 233.) Möglicherweise
wirkt auch in der Fortsetzung der Schwärmerstelle eine
Assoziation an den Nietzschetext nach. Nietzsche fährt fort,
niemand errate, wie die Gedanken in ihrem "Morgen" aussähen
(ebd.). Im Drama heisst es nach der zitierten Stelle weiter: "(Trotzdem sie starr ins Licht blickt)Ich kann ja
nicht ins Licht schaun , diesen zum Erbrechen schönen
Morgen;" Auch in diesem Fall lässt sich nicht mit Bestimmtheit sagen, ob es sich um eine bewusste Umformung der
Nietzschestelle handelt. Dass auch alle Zitate aus Regines
gelbem Tagebuch offensichtlich Gedanken Nietzsches enthalten, könnte für diese Annahme sprechen.

18 Vgl. Szondi, Theorie des modernen Dramas. S. 16f.

19 Hier erfolgt die Stellungnahme Marias, bevor dieser Gedanke
von Thomas überhaupt ausgesprochen wurde. Das ist wahrscheinlich zurückzuführen auf Umstellung einzelner Szenen
oder Uebertragung von Texten auf andere Personen bei der
Redaktion verschiedener Entwürfe. Auch dass zu den folgenden Worten der Mertens die Zitatentsprechungen fehlen,
dürfte aus der Entstehungsgeschichte des Stücks zu erklären
sein: "Ich vermag offenbar nicht solche 'vulkanische Menschen',

in denen 'ein Rest von der Schöpfung her' noch nicht fest
geworden ist, zu verstehen."(373) Diese Formulierungen sind
viel zu musilisch, als dass sie ursprünglich der Mertens zu-
gedacht sein könnten. Erst später folgen Thomas' Worte:
"Ein Stückchen vom noch flüssigen Feuerkern der Schöpfung."
(392)
Leider sind die Entwürfe nur ganz unvollständig veröffentlicht,
sodass hier nur Vermutungen ausgesprochen werden können. Ein
belegbares Beispiel mag zeigen, wie sehr Musil selbst auf
ganz frühe Entwürfe zurückgegriffen hat. Als Maria von einem
Gespräch mit Anselm zurückkommt, sagt Thomas: "So kehrst du
wieder. Seines Geistes Kind: Fetzen der Widerwärtigkeit dieses fremden Mutterschosses hängen an dir!" Nur wenig später
- und nach dieser massiven Aussage wohl doch etwas allzu
rasch - heisst es dann: "(Es ist etwas in mir) Das fühlt,
dummglücklich im Schmerz, wenn du von ihm kommst, etwas Er-
frischtes, Neues."(Beide Stellen: 362.) In den Entwürfen von
1908 findet man den Ursprung dieser Passage. Dort schreibt
Musil: "Gerade wenn sie - ohne dass er es weiss - von seinem Bruder kommt und das gewisse Demütige vom Unterliegen
her hat, liebt er sie so."(PD 639) "Er" ist hier jedoch die
Figur, die Anselm (nicht Thomas) entspricht.
Da in der endgültigen Fassung viele Aussagen wenig persongebunden scheinen, wäre es interessant, durch einen Vergleich
der Entwürfe zu prüfen, inwieweit fertige Formulierungen (und
Ideen) aus verschiedenen Phasen der Entstehung auf verschiedene Personen übertragen wurden. Die Hoffnung auf eine
historisch-kritische Ausgabe dürfte allerdings kaum in
nächster Zeit erfüllt werden.

20 Musil gebraucht diese Formulierung in der Einleitung seiner
Dissertation. Die eigentliche Aufgabe seiner Arbeit sah Musil darin erfüllt, die philosophischen Gedanken, die in
Machs Werk aphoristischen Charakter trügen, herauszulösen
und die zusammengehörenden Gedanken zusammenzufassen. (Musil, Beitrag zur Beurteilung der Lehren Machs, S. 12.)

21 Vgl. Musils Einleitung zu einer geplanten Aphorismensammlung
mit dem Titel "Rapial": "Es ist ein Symbol für meine Kon-
stitution und ebenso für die der Gegenwart. (Fragmente und
ihre dringende Synthese.)" (T 557)

22 Um einem Missverständnis der folgenden Bestimmungen zu begegnen, sei bemerkt, dass diese Charakterisierungen nicht
notwendig ein abwertendes Urteil einschliessen. Es wäre jedenfalls verfehlt, mit dem heute gerne zitierten Satz Witt-
gensteins zu argumentieren "Wovon man nicht sprechen kann,
darüber muss man schweigen." (Selbst unter Logikern sind
die Meinungen geteilt, ob es schlechtweg sinnlos sei, über
Unaussprechliches Aussagen machen zu wollen. Ueber die verschiedenen Auffassungen informiert das Kapitel "On the Un-
speakable", in: J.M. Bochenski, The Logic of Religion, New
York 1965.) Durchaus in Uebereinstimmung mit dem traditionellen Selbstverständnis der Dichter sieht Musil die Aufgabe des

Dichters darin, über Unaussprechliches zu sprechen. Dort,
wo die Wissenschaft nichts mehr (oder noch nichts) aussagen kann, sich weiter vorzutasten, dies ist für Musil
der Erkenntnisauftrag der Dichtung. In den Anfängen der
Musilforschung hat man Musilworten folgend vor allem die
Wissenschaftlichkeit des Autors und für seinen Stil Genauigkeit und Exaktheit hervorgehoben. Da diese Einschätzung
vielfach in Zeitschriften und Feuilletons undifferenziert
weiterlebt, muss immer wieder betont werden, dass sich bei
genauerem Lesen gerade eine raffinierte Ungenauigkeit und
suggestive Formulierungen als charakteristisch erweisen.
Musil selbst spricht von einer "phantastischen Genauigkeit" und "gleitender Logik". Im Unterschied zu den Prosawerken und Essays werden im Drama die dichterischen Mittel
Musils, Unsagbares zu besprechen, in einer gewissen Ver-
gröberung sichtbar, was zurückzuführen sein dürfte besonders auf den Zwang zu kurzen, in sich abgeschlossenen
Passagen, zu Behauptungs- und Appellsätzen und durch den
Wegfall der Möglichkeit zu tastender Beschreibung.

23 Nicht berücksichtigt sind in dieser Zählung Variationen
wie "Empfindung", "empfinden", "spüren" und die Benennung
von Gefühlen, also etwa "Liebe" oder "Hass".

24 Johannes Erben, Deutsche Grammatik, Frankfurt 1968 (= Fischer
Handbücher), S. 152.

25 Nietzsche, Der Wille zur Macht, S. 3.

26 Arnold, Literatur des Expressionismus, S. 55.
Auch die Thematik der "neuen Menschen" ist nicht spezifisch
expressionistisch. Man findet sie ebenso im Jugendstil und
in anderen Strömungen um und nach 1900. Musils Sicht des
"neuen Menschen", die in den "Schwärmern" allerdings nur
relativ vage angedeutet ist, nämlich aufgrund einer Synthese
von Wissenschaftsgeist und Mystik, ist vom sogenannten expressionistischen Menschenbild ziemlich weit entfernt. (Vgl.
bei Arnold das Kapitel "Zur Thematik des Expressionismus".)

27 Zur "Ideenkunst" des Expressionismus bemerkt Musil bissig:
"Gefühle oder auch Ideen dadurch erregen zu wollen, dass
man ihre Hauptwörter ausspricht, ist Rationalismus." (Mth.
116) Ganz frei von dieser Art Rationalismus sind allerdings
Musils "Schwärmer" auch nicht.

28 Scharang, Dramaturgie und Bühnengeschichte, S. 181.

29 Vgl. z.B. Thomas' Rechtfertigung, einen Detektiv auf Josef
zu hetzen (322).

30 Im "Mann ohne Eigenschaften" ist manchmal nicht oder nur bei
genauer Analyse zu unterscheiden, ob der Erzähler, Ulrich
oder zum Beispiel Arnheim spricht.

31 Vgl. T 450. Bei den 'Fehlern' dürfte es sich zumindest teilweise um auch im Wortschatz (Gelsen, nimmer) auftretende
Austriázismen handeln, teilweise einfach um Nachlässigkeiten.
Einige verschiedenartige Beispiele sind: "Oben übergeht der
ganze Raum in den Sommerhimmel" (305); "ihr lädt Euch einen
Toten dazu ein"(309); "Hast du ihr essen zugesehn?"(338);
"dass er sich martern dafür lässt"(372); "bloss weil er nicht
aus weiss"(372). Uneinheitlich ist die Beibehaltung des al-
tertümlichen Dativ -e. Bei Stellen wie der folgenden mit un-
feierlichem Bild und feierlichem Auftakt dürfte besonders in
gesprochener Rede der Stilbruch empfunden werden: "Soll man
am Schlusse wie ein leerer Sack daliegen?"(376) (Nebeneinander stehen Formen wie"verstehen","sehen" und das mehr umgangs-
sprachliche"verstehn","sehn".) Manchmal sucht man vergebens
nach einem Bezugswort für Pronomen und Relativsätze (z.B.
342, 371, 375, 394). In gesprochener Rede könnte gänzlich
missverstanden werden, wenn Anselm sagt: "Glauben Sie?! (gemeint ist Maria) Ah, ich verlasse sie!"(nämlich Regine) (347)
Die Beispiele werden nicht genannt, um Musil kleinlich 'am
Zeug zu flicken'. Elisabeth Albertsen hat die "communis opi-
nio der absoluten Rationalität und Korrektheit der Musilschen
Diktion" etwas überprüft. Liest man entsprechend genau, so
entdeckt man, dass oft eher Suggestion von Genauigkeit Musils Sprache kennzeichnet, und man findet beim genauen Lesen
- jedoch selten - auch unfreiwillig amüsante Stellen ("Thomas würde traurig neben mir sitzen, wenn ich sterbe, und mir
erklären, dass ich ihn dabei (beim Sitzen?) nur störe." 398;
das "dabei" bezieht sich sinngemäss auf den nächsten Satz.).
"Man sollte ruhig zugeben, dass es auch bei Musil Fehler gibt",
schreibt Albertsen, die besonders auch den bewussten 'Fehlern'
im Roman nachgeht: "Musils Fehler sind vielleicht die Seele
seiner Genauigkeit" und: "es ist zu hoffen, dass die Zahl
seiner Fehler unerschöpflich ist; nur so werden es auch seine
Vorzüge sein." (Albertsen, Ratio und Mystik, S. 129, 131,
140.) Solche vielsagenden 'Fehler' gehören zum ironischen
Stil. Wohl deshalb findet man sie in den im Grossen und Ganzen
unironischen "Schwärmern" nicht.

32 Vgl. Bentley, Das lebendige Drama, S. 74-100.

33 Kaiser/Wilkins, Einführung, S. 102.

34 Musil hatte schon vor dem ersten Weltkrieg eine Aufführung
Stanislawskis gesehen (wahrscheinlich 1906 im Rahmen der
grossen Europatournee Stanislawskis). Dieses Erlebnis scheint
entscheidend seine Vorstellung vom idealen Theater geprägt zu
haben. Noch im Jahre 1939 notierte Musil im Tagebuch: "Mein
Theater, das der 'Schwärmer' und Stanislawskis" (T 432). In
seinen Theaterkritiken spendet Musil kaum irgendwo sonst so
uneingeschränktes Lob wie zu den Gastspielen der Russen.
Für ihn ist das Theater Stansilawskis nicht "naturalistisch"
oder "impressionistisch", sondern einfach "Kunst" und die
"Kunst der Zukunft"(Mth. 24). Musil faszinierte, wie bei
Stanislawski durch eine 'magische Regie', durch stilisiertes
Sprechen, sparsame differenzierte Körper- und Gebärdensprache
und in stilisierten Dekorationen der Eindruck lebensechter

und natürlicher Darstellung entstand und doch etwas erreicht wurde, das "zehnmal kompresser ist als Realität" (Mth. 23f.). Hier fand Musil verwirklicht, was er mit seinem Konzept gewöhnliche Handlung - bedeutende Menschen intendierte. Musil schliesst den Bericht über die Gastspiele von 1921: "Es ist eines der erschütterndsten Schauspiele menschlicher Vertiefung. Sie hat auf der Bühne sonst nirgends solchen Ort. Und wohl auch nirgends sonst im Leben von heute." (Mth. 26) Abstraktion vom Nebensächlichen, Verdichtung der Realität, menschliche Vertiefung: dies sind die den "Schwärmern" und dem Theater Stanislawskis (wie Musil es sah) gemeinsamen "utopischen" Aspekte. Das Theater Stanislawskis bildet in Musils Kritiken oft das Gegenbeispiel zum 'pathologischen Theater', der naturalistischen Reproduktion der gewöhnlichen Wirklichkeit und der Repetition von Affekttraditionen im Schauspielertheater. Wie wir sahen, wird in den "Schwärmern" pathologisches Theater am Beispiel Anselms demonstriert. Das schauspielerisch-theatralische Scheinleben wird bis zum Scheintod vorgeführt. Man erkennt hier die Anwendung der wohl nicht ganz zu Recht oft als typisch barock-österreichisch apostrophierten Schauspielmetapher. Die metaphorische Gleichung Leben-Theater erscheint in den "Schwärmern" vor allem im negativen Sinn in der Form: Anselms Leben ist schlechtes, pathologisches Theater. Der positive oder utopische Sinn ist im Text der "Schwärmer" nicht so direkt greifbar. Eine Bemerkung in den Entwürfen, die auch die Art der Darstellung in der endgültigen Fassung charakterisiert, gibt einen deutlichen Hinweis. Musil schreibt dort: "- das hat alles so selbständige Bedeutung, als gäbe es sonst keine Welt. Die Menschen wandeln wie auf einer erhöhten Bühne."(PD 641) Im selben Sinn wie bei diesem Vergleich eines 'bedeutenden' Lebens mit dem Leben auf erhöhter Bühne wird im Roman von Ulrich die Utopie entwickelt zu leben, als wäre man "eine Gestalt in einem Buch, von der alles Unwesentliche fortgelassen ist,damit sich das übrige magisch zusammenschliesse" (MoE 592). Der Erzähler fügt hinzu, dies seien wirklichkeitsfeindliche Gedanken, aber mit dem Ziel auf die Wirklichkeit einzuwirken: Das Utopische als Kritik an der Wirklichkeit. Die Bestimmungen des utopischen Lebens: Fehlen alles Unwesentlichen, magisches Zusammenschliessen, Wirklichkeitsfeindlichkeit, sind die selben, mit denen Musil das utopische Theater, besonders das Theater Stanislawskis, charakterisiert - und es sind die Stilmerkmale von Musils "Schwärmern". (Man könnte die Bestimmungen ins Technische übersetzen z.B. mit Abstraktion, Motivenverflechtung, antinaturalistische Stilhaltung.) Die zweifache Anwendung der Schauspielmetapher (im negativen und utopischen Sinn) liesse sich auch in Musils erzählerischem Werk (die "Vereinigungen" ausgenommen) verfolgen. Vgl. die Angaben in Anm. 8 zum Kapitel 'Raum'.
(In den Theaterkritiken Musils erscheint Stanislawskis Theater oft als Musterbeispiel des 'Dichtertheaters'. Eine Untersuchung v Musils Theaterschriften hätte der Frage nachzugehen, inwieweit Musil mit seiner Forderung nach einem Dichtertheater für

einen bestimmten Theaterstil (und eine bestimmte Dichtung)
optierte. Dazu hier nur einige kurze Anmerkungen. Die Enttäuschung Musils über die naturalistischen Bühnenbilder der
Russen (und die Begeisterung, dass sie in Moskau z.B. Bühnenbilder nach Beardsley und Craig verwenden) ist ein erster
Hinweis (Mth. 24). Auffallend ist, dass Musil gerade in den
Kritiken, in denen er bescheinigt, die Aufführung stelle sich
in den Dienst der geistigen Vision des Dichters, kein Wort
über die aufgeführten Stücke verliert, sondern seine Anschauung von 'Dichtung' darlegt. Für Musil war anscheinend
die Forderung, die Aufführung habe das Weltbild des Dichters zu geben, nicht unbedingt erfüllt, wenn ein naturalist-
isches Werk naturalistisch oder ein expressionistisches Drama
im expressionistischen Theaterstil aufgeführt wurde. Dass Musil nicht nur rein formal die Entsprechung von Dichtung und
Aufführung forderte, sondern eine ganz bestimmte Vorstellung
mitbrachte, nämlich: Kunst habe den Grenzbereich von Wirk-
lichem und Unwirklichem darzustellen, verraten zahlreiche
Formulierungen wie etwa die folgende in der Rezension über
die Moskauer Truppe: "Ich bin sicher, so wie sie Stücke,
die schlechter gespielt Wirklichkeitsstücke sind, ganz lei-
se über den Boden heben, werden sie phantastischen Stücken
zu einer verwirrenden Wirklichkeit verhelfen." (Mth. 24)

35 Pike, Introduction, S. 85.(Pikes Vergleich mit dem Chor der
antiken Tragödie scheint allerdings doch etwas weit herge-
holt.) Osses spricht von dialogisierten Monologen. Osses,
tres obras, S. 63.

36 Die Dialoge werden an solchen Stellen im Namen des fiktiven
Geschehens abgebrochen. Dieses Verfahren ist auch in Musils Roman immer wieder angewandt, um die Essay- und Er-
zählerpartien zu verbinden. Ulf Schramm hat seinem Aerger
über diese Technik, durch die alle Reflexionen fragmentarisch und vorläufig bleiben, in sehr heftigen Worten Luft
gemacht. (Schramm, Fiktion und Reflexion, z.B. S. 116-125.)
Wer die "Schwärmer" in der Erwartung liest, philosophische
Dialoge und logische Gesprächs- und Gedankenführung zu
finden, der dürfte vom Drama ebenso enttäuscht und verärgert
werden, wie Schramm von Musils Roman.

37 Blei, Schriften, S. 623.

38 Vgl. die Beispiele für das Spiel mit dem Wort "wirklich" in
Musils Roman bei Bausinger, Studien, S. 202.

39 Huxley, Literatur und Wissenschaft, S. 76f.

40 Huxley, Literatur und Wissenschaft, S. 77f. Zur Gesamtpro-
blematik vgl.: Helmut Kreuzer (Hg.), Literarische und na-
turwissenschaftliche Intelligenz. Dialog über die "zwei
Kulturen", Stuttgart 1969.

41 Als Theaterkritiker kämpfte Musil für eine intelligente
Dramatik, die die Bedingungen und Möglichkeiten des "Lebens" bewusst macht. Zugleich aber forderte er in seinen
Kritiken auch immer (und er bleibt damit im Rahmen der
klassischen Wirkungstheorien), das Drama müsse den Zuschauer "bezaubern" und "erschüttern". Vgl. zu den Kritiken
auch T 199.

42 Dieser Aspekt wird besonders hervorgehoben im Romantik-
buch Ricarda Huchs, aus dem sich Musil Exzerpte machte und
das für Musils Sicht der Romantik bestimmend zu sein scheint.
Vgl. besonders das Kapitel "Romantische Liebe"; Huch, Die
Romantik, S. 227-252.

Anmerkungen zu III. Ueberblick

1 Mth. 174; die Notiz über Brecht ist mitgeteilt in: Albertsen, Ratio und Mystik, S. 164.

2 Vgl. Rohner, Der deutsche Essay; Bachmann, Essay und Essayismus.

3 Vgl. z.B. T 457.

4 Otten, Schwärmer und Rationalist, S. 275.

5 Vgl. Bartholomae, Die Doppelpersönlichkeit im Drama der Moderne.

6 Lebenspathos und Lebensmystik nennt Rasch als gemeinsames
Charakteristikum der nicht klar voneinander abzugrenzenden
Stilbewegungen um 1900. Rasch, Zur deutschen Literatur seit
der Jahrhundertwende, S. 7-48.

7 Der Unterschied zur Ironie, mit der Musil sich im Roman mit
der Zeit der Jahrhundertwende auseinandersetzt, ist offensichtlich. Vgl. dazu Rasch, Zur deutschen Literatur seit der
Jahrhundertwende, S. 39.

8 Diese Feststellung schliesst nicht eine Abwertung des Dramas als blosse Vorarbeit zum Roman ein. Zur Einschätzung
der "Schwärmer" als Werk eines Zwischenstadiums in der Entwicklung Musils vgl. Jesch, Musil als Dramatiker, S. 31;
Kaiser/Wilkins, Einführung, S. 102-105.

Anmerkungen zu IV. Die Aufführungen der "Schwärmer" im
Spiegel der Kritik

1 Die im folgenden genannten Kritiken sind nach Aufführungen geordnet im Literaturverzeichnis aufgeführt. Der Ueberblick

über die Aufführungen und die Zusammenstellung der Kritiken
ergänzen die Angaben in der "Bühnengeschichte" Scharangs.
(Die Bezeichnung "Bühnengeschichte" im Titel der Dissertation
Scharangs ist etwas irreführend, da Scharang sich allein auf
ein wenig breites Material von Zeitungskritiken stützt. Es
handelt sich eher um eine vom Text der "Schwärmer" ausgehende Kritik an Interpretationen in Aufführungskritiken. Die
bedeutende Aufführung in Paris und auch die Hörspielbearbei-
tungen sind bei Scharang nicht berücksichtigt.)

2 Ueber Aufführungspläne und den Schwärmer-Skandal berichten:
Berghahn, Robert Musil, S. 80; Frisé, PD 12 u. T. 945;
Csokor, Dinklage, Fontana, Otten in: LWW, vgl. bes. S. 234-
235, 253, 333-334 u. 362.

3 In: Blei, Zwischen Orpheus und Don Juan, S. 111.

4 Verschiedene Beispiele für die Rolle Lhermans bringt: Rühle,
Theater für die Republik. Zum folgenden vgl. das Interview
mit Musil in: Wiener Allgemeine Zeitung, 31.3.1929.

5 Eines der Exemplare wurde in Musils Nachlass gefunden. Die
Streichungen lassen kein rechtes Konzept erkennen - ausser
dem zu kürzen. Das zweite Exemplar stammt aus dem Besitz
von Paul Gordon, dem damaligen Leiter des "Theaters in der
Stadt". In diesem Exemplar ist im ersten Akt sorgfältiger
gekürzt. Der zweite Akt - der 'dramatischste' im gewöhnlichen Sinn - ist ohne Streichungen. Im dritten Akt nehmen
die Striche von Seite zu Seite dann massiv zu. Von den
Schlusszenen mit Thomas und Regine bleibt praktisch nur
noch der Kuss stehen. In beiden Exemplaren fällt die Zeitkritik weg. (Mikrofilme der Exemplare wurden mir freund-
licherweise von Frau Dr. Albertsen und Dr. Corino zur Verfügung gestellt.)

6 1963 schrieb Wijkmark als Vorbereitung auf eine Aufführung
in Stockholm seinen Artikel 'Musil och teatern'. Die Proben
mussten zunächst wegen Erkrankung eines Hauptdarstellers
abgebrochen werden. In der Zwischenzeit übernahm Ingmar
Bergman die Intendanz des "Dramatisken", der - man darf von
Bergmans Filmen her gesehen sagen 'seltsamerweise' - kein
Interesse an Musils Drama hatte.
Der Plan einer Aufführung am "Deutschen Schauspielhaus Hamburg" wurde aufgegeben, als Oskar Fritz Schuh von Egon Monk
als Intendant abgelöst wurde. (Briefl. Mitteilungen des
"Dramatisken" und des Hamburger Schauspielhauses.)

7 Durch die freundliche Vermittlung des Bearbeiters Dr. Suchy
wurde mir ein Funkmanuskript von der Hörspielabteilung des
Oesterreichischen Rundfunks in Wien zur Verfügung gestellt.

8 Kritiken zum Film: Jent, Louis, Tages-Anzeiger (Zürich),
11.10.1968/ Schober, Siegfried, in: Filmkritik Nr. 9
(1968)/ Messagero, 11.6.1968/ Gueniat, C., Voix ouvrière,
8.10.1968/ Cl. Vn., Feuille d'Avis, Lausanne, 19.10.1968.

Anmerkungen zu I. Die 'ernste Posse'

1 Arntzen, Helmut, Deutsche Satire im 20. Jahrhundert, in:
Deutsche Literatur im 20. Jahrhundert, hg. von H. Friedmann
und O. Mann, 4. Aufl. Heidelberg 1961/ Ders., Die ernste
Komödie. Das deutsche Lustspiel von Lessing bis Kleist,
München 1968/ Ders., Satirischer Stil. Zur Satire Robert
Musils im "Mann ohne Eigenschaften", Bonn 1960.
Arntzens Beitrag "Wirklichkeit als Kolportage" unterschei-
det sich von den übrigen Untersuchungen zur Posse Musils
dadurch, dass es dem Verf. nicht um die Stellung der Posse
im Gesamtwerk Musils geht, sondern eher um ihren Ort in der
Lustspielliteratur. Arntzen behandelt besonders den Aspekt
des Kolportagehaften, des Bluffs und Kitschs und stellt der
Posse zwei Komödien Georg Kaisers zur Seite, die etwa zur
gleichen Zeit wie der "Vinzenz" uraufgeführt wurden. Gerade
vom Aspekt des bewusst Possen- und Kolportagehaften, wobei
Literatursatire und Wirklichkeitssatire in eins gehen, wären
Vergleiche mit weiteren (nicht nur der Posse zeitgenössischen)
Komödien möglich, etwa den Komödien Dürrenmatts (auf Dürren-
matt hat erstmals Berghahn, Robert Musil, S. 86 hingewiesen)
oder Werken von Nestroy, dem "Schöpfer der tragischen Posse"
(Preisner, Rio, J.N. Nestroy. Der Schöpfer der tragischen
Posse, München 1968).
Rasch schreibt, Musils Komödie sei "stilistisch etwa einzu-
ordnen zwischen Carl Sternheim und Friedrich Dürrenmatt. Auf
dieser Linie, auf der sich der durch Wedekind geschaffene
Typus des grotesken Bühnenspiels weiterbildet, behauptet
Musils Komödie ihren Platz. Sie ist die österreichische Va-
riante eines grotesken Komödienstils." (Rasch, Musils Komödie, S. 160.)
Von der Aphoristik der Posse aus liegen Vergleiche etwa mit
Shaw und Wilde nahe. Eine solche wünschenswerte Betrachtung
der Posse im Zusammenhang mit der modernen Komödienliteratur
erfordert jedoch ausführlichere vergleichende Untersuchungen,
die im Rahmen dieses Ueberblicks nicht angestellt werden
können. Hinweise für Vergleiche enthalten die Theaterkritiken
zur Posse.
Die Handlungs- und Szenenfolge der Posse wird ausführlich
von Rasch und in der Dissertation Scharangs dargestellt.
Scharang lehnt es eigenartigerweise ab, den "Vinzenz" als
Satire zu verstehen: "Weiters ist zu beachten, dass nicht
aus einer falsch verstandenen Ernsthaftigkeit die Posse in
eine Satire umgewandelt werde. Es ist nicht des Dichters Absicht in unmittelbar-satirischer Weise Zustände zu geisseln."
(Dramaturgie und Bühnengeschichte, S. 237.) Für Scharang ist

die Posse nur vom "Stilprinzip der Ironie" bestimmt. Scharangs Ironiebegriff scheint allerdings ebenso simpel wie
sein Verständnis der Satire. Wiederum ohne Beleg mit der
"Absicht"des Dichters argumentierend behauptet er am Schluss
seines Vinzenz-Kapitels: "Wenn Musil sich in einer der Posse ähnlichen Darstellung nicht mehr versuchte, so deshalb,
weil die konsequente Anwendung des Prinzips der Ironie, das
letzten Endes Probleme doch nur äusserlich behandeln kann (!),
seinen weiteren Anliegen nicht hätte entsprechen können"
(ebd. S. 245).(Zur Ironie bei Musil vgl. Allemann, Ironie
und Dichtung.) In den Interpretationen zur Posse wird gewöhnlich "grotesk" synonym mit phantastisch, farcenhaft oder
karikiert gebraucht. Genauere Abgrenzungen bietet: Heidsieck,
Das Groteske und das Absurde im modernen Drama, Stuttgart
1969. Von grotesker Verzerrung kann - dem von Heidsieck vor-
geschlagenen Sprachgebrauch folgend - in Musils Posse nur
bei einzelnen Szenen wie dem Marionettentanz der "bedeutenden Männer" gesprochen werden. Die Tendenz zum Grotesken
wurde in der Pariser Inszenierung der Posse verstärkt. Die
"bedeutenden Männer" erschienen dort durch einen Manegengang
wie domestizierte Raubtiere auf allen Vieren kriechend.

2 Auch im Nachlass wurden keine Manuskripte zum "Vinzenz" gefunden. Briefl. Mitteilung von Dr. Corino.

3 Zum "Vorspiel" vgl. das Kapitel 'Raum', Anm. 22.

4 Dass im Roman auch von einer "Ulrich-Satire" gesprochen werden kann, zeigt Arntzen, Satirischer Stil.

5 Vgl. Berghahn, 'Menschen, aus Reminiszenzen zusammengesetzt'.

6 Z.B. PD 672; T 256f., 291-297 und "Der deutsche Mensch als
Symptom".

7 Diesen Aspekt hebt mit aller Deutlichkeit Arntzen, Wirklichkeit als Kolportage, hervor.

8 Arntzen, Satirischer Stil, S. 127 und Anm. 133; Berghahn,
Robert Musil, S. 89; Pike, Introduction , S. 96 und 100;
Rasch, Musils Komödie, S. 166-169 und S. 177f.

9 Arntzen, Wirklichkeit als Kolportage, S. 554; Pike, Introduction, S. 97; Scharang, Dramaturgie und Bühnengeschichte,
S. 244.

10 Berghahn, Robert Musil, S. 89; Scharang, Dramaturgie und
Bühnengeschichte, S. 244.

11 Vgl. die Einleitung in Braun, Musils 'Vinzenz'. Zu den negativen Seiten dieses Ansatzes s. Anm. 17. Unabhängig von
Braun interpretiert auch Rasch die Posse ganz im Zusammenhang mit dem Roman. Er macht jedoch deutlich, "dass es sich

um ein Werk handelt, das in sich selbst besteht und nicht
nur durch seine Beziehung zu Musils Hauptwerk von Bedeutung ist." (Rasch, Musils Komödie, S. 160) Als "These"
stellt Rasch auf: "die Komödie ist zwar kein blosses Ab-
fallprodukt des grossen Romans, aber sie steht doch in
sehr enger Beziehung zu ihm und lässt sich am sichersten
im Zusammenhang mit diesem Roman interpretieren." (S. 161)
Diese These hat, wie Raschs Aufsatz zeigt, einiges für
sich, aber gerade an Raschs Ausführungen lässt sich auch
ablesen, dass die Posse nicht nur im Blick auf den Roman
interpretiert werden sollte. Rasch stellt beispielsweise
fest, dass man bei der Analyse des ersten Aktes und seiner Lustspielmotive nichts antreffe, was einen "Zusammenhang mit Musils Roman erkennen liesse" (S. 164) und dass
erst im zweiten Akt die "tiefere Schicht der Komödie"
- und damit die Beziehung zum Roman - erscheine (S. 165).
Der erste Akt hält sich nach Rasch weitgehend im Rahmen
der "Lustspielkonvention": "Jene Komödienmotive, die dem
Roman fernstehen, machen nur eine Schicht des Werkes aus,
formieren seine Oberfläche. Sie sichern den Zusammenhalt
eines spielbaren Stücks." (S. 164) Gerade im ersten Akt,
in dem Lustspielmotive sehr auffallend gehäuft sind, wird
deutlich, dass Musils Posse sich in der Form der Travestie
gegen die   Theaterkonventionen wendet. Man kann sagen,
dass Musil sich in seiner 'ernsten Posse' sowohl durch die
ernsten Themen, die in engem Zusammenhang mit denjenigen
des Romans stehen, als auch durch den übertreibenden Einsatz von Possenmotiven, die wie Rasch schreibt "dem Roman
fernstehen", vom konventionellen Lustspiel absetzt. Rasch
zeigt im Vergleich mit dem Roman, dass sich auch die Hauptfiguren der Posse als von Abneigung gegen die Wirklichkeit
bestimmte Kritiker der Wirklichkeit erweisen. Die Wirklich-
keitskritik nun besteht in der Posse wesentlich darin, dass
'Wirklichkeit' gleichgesetzt wird mit ihrem Bild in der
Literatur, im konventionellen Lustspiel. Auf diese Aspekte
wird in den Abschnitten 'Imitation' und 'Wortspiel' noch
eingegangen werden.

12 Arntzen, Wirklichkeit als Kolportage, S. 558; Berghahn,
   Robert Musil, S. 89; Braun, Musils 'Vinzenz', S. 126;
   Kaiser/Wilkins, Einführung, S. 107; Scharang, Dramaturgie
   und Bühnengeschichte, S. 244.

13 Kaiser/Wilkins, Einführung, S. 106.

14 Berghahn, Robert Musil, S. 85.

15 Scharang, theatralische Sendung, S. 255.

16 Jesch, Robert Musil als Dramatiker, S. 32.

17 Den mangelnden Ernst rügen besonders Kaiser/Wilkins, Einführung, S. 106f. Die nach 'Ernstem' suchende Interpretation
führt manchmal zu typischen Fehlleistungen. So, wenn Kaiser/
Wilkins meinen, Alpha werde sich vielleicht doch noch von
Bärli auf die "Besitzung im Gebirge" entführen lassen, und
hinzufügen: "also wohl in die 'Nochnichtwirklichkeit, auf den
Berg', von der Regine sprach" (S. 107). Abgesehen davon, dass
am Schluss recht eindeutig ist, dass Alpha von Bärli nichts
mehr wissen will, erscheint die Parallele Gebirge-Berg recht
erzwungen. Mit "Nochnichtwirklichkeit" hat Bärlis "Besitzung"
überhaupt nichts zu tun. Die Formulierung "Besitzung im Ge-
birge" ist bewusst klischeehaft, das Bild vom Berg in den
"Schwärmern" dagegen im emphatischen Sinn gebraucht. Gänzlich
überzogen ist bei Kaiser/Wilkins die Deutung vom Schluss der
Komödie: "Vinzenz' Entschluss zu d i e n e n ist daher als
eine ausdrückliche Abwendung vom n o n s e r v i a m der
Verdammten zu betrachten, der auf Ulrichs Kampf um seine
Seligkeit deutet." Die Spekulation wird fortgeführt: "Das
Dienen könnte weiterhin als eine Vorstufe zur Erreichung der
Herrschaft im eigenen Haus betrachtet werden, d.h. zur Selbst-
werdung, die die Voraussetzung der Beziehung Ulrichs zu seiner Schwester bildet."
(Das Satirische von Vinzenz' 'Entschluss', Diener zu werden
- bei einer "Lebedame" oder einem "Börsenmann" - betonen zu
Recht Arntzen, Wirklichkeit als Kolportage, und Rasch, Märchen vom Schneider.)
Der Gefahr einer 'ernsthaften' Ueberinterpretation entgeht
auch Braun in seiner interessanten, ganz aufs Thematische
ausgerichteten Untersuchung nicht immer. Auf das eigenartige
Verfahren, die Hauptthemen des Stücks ("love and intellect,
and change and duration") aus dem Namen "Apulejus-Halm" ab-
zuleiten, wurde schon in einem Exkurs zur Namendeutung hingewiesen
(Anm. 2 zum Kapitel 'Charaktere'). Es liegt wohl - geht man
von dem, was in der Posse steht, aus - kaum nahe, Vinzenz'
Uebergabe des Schlüssels an die "Freundin" im Hinblick auf
das Problem einer dauerhaften Liebe zu deuten. Braun führt
dazu aus, Musil wolle durch die Schlüsselübergabe wohl andeuten, nur die lesbische Liebe als eine ungewöhnliche und
daher sehr tiefe Liebe sei stark genug zu dauern (Braun,
Musils 'Vinzenz', S. 131). Bezeichnend ist, dass Braun die
Scheinargumente der Possenfiguren oft wörtlich nimmt und
auf ihre Lügen hereinfällt, so z.B. wenn er Vinzenz' Erklärung für die "bedeutenden Männer", Alpha sei auf die Prügel-
Szene vorbereitet gewesen, übernimmt und daraus seine Interpretation ableitet ("mixture of planning and spontaneity"
S. 131). Vielleicht ist aber auch einfach ungenaues Lesen
der Grund solch falscher Wiedergaben. Aehnliche Fehler unter-
laufen auch Pike, der etwa berichtet, Alpha entschliesse sich
zum Schluss, auch Dienerin zu werden (Pike, Introduction,
S. 97). Einmal sieht Braun sich sogar genötigt, davor zu
warnen, eine Stelle im "Vinzenz" als ironisch gemeint zu betrachten. Vinzenz verkündet in der Posse, er habe Beziehung
zu "Licht und Liebe, Gesellschaft zur Herstellung wahrheits-
getreuer Filmaufnahmen im Rahmen der Gesetze". Der Politiker
protestiert: "Aber Licht und Liebe? Das ist eine Erfindung!

das ist ja der Name einer Missionsgesellschaft!" (440) Brauns
Kommentar scheint typisch für die Tendenz zur allerorten
Mystik suchenden Ueberinterpretation der Werke Musils: "The
fact, that 'light and love' is also the name of a missionary
society is not to be taken ironically; it points towards the
almost religious connotation of the 'metaphorical' approach
to life as a conciliatory attitude, as Musil envisaged it."
(ebd. S. 131) Musil selbst sagt es in einer Tagebuchnotiz,
die in Umkehrung im "Vinzenz" verwertet wurde, einfacher und
mit deutlich satirischer Tendenz:"'Licht und Liebe' ist der
Titel einer Missionsgesellschaft. Er könnte ebensogut einem
Filmunternehmen gehören. Das ist charakteristisch für unsere
Zeit." (PD 672f.)

18 Vgl. die Ausführungen im Kapitel 'Dialog'.

19 Arntzen, Wirklichkeit als Kolportage, S. 559 Anm. 90.

20 "Sich dumm stellen. Mit angenommener Naivität erzählen", notierte sich Musil als Formel für die satirische Technik und
bemerkte dazu: "Das ist auch das Wesen ironischer Menschen,
wenn sie Höflichkeiten sagen, von denen man nicht weiss, wie
sie gemeint sind." (T 260) In diesem ironisch-höflichen Ton
spricht Vinzenz mit den bedeutenden Männern und auch mit
Alpha.

21 Eine vergleichbare Stelle in den "Schwärmern" lautet: "Auch
mit Achtzig wird man innen noch das Kindchen sein. Zugegeben.
Auch wenn man dem Tod schon in die Augenhöhlen schaut." (376)
Statt solch ein pathetisches Bild zu gebrauchen, zeigt Vinzenz lächelnd ein "weisses Haar" (441).

22 Vgl. Arntzen, Wirklichkeit als Kolportage, S. 560: "Am Ende
steht die 'Fusion von Seele und Geschäft' (Mann ohne Eigenschaften) und der Geist, der ein dienstbarer geworden ist."
Rasch, Das Märchen vom Schneider, deutet zu Recht die
'Lösung', dass der "Wortemacher" Vinzenz Diener wird, auch
als Satire auf die Situation des Schriftstellers.

23 Die wichtigsten Stellen dazu sind (in der Reihenfolge der
Aufzählung): 441-443, 433, 431, 434.

24 Pike, Introduction, S. 99. In Vinzenz sieht Pike eine komische
Umformung der Thomasgestalt (ebd.). Kaiser/Wilkins sprechen
von einer "Mischung von Thomas und Anselm" (Einführung, S. 106).

25 Vgl. bes. Braun, Musils 'Vinzenz', S. 125.

26 In Kritiken zu verschiedenen Inszenierungen wird vielfach
bemängelt, dass der Puppentanz der "bedeutenden Männer"
nicht grotesk genug dargestellt und diese Figuren zu sehr
als Einzelkarikaturen gespielt wurden.
Zur Typisierung vgl. Hagmann, Aspekte, S. 125-140.

27 Scharang, Dramaturgie und Bühnengeschichte, S. 243.

28 Vgl. Mth. 170.

29 Vgl. das Kapitel 'Gewöhnliche Handlung - bedeutende Menschen'.

30 Dinklage, in LWW S. 4.

31 Oskar Bie, Prager Presse, 10.12.1923; Norbert Falk, Berliner
   Zeitung, 5.12.1923.
   Hans Mayer schreibt in "Erinnerung an Robert Musil": "Die
   Dame Alpha (...), die Herrin des literarisch-politischen Salons, eine lustspielhaft übersteigerte Alma Mahler, wirkt
   heute sowohl als Produkt literarischer Rache wie als notwen-
   diges Menschenrequisit eines Dichters, der immer wieder auf
   sein Thema: dichterische Selbstfindung und undichterische
   Erfolgsliteratur zurückkam. (Mayer, Hans, in: Zur deutschen
   Literatur der Zeit, Hamburg 1967, S. 146.)
   Möglicherweise gaben die beiden "realen Vorbilder", die Albertsen für Diotimas Salon (Mann ohne Eigenschaften) nennt,
   auch die Anregungen zur Posse. Albertsen nennt den Salon der
   Witwe Erich Schmidts in Berlin (T 233) und den einer Frau Z
   in Wien, der im Brief an Allesch vom 1.6.1921 (LWW S. 283)
   erwähnt wird. (Albertsen, Ratio und Mystik, S. 162 Anm. 114.)
   Im Tagebuch von 1920 steht unter dem Stichwort "Frau T" eine
   Bemerkung, die deutlicher auf Alpha hinweist: "Ueberhaupt
   ist Schöngeist niederen Niveaus eine dankbare Figur. Ist mas-
   kulin mit tyrannischen Neigungen gegen Frauen, die ihr gefallen, hält sich Männer, die irgendeinen Einschlag ins Homo-
   sexuelle haben." (T 251)
   Nach einer Mitteilung von Alleschs soll, wie Dinklage berichtet, Musil "die Anregungen zu seiner Vinzenz-Posse von den
   Verhältnissen im Elternhaus empfangen haben" (LWW S. 20).

32 Prager Presse, 28.8.1924.

33 Dass Musil von Brecht und Bronnen mehr kannte als Zeitungsbe-
   richte über deren Stücke, scheint eher fraglich. Zu Brecht
   vgl. 'Ueberblick' Anm. 1.

34 Vgl. 'Die Aufführungen des 'Vinzenz' im Spiegel der Kritik'.

35 Auf diesen Aspekt des Spiels mit der Sprache weist auch Rasch
   in seiner Interpretation hin: "Vinzenz spielt (...) mit der
   Sprache, mit der Relativität der Wortbedeutungen, die sich
   je nach Tonlage ändern können." (Musils Komödie, S. 166; ähnlich S. 174.)
   Fechter, Das Europäische Drama, S. 211f. führt aus, dass in
   der Posse "Gespräche und Wortereignisse" als "Lebensersatz"
   erscheinen.

36 Arntzen, Wirklichkeit als Kolportage, S. 560.

37 Vgl. T 256: "Die Psychologie des Geschäfts ist eigentlich keine andere als die der Frau. Das Ganze geht spielend. Die Schwierigkeit ist nur, dass es sich um genügend wertvolle Objekte handle ."

38 In den "Schwärmern" sagt Anselm: "Aber Lügen sind zwischen fremden Gesetzen verfliegendes Heimatgefühl von traumhaft nahen Ländern (...). Sind seelennäher. Vielleicht ehrlicher." (350)

39 Vgl. 434 und die entsprechende Stelle in den "Schwärmern" 393.

40 So besonders in der mit "Sphinx" eingeleiteten Frageszene (426f.)

41 Vgl. auch zum folgenden die Ausführungen im Kapitel 'Dialog'.

42 Das Thema des 'metaphorischen Lebens' behandelt ausführlich Braun, Musils 'Vinzenz'.

43 Mitgeteilt von Adolf Frisé in: PD 12. Rasch kommentiert diesen Ausspruch: "Musils Formulierung, seine Komödie sei 'ein Seitensprung ins Verantwortungslose', bezieht sich vielleicht nicht so sehr auf seine literarische Verantwortung, meint vielleicht mehr die Hauptfigur selbst. Der Satz könnte wohl besagen, dass Ulrich hier einen 'Seitensprung ins Verantwortungslose' vollzieht und dass dies in der Komödie dargestellt wird. Aber wenn ein solches Thema nicht ganz 'in der Linie' der übrigen Werke Musils liegt, so schränkt das doch den Wert des Werkes nicht ein. Es muss als komisches Seitenstück zum 'Mann ohne Eigenschaften' gelten, das (...) sich als Komödie von Rang behaupten kann." (Musils Komödie, S. 178.)

44 Prager Presse, 28.8.1924.

45 Die geplante Publikation der Posse in der von Helmut Arntzen und Karl Pestalozzi herausgegebenen Reihe 'Komedia. Deutsche Lustspiele vom Barock bis zur Gegenwart' wird möglicherweise das Interesse der Literaturwissenschaft und der Theater für Musils "Vinzenz" fördern.

Anmerkungen zu II. Die Aufführungen des "Vinzenz" im Spiegel der Kritik

1 Die in diesem Kapitel genannten Kritiken sind nach Aufführungen geordnet im Literaturverzeichnis angegeben.

2 Ueber Rudolf Forster schrieb Musil später in seinem Tagebuch, für ihn hätten die "Schwärmer" um ein Drittel kürzer sein können (T 487).

3 Im Mai 1924 schrieb Musil in einer Theaterkritik, um die Situation der Wiener Theater, die "Luft unserer Heimat", zu

charakterisieren: "Vergesse man nicht, dass in unserer Stadt ein Millenkovisch Burgtheaterdirektor war." (Mth. 176)

4 'Menschen aus Reminiszenzen zusammengesetzt': Dieser Beitrag entspricht weitgehend Berghahns Ausführungen in: Robert Musil, S. 85-89.

Verzeichnis der Tagebuchstellen zur Dramatik

Notizen während der Entstehungszeit und andere Tagebucheintragungen zu den "Schwärmern": T 133-137, 145f., 187,
211, 222, 225-229, 259f., 386, 431f., 451, 456, 465-467,
471, 483, 487, 507, 803-805, 812;
PD 647-649, 664, 688.

Notizen zur Posse "Vinzenz und die Freundin bedeutender
Männer": T 270, 464f.

Entwürfe zu den "Schwärmern":
"Die ersten Notizen zu den 'Schwärmern'": PD 636-641.
Auszüge aus Szenenentwürfen: PD 642f.
"Ueberblick über das schon Vorliegende": PD 647-649.
(Weitere Entwürfe werden erwähnt in: Wilkins, Eithne,
Gestalten und ihre Namen im Werk Musils, in: Text + Kri-
tik (1968) Nr. 21/22, S. 48-58.)

Andere Entwürfe:
"Vorspiel zu dem Melodrama 'Der Tierkreis'": PD 586-594.
Auszüge aus dem "Entwurf zu satirischem Drama": PD 670f.

Einfälle und Pläne: T 189, 262, 269; PD 679.

Reflexionen zur Dramatik und Pläne für Theateraufsätze:
T 199-201, 203, 211f., 270, 341f., 453;
PD 699f., 709-711, 714, 716, 718-721.
(Ueber Eintragungen zu einzelnen Dramatikern geben die
Namenregister der Tagebücher Auskunft.)

LITERATURVERZEICHNIS

1. WERKE UND SCHRIFTEN ROBERT MUSILS

Der Mann ohne Eigenschaften. Roman, Gesammelte Werke in
Einzelausgaben, hg. von Adolf Frisé, 7. Aufl., Hamburg:
Rowohlt 1965.

Tagebücher, Aphorismen, Essays und Reden, Gesammelte Werke
in Einzelausgaben, hg. von Adolf Frisé, Hamburg: Rowohlt 1955.

Prosa, Dramen, späte Briefe, Gesammelte Werke in Einzelausgaben, hg. von Adolf Frisé, Hamburg: Rowohlt 1957.

Beitrag zur Beurteilung der Lehren Machs, Diss. Berlin:
Arnold 1908.

Der deutsche Mensch als Symptom, aus dem Nachlass hg. von
der Vereinigung Robert-Musil-Archiv Klagenfurt (Text-
bearbeitung Karl Corino u. Elisabeth Albertsen unter
Mitwirkung von Karl Dinklage), Reinbek b. Hamburg:
Rowohlt 1967.

Theater. Kritisches und Theoretisches, mit Vorwort, Er-
läuterungen und einem Essay 'Zum Verständnis der Texte',
Zeittafel u. Bibliographie hg. von Marie-Louise Roth,
Reinbek b. Hamburg: Rowohlt 1965 (= Rowohlts Klassiker
d. Lit. u. d. Wiss. 182/183, Deutsche Lit. 16).

Wiener Theater, in: Der Feuerreiter, Berlin, 1 (1921/22)
S. 134-136.

Un inédit de Musil. Le compte rendu de la première de
'l'Unbestechliche' de Hofmannsthal,hg. von Marie-Louise
Roth, in: Etudes Germaniques 17 (1962) S. 403-407.

Briefe, in: Robert Musil. Leben, Werk, Wirkung, hg. von
Karl Dinklage, Wien: Amalthea-Verl., Reinbek b. Hamburg:
Rowohlt 196o, S. 273-324. (Im folgenden abgekürzt: LWW.)

Brief an Hofmannsthal, in: Robert Musil. Leben, Werk, Bedeutung. Ausstellungskatalog, Klagenfurt: Vereinigung
Robert-Musil-Archiv 196o, S. 13-14.

Erstveröffentlichungen der Bühnenwerke

Die Schwärmer. Schauspiel in drei Aufzügen, Dresden:
Sibyllen-Verl. 1921.

Vinzenz und die Freundin bedeutender Männer. Posse, Berlin:
Rowohlt 1924.

Uebersetzungen der Bühnenwerke

Les exaltés; Vincent et l'amie des personnalités (Philippe
Jaccottet), Paris: Ed. du Seuil 1961.

Vinzenz e l'amica degli uomini importanti (Italo Alighiero
Chiusano), Torino: Einaudi 1962 (= Collezione di teatro 1).
I fanatici (Anita Rho), Torino: Einaudi 1964 (= Collezione
di teatro 53).

2. FORSCHUNGSBERICHT / BIBLIOGRAPHIE

Karthaus, Ulrich, Musil-Forschung und Musil-Deutung. Ein
Literaturbericht, in: Dt. Vierteljahrsschr. f. Literaturw.
u. Geistesgesch. 39 (1965) S. 441-483.

Thöming, Jürgen C., Robert-Musil-Bibliographie, Bad Homburg-
Berlin-Zürich: Gehlen 1968 (= Bibliographien zum Studium
der deutschen Sprache u. Literatur 4).

Thöming, Jürgen C., Kommentierte Auswahlbibliographie zu
Robert Musil, in: Text + Kritik (1968) Nr. 21/22, S. 61-67.

3. LITERATUR ZUM DRAMATISCHEN WERK ROBERT MUSILS

Darstellungen

Arntzen, Helmut, Wirklichkeit als Kolportage. Zu drei Komödien von Georg Kaiser und Robert Musil, in: Dt. Vierteljahrsschr. f. Literaturw. u. Geistesgesch. 36 (1962)
S. 544-561.

Bauer, Sibylle, Ethik und Bewusstheit, in: Sibylle Bauer/
Ingrid Drevermann, Studien zu Robert Musil, Köln: Böhlau
1966 (= Literatur u. Leben N.F. 8). - S. 7-44: Wahrhaftigkeitsproblematik (in den 'Schwärmern').

Berghahn, Wilfried, Robert Musil in Selbstzeugnissen und
Bilddokumenten, Reinbek b. Hamburg: Rowohlt 1963 (= ro-
wohlts monographien 81). - S. 79-89: Theater - und die
Sendung des Dichters.

Berghahn, Wilfried,'Menschen aus Reminiszenzen zusammengesetzt', in: Studio, hg. von den Bühnen der Stadt Köln,
H. 1, Okt. 1957, S. 1-5.

Braun, Wilhelm, An Approach to Musils 'Die Schwärmer', in:
Monatshefte 54 (1962) S. 156-17o.

Braun, Wilhelm, Musils 'Vinzenz und die Freundin bedeutender Männer', in: The Germanic Review 37 (1962) S. 121-137.

Braun, Wilhelm, Musil's 'Die Schwärmer', in: Publications
of the Modern Language Association of America 80 (1965)
S. 292-298.

Braun, Wilhelm, Musils Anselm and 'The motivated Life', in:
Wisconsin Studies 8 (1967) S. 517-527.

Fechter, Paul, Zur Deutung der 'Schwärmer', in: Das neue
Forum, Darmstadt, 4 (1955) S. 276-279.

Fechter, Paul, Das europäische Drama. Geist und Kultur im
Spiegel des Theaters, Bd. 3: Vom Expressionismus zur
Gegenwart, Mannheim: Bibliographisches Institut 1958,
S. 2o9-212.

Jesch, Jörg, Robert Musil als Dramatiker, in: Text + Kritik
(1968) Nr. 21/22, S. 26-33.

Osses, José Emilio, Robert Musil en tres obras sin cualidades,
Santiago de Chile: Prensas de la Ed. Univ. 1963. - S. 6o-88:
'Die Schwärmer'. Una farsa de ilusos.

Otten, Karl, Robert Musil. Schwärmer und Rationalist, in:
Das neue Forum, Darmstadt, 4 (1955) S. 273-275.

Pike, Burton E., Robert Musil. An Introduction to his Work,
Ithaca N.Y.: Cornell Univ. Press 1961. - S. 71-101: 'Die
Schwärmer' und 'Vinzenz'.

Rasch, Wolfdietrich, Robert Musils Komödie 'Vinzenz und die
Freundin bedeutender Männer', in: Das deutsche Lustspiel II,
hg. von Hans Steffen, Göttingen: Vandenhoeck & Ruprecht
1969, S. 159-179 (= Kleine Vandenhoeck-Reihe 277).

Scharang, Michael, Musils Dramatik, in: Wort in der Zeit 10
(1964) S. 36-45.

Scharang, Michael, Robert Musil. Dramaturgie und Bühnengeschichte, Diss (Masch.) Wien 1965.

Scharang, Michael, Robert Musils theatralische Sendung, in:
Forum, Wien, 12(1965) S. 255-258. - Auch in: Theater und
Zeit 13 (1965/66) Nr. 4, S. 53-6o.

Wijkmark, Carl-Henning, Musil och teatern, in: Ord och Bild
72 (1963) S. 334-336.

Rezensionen und Würdigungen der 'Schwärmer'

Balázs, Béla, Oesterreichische Rundschau 19 (1923) S. 344-349.

Blass, Ernst, Der Feuerreiter, Berlin, 1 (1921/22) S. 187-189.

Brun, L., Revue Germanique 14 (1923) S. 300-3o1.

Fontana, Oskar Maurus, Prager Presse, Beilage, 21. 5. 1922.
Auch in: Berliner Börsen-Courier, Beilage, 28.1.1923.

Hesse, Otto Ernst, Die Schöne Literatur 24 (1923) S. 81-84.

Kayser, Rudolf, Neue Rundschau 33 (1922) S. 918-919.

Michalitschke, Walther, Literarisches Zentralblatt für
Deutschland, Beilage: Die Schöne Literatur 22 (1922)
Sp. 44-45.

Müller, Robert, Prager Presse, 6. 10. 1921.

Petry, Walther, Neue Zürcher Zeitung, 9.2. 193o.

Aufführungskritiken

Einzelne Kritiken sind in den folgenden Sammelbänden enthalten:

Beckmann, Heinz, Nach dem Spiel. Theaterkritiken 1950-1962,
München-Wien: Langen-Müller 1963.

Hensel, Georg, Kritiken. Ein Jahrzehnt Sellner-Theater in
Darmstadt, Darmstadt: Reba-Verl. 1962.

Hollaender, Felix, Lebendiges Theater. Eine Berliner Dramaturgie, Berlin: Fischer 1932.

Ihering, Herbert, Von Reinhardt bis Brecht. Vier Jahrzehnte
Theater und Film. Bd. 1: 1909-1932, Berlin: Aufbau-Verl.
1961. (Abkürzung: Ihering 1)

Ihering, Herbert, Von Reinhardt bis Brecht. Eine Auswahl der
Theaterkritiken von 1909-1932, Reinbeck b. Hamburg: Rowohlt 1967. (Abkürzung: Ihering 2)

Rühle, Günther, Theater für die Republik 1917-1933. Im
Spiegel der Kritik, Frankfurt: S. Fischer 1967.

Schulze-Vellinghausen, Albert, Theaterkritik 1952-1960,
Hannover: Friedrich-Verl. 1961.

Torberg, Friedrich, Das fünfte Rad am Thespiskarren,
München-Wien: Langen-Müller 1961.

Aufführungskritiken zu den 'Schwärmern'

Berlin 3.4.1929
Adams, Paul, Germania, Berlin, 5.4.1929.
Bab, Julius, Berliner Volkszeitung, 5.4.1929.
Feld, Hans, Film-Kurier, Berlin, 4.4.1929.
Hart, Julius, Der Tag, Berlin, 5.4.1929.
Heilborn, Ernst, Die Literatur, 31. Jg. d. Lit Echos
  (1928/29) S. 533.
Hesse, Otto Ernst, Magdeburger General-Anzeiger, 7.4.1929.
Ihering, Herbert, Berliner Börsen-Courier, 4.4.1929. - Aehn-
  lich in: Badische Presse, Karlsruhe, 11.4.1929. - Hambur-
  ger Fremdenblatt, 12.4.1929. - Magdeburgische Zeitung,
  8.4.1929. - Auch in: Rühle, Theater für die Republik,
  S. 934-939.
Junghans, Neue preuss. Kreuzzeitung, Berlin, 5.4.1929.
Kahn, Harry, Die Weltbühne, Berlin, 9.4.1929
Kerr, Alfred, Berliner Tageblatt, Abendausg., 4.4.1929.
  Auch in: Rühle, Theater für die Republik, S. 934-936.
Kienzl, Florian, Steglitzer Anzeiger, 4.4.1929. Aehnlich in:
  Dredner Anzeiger, 16.4.1929. - Der Mittag, Düsseldorf,
  16.4.1929.
Kubsch, Hugo, Deutsche Tageszeitung, Berlin, 4.4.1929.
Lustig, Hanns G., Tempo, Berlin, 4.4.1929.
Nürnberg, Rolf, Neue Berliner, 4.4.1929.

Osborn, Max, Berliner Morgenpost, 5.4.1929.
Pinthus, Kurt, Acht-Uhr-Abendblatt, Berlin, 4.4.1929. - West-
    fälische Neueste Nachrichten, Bielefeld, 6.4.1929.
Strecker, Karl, Frankfurter Nachrichten, 6.4.1929. - Hamburger
    Nachrichten, 6.4.1929. - Ostpreussische Zeitung, Königs-
    berg, 9.4.1929. - Rostocker Anzeiger, 7.4.1929. - Schle-
    sische Zeitung, Breslau, 8.4.1929.
Weltmann, Lutz, 8-Uhr-Blatt, Nürnberg, 9.4.1929.
Werner, Bruno E.,Deutsche Allgemeine Zeitung, 4.4.1929.
Wiegler, Paul, B.Z. am Mittag, Berlin, 4.4.1929. - Auch in:
    Rühle, Theater für die Republik, S. 937-938.
Wirths, Der Deutsche, Berlin, 6.4.1929.
B.P., Berliner Morgenzeitung, 5.4.1929.
ck., General-Anzeiger, Duisburg, 10.4.1929.
DGR., Der Abend, Spätausg. des 'Vorwärts', 4.4.1929.
E.K., Neue Leipziger Zeitung, 10.4.1929.
F. S-s, Berliner Lokal-Anzeiger, 4.4.1929.
J.Kn., Berliner Börsenzeitung, Abendausg., 4.4.1929.
K.E.K., Düsseldorfer Nachrichten, 14.4.1929.
-Nev., Musik und Theater, Berlin, 4 (1929) 1. Maiheft, S.6.
O.A.P., Vossische Zeitung, Abendausg., 4.4.1929.

Darmstadt 17.6.1955

Beckmann, Heinz, Rheinischer Merkur, 1.7.1955. - Auch in:
    Beckmann, Nach dem Spiel, S. 138-141.
Dannecker, Hermann, Stuttgarter Zeitung, 20.6.1955. - Weser-
    kurier, Bremen, 20.6.1955.
Friedrich, Heinz, Deutsche Zeitung, Stuttgart, 22.6.1955.
Hensel, Georg, Darmstädter Echo, 19.6.1955. - Auch in:
    Hensel, Kritiken, S. 126-130.
Heyd, Rosemarie, Frankfurter Nachtausgabe, 20.6.1955.
Korn, Karl, Frankfurter Allgemeine Zeitung, 20.6.1955.
Schuit, Gerhart, Frankfurter Rundschau, 21.6.1955.
Sch., Süddeutsche Zeitung, 28.6.1955.

Bremen 23.5.1956

Goebel, H., Weserkurier, Bremen, 25.5.1956.

Wien 29.5.1958

Blaha, Paul, Express, Wien, 31.5.1958.
Fontana, Oskar Maurus, Die Presse, Wien, 31.5.1958.
Grimme, Karl Maria, Oesterreichische Neue Tageszeitung,
    Wien, 31.5.1958.
Hagen, Ernst, Bild-Telegraf, Wien, 31.5.1958.
Torberg, Friedrich, Neuer Kurier, Wien, 30.5.1958. - Forum,
    Wien, 5 (1958) S. 259. - Auch in: Torberg, Thespiskarren,
    S. 261-263.
F.K., Neues Oesterreich, Wien, 31.5.1958.
K.K., Arbeiter-Zeitung, Wien, 31.5.1958.
R., Wiener-Zeitung, 31.5.1958.

Paris 4.3.1961

Alter, André, Témoignage Chrétien, 24.3.1961.
Daix, George, France Catholique, 31.3.1961.
Gautier, Jean-Jacques, Le Figaro, 6.3.1961.
Kanters, R., L'Express, 9.3.1961.
Lemarchand, Jacques, Le Figaro Littéraire, 11.3.1961.
Marcabru, Pierre, Arts, 8.3.1961.
Marcel, Gabriel, Nouvelles Littéraires, 16.3.1961.
Mecret, Chritian, Carrefour, 15.3.1961.
Paget, Jean, Combat, 6.3.1961.
Poirot-Delpech, B., Le Monde, 5.3.1961.
Saurel, Renée , Les Temps Modernes 16 (1961) Nr. 180,
    S. 1379-1383.
(Anonym) Gazette de Lausanne, 12.3.1961.
(Anonym) Lettres Françaises, 16.3.1961.

Aufführungskritiken zu 'Vinzenz und die Freundin bedeutender
Männer'

Berlin 4.12.1923

Bab, Julius, Berliner Volkszeitung, 7.12.1923.
Bie, Oskar, Prager Presse, 10.12.1923.
Döblin, Alfred, Prager Tagblatt, 11.12.1923.
Falk, Norbert, Berliner Zeitung, 5.12.1923.
Fechter, Freie Berliner Zeitung, 5.12.1923.
Fischer, Hans W., Welt am Montag, Berlin, 10.12.1923.
Gottfurcht, Fritz, Der Feuerreiter, Berlin, 3 (1924) S.33.
Heilborn, Ernst, Die Literatur, 26. Jg. d. Lit Echos
    (1923/24) S. 238.
Hesse, Otto Ernst, Badische Presse, Karlsruhe, 11.12.1923.
Hochdorf, Max, Vorwärts, Berlin, 5.12.1923.
Hollaender, Felix, Acht-Uhr-Abendblatt, Berlin, 5.12.1923.
    Auch in: Hollaender, Lebendiges Theater, S. 9-13.
Ihering, Herbert, Berliner Börsen-Courier, 5.12.1923. Auch
    in: Ihering 1, S. 353-355.- Ihering 2, S. 148-150. - Rüh-
    le, Theater für die Republik, S. 497-498.
Kerr, Alfred, Berliner Tageblatt, 5.12.1923. - Auch in:
    Rühle, Theater für die Republik, S. 493-495.
Knudsen, Hans, Die Schöne Literatur 25 (1924) S. 35-36.
Köppen, Franz, Berliner Börsenzeitung, 5.12.1923.
Krafft, Erich, Hellweg, Essen, 23.12.1923.
Langer, Felix, Tagesbote, 13.12.1923.
Sternaux, Ludwig, Lokal-Anzeiger, Berlin, 5.12.1923.-Auch in:
    Rühle, Theater für die Republik, S. 495-496.
Strecker, Karl, Schlesische Zeitung, Breslau, 13.12.1923.
Ueberhorst, Wilhelm, Der Kritiker, Berlin, 6.1.1924.
H.K., Deutsche Tageszeitung, Berlin, 5.12.1923.
M.J.,Vossische Zeitung, Berlin, 5.12.1923.
s.g.,12-Uhr-Blatt, Berlin, 5.12.1923.
(Anonym) Deutsche Rundschau 50 (1924) Bd. 199, S. 209-210.
(Anonym) Sera Milano, 7.5.1924.
(Anonym) Stampa Torino, 6.5.1924.

Teplitz-Schönau 25.6.1924

Brod, Max, Prager Tagblatt, 26.6.1924.
Marcus, Karl David, Deutsche Allgemeine Zeitung, 30.6.1924.
Michalitschke, Walther, Prager Abendblatt, 28.6.1924.
Pick, Otto, Prager Presse, 16.7.1924.
Urzidil, Johannes, Berliner Börsen-Courier, 22.7.1924.
Winder, Ludwig, Deutsche Zeitung Bohemia, 26.6.1924.
J., Teplitz-Schönauer Anzeiger, 26.6.1924.
ö, Die Freiheit, 27.7.1924.
X, Teplitzer Zeitung, 27.6.1924.

Wien 23.8.1924

Balázs, Béla, Der Tag, Wien, 24.8.1924.
Everth, Erloh, Berliner Tageblatt, 9.9.1924.
Fischer, Felix, 8-Uhr-Abendblatt, Wien, 25.8.1924.
Liebstoeckl, Hans, Sonn-und Montagszeitung, Wien, 2.10.1924.
Millenkovisch-Morold, Max von, Münchner Abendzeitung, 1.9.1924.
Müller, Robert, Prager Presse, 28.8.1924.
Stoessl, Otto, Münchner Neueste Nachrichten, 9.9.1924.
Trautzl, Viktor, Reichspost, Wien, 24.8.1924.
Walter, Der Abend, Wien, 26.8.1924.
Wittner, Viktor, Die Stunde, Wien, 26.8.1924.
a.e., Neues Wiener Journal, 24.8.1924.
D.B., Arbeiter-Zeitung, Wien, 28.8.1924.
EHR., Neues Wiener Tagblatt, 24.8.1924.
E.L., Neue Freie Presse, Wien, 26.8.1924.
Dr. H.H., Volkszeitung, Wien, 24.8.1924.
L. U., Wiener Allgemeine Zeitung, 24.8.1924.

Köln 4.10.1957

Beckmann, Heinz, Rheinischer Merkur, 18.10.1957. - Auch in:
    Beckmann, Nach dem Spiel, S. 201-202.
Baukloh, Friedhelm, Echo der Zeit, Recklinghausen, 1.12.1957.
Berger, Friedrich, Kölner Stadt-Anzeiger, 5.10.1957.
Lyken, Sonja, Mannheimer Morgen, 7.10.1957.
Schön, Gerhard, Rheinische Post, Düsseldorf, 8.10.1957.
Schulze-Vellinghausen, Albert, Frankfurter Allgemeine
    Zeitung, 9.10.1957. - Auch in: Schulze-Vellinghausen,
    Theaterkritik, S. 106-108.
Vielhaber, Gerd, Westfalenpost, Dortmund, 8.11. 1957.
Dr. St., Kölnische Rundschau, 5. 10.1957.

Wien 1.3.1958

Basil, Otto, Neues Oesterreich, Wien, 4.3.1958.
Blaha, Paul, Bild-Telegraf, Wien, 4.3.1958. - Die Furche,
    Wien, 22.3.1958.
Grimme, Karl Maria, Oesterreichische Neue Tageszeitung,
    Wien, 4.3.1958.
Hubalek, Arbeiter-Zeitung, Wien, 4.3.1958.
Rismondo, Piero, Die Presse, Wien, 4.3.1958.
Rollett, Edwin, Wiener Zeitung, 4.3.1958.
Torberg, Friedrich, Neuer Kurier, Wien, 3.3.1958. - Auch in:
    Torberg, Thespiskarren, S. 260-261.

Freiburg 19.7.1958

H.B., Badische Zeitung, Freiburg, 19.7.1958 (Einführung).
Dr. R.G., Badische Zeitung, Freiburg, 23.7.1958.

München 25.1.1960

hdr., Süddeutsche Zeitung, München, 28.1.1960.

Oldenburg 25.6.1960

Emigholz, Erich, Bremer Nachrichten, 27.6.1960.

Tübingen 1961/62

wcl., Notizen, Tübinger Studentenzeitung, Maiheft 1962.

Berlin 10.10.1963

Fehling, Dora, Telegraf, Berlin, 12.10.1963.
Fiedler, W., Der Kurier, Berlin, 12.12.1963.
Garbe, Horst, Berliner Morgenpost, 12.10.1963.
Grack, Günther, Der Tagesspiegel, Berlin, 12.10.1963.
Langour, F., Berliner Zeitung, 12.12.1963.
Luft, Friedrich, Die Welt, 12.10.1963.
Ritter, H., Der Abend, Berlin, 11.10.1963.
Uchtmann, Marianne, Spandauer Volksblatt, 12.10.1963.

Paris 5.11.1969

Baignères, Claude, Le Figaro, 10.11.1969.
Lemarchand, Jacques, Le Figaro Littéraire, 17.11.1969.
Poirot-Delpech, B., Le Monde, 7.11.1969.
Saurel, Renée, Les Temps Modernes 25 (1969) Nr. 281, S. 933-943.
(Anonym) Die Presse, Wien, 24.11.1969.

4. AUSGEWAEHLTE LITERATUR ZU LEBEN UND WERK ROBERT MUSILS

(Monographien, die wichtige Beiträge zu den Bühnenwerken
enthalten, sind unter 'Literatur zum dramatischen Werk' angegeben. Für weitere Sekundärliteratur zu Musil sei auf den
Forschungsbericht von Ulrich Karthaus und die Bibliographie
von Jürgen Thöming verwiesen.)

Albertsen, Elisabeth, Ratio und 'Mystik' im Werk Robert
Musils, München: Nymphenburger Verl. 1968 (= sammlung
dialog 22).

Allemann, Beda, Ironie und Dichtung, Pfullingen: Neske
1956. - S. 177-220: Musil.

Arntzen, Helmut, Satirischer Stil. Zur Satire Robert Musils
im 'Mann ohne Eigenschaften', Bonn: Bouvier 1960.

Bachmann, Dieter, Essay und Essayismus. Benjamin, Broch, Kassner, H. Mann, Musil, Rychner, Stuttgart: Kohlhammer 1969 (= Sprache und Literatur 55).

Baumann, Gerhart, Robert Musil. Zur Erkenntnis der Dichtung, Bern: Francke 1965.

Bausinger, Wilhelm, Studien zu einer historisch-kritischen Ausgabe von Robert Musils Roman 'Der Mann ohne Eigenschaften', Hamburg: Rowohlt 1964.

Corino, Karl, Törless ignotus. Zu den biographischen Hintergründen von Robert Musils Roman 'Die Verwirrungen des Zöglings Törless', in: Text + Kritik (1968) Nr. 21/22, S. 18-25.

Csokor, Franz Theodor, Gedenkrede zu Robert Musils 80. Geburtstag, in: LWW S. 347-356.

Dinklage, Karl, Musils Herkunft und Lebensgeschichte, in: LWW S. 187-264.

Fontana, Oskar Maurus, Erinnerungen an Robert Musil, in: LWW S. 325-344.

Hagmann, Franz, Aspekte der Wirklichkeit im Werke Robert Musils, Diss. Freiburg/Schweiz 1968.

Heydebrand, Renate von, Zum Thema Sprache und Mystik in Robert Musils Roman 'Der Mann ohne Eigenschaften', in: Zeitschrift für deutsche Philologie 82 (1963) S.249-271.

Heydebrand, Renate von, Die Reflexionen Ulrichs in Robert Musils Roman 'Der Mann ohne Eigenschaften'. Ihr Zusammenhang mit dem zeitgenössischen Denken, Münster: Aschendorf 1966 (= Münstersche Beiträge zur dt. Literaturw. 1).

Honold, Helga, Die Funktion des Paradoxen bei Robert Musil. Dargestellt am 'Mann ohne Eigenschaften', Diss. Tübingen 1963.

Jässl, Gerolf, Mathematik und Mystik in Robert Musils Roman 'Der Mann ohne Eigenschaften'. Eine Untersuchung über das Weltbild Ulrichs, Diss München 1964.

Kaiser, Ernst/Wilkins, Eithne, Robert Musil. Eine Einführung in das Werk, Stuttgart: Kohlhammer 1962 (= Sprache und Literatur 4).

Kalow, Gert, Robert Musil und der Weltfriede, in: G. Kalow, Zwischen Christentum und Ideologie. Die Chance des Geistes im Glaubenskrieg der Gegenwart, Heidelberg: Rothe 1956, S. 82-109.

Kalow, Gert, Robert Musil, in: Deutsche Literatur im XX. Jahrhundert, hg. von Otto Mann und Wolfgang Rothe, Bd. 2: Gestalten, Bern: Francke 1967, S. 166-181.

Karthaus, Ulrich, Der andere Zustand. Zeitstrukturen im Werk
  Robert Musils, Berlin: E. Schmidt 1965 (= Philologische
  Studien und Quellen 25).

Krymanski, Hans-Jürgen, Die utopische Methode, Diss. Köln 1963.

Kühn, Dieter, Analogie und Variation. Zur Analyse von Robert
  Musils Roman 'Der Mann ohne Eigenschaften', Bonn: Bouvier
  1965 (= Bonner Arbeiten zur deutschen Literatur 13).

Magris, Claudio, Der habsburgische Mythos in der österreichischen Literatur, Salzburg: O. Müller 1966. - S. 278-
  295: Robert Musils religiöse Soziologie.

Melchinger, Siegfried, Der Kritiker und sein Theater (2):
  Robert Musil. Die Brücke zum Imaginären, in: Theater heute
  6 (1965) Nr. 11, S. 38-40.

Michel, Karl Marcus, Zu Robert Musils Roman 'Der Mann ohne
  Eigenschaften'. Die Utopie der Sprache, in: Akzente
  1 (1954) S. 23-35.

Neveux, Jean B., Robert Musil. Jugendstil et Sezession, in:
  Etudes Germaniques 23 (1968) S. 582-694 u. 24 (1969) S.36-47.

Otten, Karl, Eindrücke von Robert Musil, in: LWW S. 357-363.

Rasch, Wolfdietrich, Ueber Robert Musils Roman 'Der Mann ohne
  Eigenschaften', Göttingen: Vandenhoeck & Ruprecht 1967
  (= Kleine Vandenhoeck-Reihe 242/243/244).

Rasch, Wolfdietrich, Robert Musils 'Märchen vom Schneider'.
  Eine Satire auf die Situation des Schriftstellers, in:
  Text + Kritik (1968) Nr. 21/22, S. 39-42.

Reniers-Servranckx, Annie, Robert Musil et le théâtre, in:
  Etudes Germaniques 22 (1967) S. 587-591.

Rohner,Ludwig, Der deutsche Essay. Materialien zur Geschichte
  und Aesthetik einer literarischen Gattung, Neuwied-Berlin:
  Luchterhand 1966. - Zu Musil bes. S. 566-583 u. 735-744.

Schöne, Albrecht, Zum Gebrauch des Konjunktivs bei Robert Mu-
  sil, in: Interpretationen, hg. von Jost Schillemeit, Bd.3:
  Deutsche Romane von Grimmelshausen bis Musil, Frankfurt:
  Fischer 1966 (= Fischer Bücherei 716).

Schramm, Ulf, Fiktion und Reflexion. Ueberlegungen zu Musil
  und Beckett, Frankfurt: Suhrkamp 1967.

Schröder, Jürgen, Am Grenzwert der Sprache. Zu Robert Musils
  'Vereinigungen', in: Euphorion 60(1966) S. 311-334.

Seeger, Lothar Georg, Die Demaskierung der Lebenslüge. Eine
  Untersuchung zur Krise der Gesellschaft in Robert Musils
  'Der Mann ohne Eigenschaften', Bern-München: Francke 1969.

Sokel, Walter H., Robert Musils Narrenspiegel, in: Neue deutsche Hefte 7 (1960/61) S. 199-214.

Wilkins, Eithne, Gestalten und ihre Namen im Werk Robert
  Musils, in: Text + Kritik (1968) Nr. 21/22, S. 48-58.

5. SONSTIGE LITERATUR

Arnold, Arnim, Die Literatur des Expressionismus. Sprachliche und thematische Quellen, Stuttgart: Kohlhammer
1966 (= Sprache und Literatur 35).

Bachelard, Gaston, Poetik des Raumes, München: Hanser 1960.

Bartholomae, Ulf, Die Doppelpersönlichkeit im Drama der
Moderne, Diss. Erlangen 1967.

Bentley, Eric, Das lebendige Drama. Eine elementare Dramaturgie, Velber b. Hannover: Friedrich-Verl. 1967.

Blei, Franz, Schriften in Auswahl, hg. von A. P. Gütersloh,
München Biederstein 1960.

Blei, Franz, Zwischen Orpheus und Don Juan, eingel. u. ausgew.
von Ernst Schönwiese, Graz-Wien: Stiasny 1965 (= Stiasny-
Bücherei 154).

Denkler, Horst, Drama des Expressionismus. Programm - Spiel-
text - Theater, München: Fink-Verl. 1967.

Emerson, Ralph Waldo, Versuche, nach der Uebers. von G.
Fabricius hg. von Mario Spiro, Berlin: Deutsche Biblio-
thek 1915.

Foucault, Michel, Psychologie und Geisteskrankheit, Frankfurt: Suhrkamp 1968 (= edition suhrkamp 272).

Franzen, Erich, Formen des modernen Dramas. Von der Illusions-
bühne zum Antitheater, München: C.H. Beck 1961.

Frisch, Max, Oeffentlichkeit als Partner, Frankfurt: Suhrkamp 1967 (= edition suhrkamp 209).

Grimm, Reinhold (Hg.), Episches Theater, Köln-Berlin: Kiepen-
heuer & Witsch 1966 (= Neue Wissenschaftliche Biblio-
thek 15).

Hermand, Jost, Jugendstil. Ein Forschungsbericht (1918-1962),
in: Dt. Vierteljahrsschr. f. Literaturw. u. Geistesgesch.
38 (1964) S. 70-110 u. 273-315.

Huch, Ricarda, Die Romantik. Blütezeit - Ausbreitung - Ver-
fall, Tübingen: Wunderlich 1951 (= Die Bücher der Neun-
zehn 112).

Huxley, Aldous, Literatur und Wissenschaft, München:Piper
1963.

Ingarden, Roman, Das literarische Kunstwerk. Mit einem Anhang von den Funktionen der Sprache im Theaterschauspiel,
3. Aufl., Tübingen: Niemeyer 1965.

Jost, Dominik, Literarischer Jugendstil, Stuttgart: Metzler
1969 (= Sammlung Metzler 81).

Kesting, Marianne, Das epische Theater. Zur Struktur des
modernen Dramas, 3. überarb. Aufl., Stuttgart: Kohlhammer
1959 (= Urban Bücher 36).

Kesting, Marianne, Panorama des zeitgenössischen Theaters,
    München: Piper 1962.

Key, Ellen, Die Entfaltung der Seele durch Lebenskunst, in:
    Die Neue Rundschau 14 (1905) S. 641-686.

Kirchesch, Werner Wolfgang, Das Verhältnis von Handlung und
    Dramaturgie. Fragwürdige Theorien zum modernen Drama,
    Diss. München 1962.

Klein, Elisabeth, Jugendstil in der deutschen Lyrik, Diss.
    (Masch.) Köln 1957.

Klotz, Volker, Geschlossene und offene Form im Drama, München:
    Hanser 1960.

Maeterlinck, Maurice, Der Schatz der Armen, übers. von F. von
    Oppeln-Bronikowski, Florenz-Leipzig: Diederichs 1898.

Melchinger, Siegfried, Drama zwischen Shaw und Brecht. Ein
    Leitfaden durch das zeitgenössische Schauspiel, 4. Aufl.,
    Bremen: Schünemann 1961.

Nietzsche, Friedrich, Sämtliche Werke in Einzelbänden, hg.
    von Alfred Baeumler, Stuttgart: Kröner 1965.

Pütz, Peter, Friedrich Nietzsche, Stuttgart: Metzler 1967
    (= Sammlung Metzler 62).

Rasch, Wolfdietrich, Zur deutschen Literatur seit der Jahr-
    hundertwende. Gesammelte Aufsätze, Stuttgart: Metzler 1967.

Scheler, Max, Wesen und Formen der Sympathie, 2. vermehrte
    Aufl. der 'Phänomenologie und Theorie der Sympathiegefüh-
    le und von Liebe und Hass', Bonn: Friedrich Cohen 1923.

Scheler, Max, Der Formalismus in der Ethik und die materiale
    Wertethik. Neuer Versuch der Grundlegung eines ethischen
    Personalismus, Gesammelte Werke Bd. 2, hg. von Maria
    Scheler, Bern: Francke 1966.

Scheler, Max, Vom Umsturz der Werte. Abhandlungen und Auf-
    sätze, Gesammelte Werke Bd. 3, hg. von Maria Scheler,
    Bern: Francke 1965.

Simmel, Georg, Hauptprobleme der Philosophie, 8. Aufl., Berlin:
    de Gruyter 1964 (= Sammlung Göschen 500).

Simmel, Georg, Das individuelle Gesetz. Philosophische Ex-
    kurse, hg. von Michael Landmann, Frankfurt: Suhrkamp 1968
    (= Theorie 1).

Sternberger, Dolf, Ueber den Jugendstil und andere Essays,
    Hamburg: Claassen 1956.

Stumpf, Carl, Vom ethischen Skeptizismus, Berlin: G. Schade
    1908.

Szondi, Peter, Theorie des modernen Dramas, Frankfurt: Suhr-
    kamp 1963 (= edition suhrkamp 209).

Wiese, Benno von, Zwischen Utopie und Wirklichkeit. Studien
    zur deutschen Literatur, Düsseldorf: Bagel 1963.